杨国荣 著 作 集 ｜ 增订版 ｜

哲学的视域

杨国荣◎著

华东师范大学出版社

·上海·

图书在版编目（CIP）数据

哲学的视域/杨国荣著. —增订本. —上海：华
东师范大学出版社,2021
（杨国荣著作集）
ISBN 978－7－5760－1269－9

Ⅰ.①哲… Ⅱ.①杨… Ⅲ.①哲学—研究 Ⅳ.
①B0

中国版本图书馆 CIP 数据核字（2021）第 075699 号

杨国荣著作集（增订版）
哲学的视域

著　　者　杨国荣
责任编辑　朱华华
特约审读　朱佳莉
责任校对　时东明
装帧设计　卢晓红

出版发行　华东师范大学出版社
社　　址　上海市中山北路 3663 号　邮编 200062
网　　址　www.ecnupress.com.cn
电　　话　021－60821666　行政传真 021－62572105
客服电话　021－62865537　门市（邮购）电话 021－62869887
地　　址　上海市中山北路 3663 号华东师范大学校内先锋路口
网　　店　http://hdsdcbs.tmall.com/

印 刷 者　上海雅昌艺术印刷有限公司
开　　本　700×1000　16 开
印　　张　20.5
字　　数　260 千字
版　　次　2021 年 7 月第 1 版
印　　次　2021 年 7 月第 1 次
书　　号　ISBN 978－7－5760－1269－9
定　　价　89.80 元

出 版 人　王　焰

（如发现本版图书有印订质量问题,请寄回本社客服中心调换或电话 021－62865537 联系）

目 录

引 言

　　在人与世界的互动中，人总是面临认识世界与认识人自身的问题。从早期的神话、巫术，到近代以来多样的知识形态和学科，都以各自的方式努力敞开未知的领域。无论是神话、巫术，抑或科学，都可以视为理解世界的特定进路，它们代表了不同历史时期人在理解世界方面所作的努力，也展现了人探索世界的不同方式。

　　对世界和人自身的理解可以有不同的视域。"视域"既渗入了多样的观点，又蕴含了考察问题的不同角度，后者具体表现为经验与超验、技与道等分野。以智慧的追寻为指向，哲学的视域首先展现为以道观之，这一意义上的"观"，不同于以"技"观之或以"器"观之："器""技"领域的"观"，体现的主要是知识的视域。从更内在的层面看,哲学的沉思一方面以世界之"在"与人的存在为对象,从而具有普遍的品格,另一方面又表现为对性与天道的个性化追问。与此相联系,哲学的视域也包含普遍性与个体性等不同向度。

德勒兹曾认为"哲学是涉及创造概念(creating concepts)的学科"①,黑格尔则将哲学与理念联系起来,认为哲学家研究的是理念,而不是单纯的概念。② 从现实的形态看,哲学既构造概念并分析概念,也关乎理念。概念可以从不同方面理解:宽泛意义上的概念本身涉及理念,但当概念与理念相对而言时,则概念侧重于分,理念更多地指向合。在后一意义上,从概念出发与基于理念,似乎体现了哲学的不同视域。广而言之,在哲学对世界的把握之后总是可以看到不同的视域,这种视域在将哲学之思引向世界的同时,也使世界呈现多方面的意义。在本体论上,应该承认只有这一个世界,就此而言,也可以说,真实的世界是共同的。然而,世界的意义却因视域的不同而呈现多样形态。

从理解者的相互关联看,一方面,每一理解主体的生活背景、价值观念、认知取向都存在差异,与之相联系的理解视域也非彼此同一,由此生成的意义之域,往往具有不同特点,后者每每使主体拥有"不同的世界"。另一方面,理解的主体又需要基于视域的交融,不断达到一定层面的共识,以走向"共同的世界",后者构成了主体之间相互沟通和交流的前提。生成"不同的世界"与走向"共同的世界",构成了人理解和把握世界的两个相关方面,而与这一过程相联系的,则是视域的相分与视域的交融。

① Gilles Deleuze and Felix Guattari, *What is Philosophy?* Translated by Graham Burchell and Hugh Tomlinson, Columbia University Press, 1991, p.5.

② 参见黑格尔:《法哲学原理·导论》,范扬、张企泰译,商务印书馆,1961年,第1页。

就个体而言,视域既构成了其把握世界的背景,也可能对这一过程带来某种限制。作为对世界较为一贯、稳定的看法,视域不仅包括认识论意义上对世界的理解,而且也涉及价值观意义上对待世界的态度。认同某种哲学立场,便容易仅仅从这种立场出发,由此忽略其他可能的理解角度。在这里,关注视域的转换和扩展,无疑是重要的。单纯地基于一定的视域,往往将限定对事物的理解,视域的转换或视域的扩展,则为克服视域凝固化可能带来的限定提供了前提。事实上,前文提及的"以道观之",便意味着不断超越视域的单一化和凝固化,通过视域的扩展而走向具体、真实的世界。

本书对相关问题的思与辨,属广义的性与天道之域,其中也展现了具体的哲学视域。近些年以来,我的研究尽管主要集中于意义世界和实践哲学之域,并分别完成了《成己与成物——意义世界的生成》与《人类行动与实践智慧》两书,但同时也兼及其他领域的问题,本书即收入了 2009 年以来我在以上两个论域之外所撰的若干哲学文稿。这些文稿形成的缘由各异,包括学术讲演、学术会议发言的记录,以及应约而作的论文、经典的疏解,等等。在内容上,文稿涉及哲学领域的不同方面。概略而言,可分为四个部分:其一,具有普遍意义的哲学问题,如哲学本身的性质、哲学研究的进路、哲学视域中的教育、生态问题的哲学阐释等;其二,对中国哲学的理解,包括中国哲学的"哲学"内涵、中国哲学的定位等;其三,中国哲学史中若干具体问题的考察,其中既涉及中国哲学史中一些普遍概念和问题,如中国哲学史中的"道"、中国哲学史中的人性问题、中国哲学史中的"公正"观念,等等,也兼及特定的人物、文本;其四,对现代西方哲学主要学派——分析哲学与现象学的简要论析。

何为哲学?在哲学史的衍化过程中,往往不断面临以上问题。哲学不同于其他学科的特点之一在于:它不仅面向世界,而且反思自身,何为哲学的追问,从一个方面体现了哲学对自身的这种反思。收入本书的若干文稿,也从不同的方面涉及相关论题。近代以来,哲学的衍化似乎呈现专业化的走向,哲学家也渐趋职业化、专家化;20世纪初以后,随着对形而上学的质疑以及语言学的转向,以上趋向得到了进一步的发展。与之相联系的是智慧的退隐和遗忘。这里也可以看到哲学视域的某种变化,当然,这种变化似乎更多地趋向于从智慧走向知识。对哲学本身的进一步反思,无疑需要重新关注哲学作为智慧之思这一内在品格。

就中国哲学而言,其面临的境遇又有自身的特点。自中国哲学取得近代形态以后,关于中国哲学的身份认同便成为一个聚讼纷纭的问题。从普遍性、特殊性等不同的视域出发,对中国哲学的理解和定位也往往各异。对中国哲学的真实把握,既需基于中国哲学,也应回到更广意义上的哲学本身。这里同样涉及视域的转换和视域的扩展。哲学既具有共通、普遍的品格,也呈现多样的、个性化的形态。中国哲学很早就区分了"技"与"道"、"为学"与"为道",在以上分野中,"技"和"为学"涉及经验领域的对象,"道"和"为道"则指向性与天道,后者属于广义的智慧之域。以性与天道的智慧之域为内容,中国哲学无疑属于哲学的形态。在此,需要形成认同与承认二重视域。承认意味着对哲学形态个体性、特殊性的肯定,其实质是尊重多样性。与之相辅相成的是肯定中国哲学作为哲学的特定形态所内含的普遍意义:认同的背后,是对这种普遍理论意义的确认。

从历史的层面看,中国哲学在其演进的过程中形成了多样的论域、多重的问题。具体理解中国哲学,需要进入相关论域,对其中的问题作多方面的考察,本书在一定层面上体现了以上的研究旨趣。从人性,到人格;从认知,到政治;从学派,到人物,等等,这些不同的论域都构成了本书讨论的内容。当然,所有这些讨论都围绕着中国哲学自身的问题，其主题没有离开天道与人道这两个基本的方面。进而言之，尽管涉及论题具有多样性，但研究的进路则相对一致，后者具体表现为学无中西、史思统一。学无中西意味着避免囿于某种封闭的学术传统，从开放的学术立场出发考察中国哲学；史思统一则侧重于哲学的历史与哲学的理论之间的沟通。以上两者，同时可以看作是本书在回溯、反思中国哲学过程中所体现的内在视域。

随着中西哲学在近代的相遇，中国哲学已无法仅仅在自身的传统中发展，中西哲学之间的互动，也成为难以回避的历史趋向。就20世纪以来的西方哲学而言，分析哲学与现象学无疑是其主要的流派。基于以上背景，本书收入了两篇分别讨论分析哲学和现象学的文稿。当然，与专注于哲学史具体细节的技术性考察有所不同，以上文稿更侧重于把握分析哲学与现象学作为当代西方显学所展现的主要哲学品格，并由此敞开其内在的哲学意义。

本书同时收入了相关的学术回应和学术访谈作为全书附录，以便于读者在更广的层面上了解我的学术研究背景。

无论是世界的考察，抑或智慧的追寻，体现于其中的视域都一方面包含独特性，另一方面又有其内在的限定，本书所作的相关研究，也难以例外。如前所述，克服这种限定，既有待研究的进一步深化，也需要视域的不断扩展。

哲学的二重品格①

一

　　就其本来形态而言,哲学具有不同于特定学科的特点。如所周知,作为智慧的探求,哲学有别于多样、分化的知识形态。在相当长的历史时期中,哲学曾被视为科学之母,欧洲中世纪便往往把科学归为哲学的分支,并称其为"自然哲学"(natural philosophy)。直到 20 世纪,爱因斯坦依然认为哲学"可以被认为是全部科学研究之母"。② 以哲学为"全部科学研究之母"

① 本文是作者于 2012 年 1 月在杭州举行的"中国哲学的学科化与现代转型"论坛上的发言,根据录音记录。

② 爱因斯坦:《爱因斯坦文集》第 1 卷,许良英、范岱年编译,商务印书馆,1976 年,第 519 页。

是否确切，或可以进一步讨论，但这一看法多少也从一个方面展示了哲学与特定科学学科的区别：科学意义上的不同学科具有分门别类的性质，每一学科都有各自的界限，它们所指向的，都是经验领域中的具体对象；哲学则有别于这一视域中的分科之学：它并不限定于特定的经验领域和对象，相反，其特点在于跨越不同学科的界限，从整体的维度理解世界之在与人自身的存在。从以上方面看，哲学无疑呈现了超乎学科性的这一面。

然而，步入近代以后，随着科学的发展及知识系统的分化，多样的学科逐渐形成。与此相联系的是近代教育体制的演进和发展，尤其是大学中不同学科的设置和分化：大学开始成为研究与讲授不同学科（分科之学）的机构。当哲学融入分科化的大学教育系统之后，它本身也渐渐地衍化为大学之中一门具体传授的学科：作为大学所拥有的诸多专业中的一种，哲学也呈现为一种独特的知识系统，后者具体化于不同层面的专业设置、课程体系、研究范式，等等。可以看到，以近代以来知识的分化以及近代教育体制的衍变为双重历史背景，哲学在某种意义上取得了知识化、学科化的性质：现在所说的学科意义上的哲学，便与近代以来上述演化过程有着内在关联。学科化的这种趋向更突出地体现于现代、特别是二十世纪以来的一些哲学研究进路。以分析哲学而言，在注重概念辨析的同时，它也强化了学科意义上的研究规范、研究方式，而且，随着讨论内容的不断分化、发展，分析哲学在某种程度上由专业化进而表现出技术化的趋向，由此，它也同时具体地彰显了哲学的学科性或哲学作为知识形态这一特点。从总的方面看，近代以来，与哲学家的职业化趋向相应，哲学本身也开始呈现出专业化、知识化的走向，在现代的分析哲学中，哲学的这一特点得到了较明显的体现。

当然，今天在重新反思哲学的学科性时，可以对这种学科性有更广义的理解。一方面,我们需要充分注意近代以来哲学衍化过程中业已形成的现实形态:对于哲学已经在某种意义上取得学科化形态这一特点,无法以历史虚无主义的态度加以回避或漠视。另一方面,对哲学就其本原而言所具有的超越学科性这一面,同样应当加以正视。要而言之,对于哲学,既可从学科性这一面去理解,又应从超越学科性这一维度去看待;后者体现了哲学的本然品格,前者则折射了其历史的衍化。

事实上,以上二重性在现代哲学的研究路向中,也一再呈现。如前文提到的分析哲学,便比较侧重于哲学的学科性路向。现代西方哲学中的另一显学,即现象学,则相对来说更多地体现了哲学超越学科性的特点。以海德格尔而言,在《何为物?》(*What is a Thing?*)一书中,海德格尔曾将哲学与具体领域区分开来,在他看来:"哲学之中没有领域(field),因为哲学本身不是领域。类似劳动分工一类的东西,在哲学之中是没有意义的。学术之知(scholastic learning)在某种程度上与哲学无法分离,但它从不构成哲学的本质。"①"哲学不是领域"的具体所指,海德格尔虽没有加以解释,但其涵义仍比较清楚,即主要侧重于把哲学与具体的知识领域区分开来。无独有偶,2007年初我在斯坦福时,曾与罗蒂就有关哲学问题作过若干次交谈。在谈到如何理解哲学时,罗蒂提出了一个更为直截了当的看法:"哲学不是学科(discipline)。"学科的特点之一是涉及具体的知识领域,一旦仅仅从"学科"的视域理解哲学,便意味着将其等同于各种具体的知识领域。海德格尔有现象学的哲学背景,罗蒂则是先从分析哲学走出来,后来又对分析哲学作了种种批评,二者的哲学立场、背景有所

---

① M.Heidegger, *What is a Thing?* Translated by W. B. Barton, Jr. and Vera Deutsch, Regnery/Gate Way, Inc., South Bend, Indiana, 1967, p.3.

不同,但从不同的立场与背景出发,却又不约而同地在"现代"的语境中将哲学与一般知识学科区分开来。这一现象表明,现象学和告别分析哲学或从分析哲学中走出来的哲学家,对哲学所具有的超越学科性这一点给予了更多的关注。

顺便提及,海德格尔强调"学术之知"并不构成哲学的本质,这主要从否定的方面指出了哲学不同于一般学科的特点。在以否定的方式提出以上论点的同时,海德格尔也从正面谈到了哲学的特点。在《存在与真理》(*Being and Truth*)一书中,海德格尔对哲学的内涵做了如下界说:哲学就是"无尽地追问指向存在的本质和存在的存在之斗争"(the ceaseless questioning struggle over the essence and Being of beings)①。以更容易理解的语言来表述,即哲学涉及存在的本质与"存在的存在",而存在的本质以及"存在的存在"又与人自身实现或敞开这种本质和存在的过程相联系。按海德格尔之见,人的存在就是一个指向存在的本质及"存在的存在"的斗争过程,从另一个角度看,存在的本质及"存在的存在"之实现或敞开离不开人自身的作用。所谓"存在的存在",在海德格尔那里乃是相对于"存在者"而言。以上看法的值得注意之点,在于指出哲学并不仅仅是对存在及其本质的抽象思辨,而是始终与人自身实现或敞开存在本质(达到"存在之存在")的过程相联系。尽管海德格尔所谓"指向存在的本质和'存在的存在'的斗争"具有明显的思辨性,但其中也以抽象的形式包含了通过人的存在过程以把握存在之意。将哲学理解为上述意义的无尽追问,同时也突显了哲学不同于对世界作知识性、学科性说明的特点。

---

① M. Heidegger, *Being and Truth*, Translated by Gregory Fried and Richard Polt, Indiana University Press, 2010, p.7.

二

　　哲学所包含的二重性，同时制约着我们在哲学领域的学与思。在哲学已取得某种学科形态的前提下，适当地关注哲学所具有的学科性，对今天的哲学研究来说无疑有其特定的意义。具体而言，注重学科性意味着重视哲学领域所要求的独特学术训练。在哲学领域的学习、研究过程中，这种学术训练显然不应被忽视。哲学思考、研究方面的基本训练，诸如注重逻辑分析、注重概念辨析、注重观点的论证，都是哲学研究过程所不可或缺的：唯有经过上述训练，才能澄清哲学的问题，以明晰的形式展现哲学的观点，通过批评、争论深化哲学的思考。此外，西方哲学从古希腊以来，中国哲学从先秦以来，都经过了漫长的衍化过程，其中既蕴含着多方面的理论成果，也涉及历史事实层面的知识性内容，后者包括哲学家的生平、不同哲学理论出现的背景、前后或同时的哲学学派及人物之间的关系，等等。对哲学历史的知识性了解，对于哲学思考同样十分重要，而这些内容首先与哲学的学科形态相关联。从这些方面看，注重哲学的学科性无疑具有不可忽视的意义。

　　在关注以上方面的同时，对于哲学所具有的超越学科性的特点，同样应给予充分的重视。如前所述，哲学作为智慧的探索，本身具有超越分门别类的知识性学科的性质。如果仅仅注重哲学的学科性特点，便容易将哲学理解为一种单纯的知识系统，甚而由此进一步把哲学视为技术性的形态，用中国哲学的话来表述，也就是由"道"而演化为"技"。在智慧的层面，哲学本来表现为对存在的本原性追问，亚里士多德已指出：智慧所指向的，是"原因和原理"①。从哲学的维度

---

　　① Aristotle, *Metaphysics*, 982a5, *The Basic Works of Aristotle*, Random House, 1941, p.691.

看,这里的原因和原理便涉及存在的根据、本原,对存在根据、本原的追问,与中国哲学所说的"技"进于"道"具有一致性。如果片面强调哲学的知识性和学科性,便可能使"道"的追求流而为"术"的操作,由此势必偏离哲学内在的本性。对重要的哲学层面的问题,如对世界整体性的理解,对人的自由的探索,对理想人格的规定,等等,都需要加以探讨。这些问题常常既涉及形而上之域,也关乎广义的认识论、价值论,等等,若从单纯的知识性、学科性的视野出发,则以上问题往往会被忽略。事实上,仅仅注重哲学的学科性、知识性,对智慧之道的探求每每容易被边缘化。总之,既注重哲学的学科性,也充分肯定哲学本身的超越学科性,是我们今天对哲学,包括中国哲学所应持的态度和看法。

哲学的学科性和超越学科性这一双重品格,不仅仅与近代以来知识的分化这一历史背景相联系,而且也和哲学本身的内在规定相关。前面已一再提到,哲学就其本来的意义而言,以智慧的探求为指向。智慧固然不能等同于知识,但也并非与知识完全相分离。从人把握世界与理解人自身的过程看,知识和智慧之间事实上呈现互动的关系。如果说,哲学的学科性特点更多地与知识这一层面相关联,那么,哲学的超越学科性则首先与智慧的探求相联系。就知识和智慧的关系而言,一方面,知识在把握存在的过程中,不能停留于自身,而应提升到智慧层面,唯有如此,才能达到真实的世界;另一方面,就智慧而言,不仅其形成过程并非游离于知识形态之外,而且它本身也需要不断地体现并落实到知识之域。知识与智慧之间的以上关联,在更深沉的层面规定和制约了哲学所内含的学科性与超越学科性的品格。质言之,知识和智慧的内在关联,构成了哲学具有学科性和超越学科性二重规定的内在根据;从另一方面看,确认哲学具有学科性和超越学科性,则同时隐含着对知识和智慧互动的肯定。

以上述看法为视域,对现代哲学中的分析哲学和现象学也应给予双重关注。分析哲学如前所述更多地体现了哲学所具有的学科性这一特点,与之相应,对分析哲学的关注,同时也意味着充分注意哲学所内含的学科性特点。具体地说,注重分析哲学,对提升哲学思考、研究、表达的规范性具有重要的意义。就总体而言,当代中国哲学对分析哲学似乎缺乏充分的注意,这也许与中国的哲学传统有关联。历史地看,在相当长的时期中,中国哲学对于形式逻辑显得相对忽视,对注重严密逻辑分析的路向也似乎难以形成认同感。与之相联系,概念的辨析、理论的论证常常呈现比较薄弱的形态。在哲学研究的领域,一些论著的概念往往未能达到必要的清晰性,给出的结论也每每缺乏充分的论证,它在思维形式方面构成了中国哲学的某种偏向。上述问题首先体现于哲学的学科性层面(表现为学科意义上的缺陷),克服以上偏向,相应地需要充分地关注以突出哲学的学科性为特点的分析哲学。

相对于分析哲学,现象学对哲学所具有的超越学科性特点更为侧重,与此相联系,它对哲学的内在问题,包括形而上学的问题也给予了更充分的关注。较之分析哲学在后来衍化中所呈现的某种技术化路向,现象学对智慧层面的探索,具有更自觉的意识。以形上思维而言,尽管现象学流派中的哲学家,如海德格尔,对传统的形而上学也有各种批评,但他们并没有由此完全拒斥在实质的层面对形上问题的沉思,事实上,海德格尔在《存在与时间》中即提出了所谓"基础本体论"。前面已提到,哲学的研究不能仅仅限定在知识性、学科性的视野之中,相反,需要充分关注它所具有的超越学科的性质以及它所内含的探求智慧的内在趋向。在这一意义上,我们对现象学显然不应加以忽视。可以看到,与肯定哲学的学科性和超越学科性一致,对具有不同哲学侧重的当代主流哲学,应承认并把握其各自蕴含的哲学意义。

三

　　哲学的一般属性同时规定着哲学的特殊形态。作为哲学的独特形态,中国哲学在走向近代和现代的过程中,也面临以上问题。历史地看,中国哲学作为一种近代意义上的学科,其诞生过程与学科性和超越学科性的互动、纠结始终相互关联。近代或现代意义上的中国哲学学科,首先是以西方哲学为参照系统而形成的。在中国学术的近代演进中,胡适的《中国哲学史大纲》曾被视为近代意义上第一部中国哲学史著作,这部著作在某种意义上确乎初立了中国哲学史的范式,其基本形态则是参照西方哲学而构建的。事实上,作为学科的中国哲学无法完全割断和西方哲学的关系,在此意义上,谈中国哲学的学科而完全将其与西方哲学加以分离,是非历史的。然而,中国哲学在取得近代学科形态的同时,又展开为一个不断向传统回归的过程,其具体的内容表现为在近代及现代的哲学视域中,对传统智慧作更为深入的揭示和阐发。这样,一方面,中国哲学作为近代及现代学科的形成以西方哲学为参照背景,另一方面,取得近代学科形态的中国哲学在实质的内容上又不断回归中国传统的智慧之思,后者同时使之具有超越学科性的特点。向智慧源头的不断回归,意味着超越单纯知识化、技术化的路向,在这一过程中,既可以看到知识和智慧的互动,也不难注意到中国哲学和西方哲学的关联,这种互动和关联同时从理论与历史等侧面,折射了中国哲学的学科性和超越学科性之间的交错。在作为近代及现代学科的中国哲学的形成过程中,上述问题往往彼此纠缠在一起。

　　从以上前提看,仅仅限于"以中释中",恐怕很难理解现代意义上的中国哲学学科:如上文所述,中国哲学作为现代意义上的学科,一开始便以西方哲学为参照背景,离开了后者,固然依然可以有传统形态的诸子学、经学,等等,但却不会有现代学科意义上的中国哲学。然而,另一方面,单纯地用西方哲学的模式来裁套中国哲学,则难以使中国哲学本身具有的智慧内涵得到充分的彰显:在生硬而机械的框架下,中国哲学可能会完全沦为一种没有理论个性、没有深沉智慧意蕴的外在之知,其意义仅仅在于充当西方哲学的知识性注解。从中国哲学学科的生成与发展看,以上两种路向显然都有各自的偏向,合理的进路在于对中西哲学之间的交融以及知识和智慧之间的互动予以双重关注。事实上,正是上述交融与互动,赋予中国哲学的学科形态及其生成过程以实质的内涵。

可以看到,中国哲学的性质与更广义的哲学性质相互联系,对其定位和理解既涉及它所内含的现代意义上的学科性,也关乎它在更深沉意义上的超学科性。当然,如上文所论,除了关注哲学层面知识和智慧之间的互动之外,具体地把握学科意义上的中国哲学也无法忽略中西哲学之间的互动这一历史前提:二者的互融,构成了作为近代和现代学科的中国哲学形成过程的独特形态。在肯定中国哲学所内含的学科性和超学科性特点时,我们既需要关注这二重品格背后所隐含的知识和智慧之间的互动,也不能无视中西哲学交融这一特定的历史背景。

问题与方法

  哲学的问题与哲学的方法之间有着紧密的联系。在某种意义上,哲学的问题内在地规定了哲学的方法,从当代哲学的不同形态中也可注意到这一点。以分析哲学而言,它所要处理的问题主要与意义相关,而其理解的意义首先又涉及语言,对哲学问题的如上看法,同时也规定了其哲学方法,后者具体表现为对语言的逻辑分析。对现象学来说,尽管胡塞尔前期对心理主义有所批评,后期对生活世界给予了若干关注,但他所关切的实质的哲学问题之一,则是如何在意识的层面为哲学提供一个本原的基础,其意向理论以及与之相关的本质直观、本质还原、先验还原等现象学方法亦直接或间接地都可以追溯到以上问题。以纯粹意识为指向的这种方法论趋向与分析哲学注重语言分析的进路显然不同。

从另一个角度看,方法与理论之间也存在内在的关联。理论总是内在地体现于方法,方法则可以视为理论的具体运用,只要看一看哲学史上的各种哲学体系,便不难发现如上关系。事实上,不同的哲学理论体系,都内在地隐含着独特的方法:在黑格尔的哲学系统中,蕴含着辩证思维的方法;读康德的著作,则可以发现其强调不同领域的区分与他注重划界的方法之间所呈现的内在关联,如此等等。以上所体现的,是一般意义上方法与问题之间以及更广意义上方法与理论之间的相关性。

一

就当代研究哲学而言,首先需要关注的是理论的思辨和逻辑的分析之间的关系。这一问题的背后,是哲学研究过程中实质与形式之间的关系问题,借用德国古典哲学的表述,这里同时涉及理性与知性之间的关系。从更内在的层面看,这一问题进一步关涉智慧和知识之辩。就宽泛意义而言,所谓理论的思辨包括哲学沉思、直觉、体验、洞察(insight),等等。借用冯契先生的表述,其方式则与理性直觉、辩证综合、德性自证等相关。相对于理论思辨,逻辑分析的基本形式主要表现为两个方面:一是概念的辨析,二是观点的论证。前者涉及概念的界定、厘清,后者则包括基于一定的根据和理由而提出命题,对论点进行逻辑的辩护,展示不同论点之间、前提与结论之间的逻辑联系,等等。

在当代哲学中,现象学和分析哲学无疑是两大主流的思潮,二者在哲学研究的方式上也展现了各自不同的侧重。比较而言,现象学更多地涉及理论思辨,这一特点相应于其主要关注的哲学问题。就现象学以及以现象学为视域的各种流派和人物而言,他们所关心的更多地是实质层面的哲学问题,而不仅仅是形式层面的逻辑辨析。从早期的胡塞尔到后来的海德格尔,以及更晚近的各种现象学余绪,都表现了对实质的哲学问题的关注。即使是从现象学系统发展出来、注重文本考察的解释学,也往往将人的存在、历史过程等问题引入理解过程,从而展示了实质之维。在现象学系统对实质层面问题的关注中,确实可以看到其对传统意义上的哲学智慧的关切,而他们的理论思辨本身与传统哲学对智慧的关切也存在着历史的联系。

当然,对思辨本身还可作进一步的区分。思辨可以是具体形态的思辨,也可以表现为抽象形态的思辨。具体形态的思辨总是涉及现实的历史过程、涉及多样的生活实践。抽象形态的思辨则往往疏离于历史过程、隔绝于现实生活。借用中国哲学的表述,以上差异涉及“即器而言道”与“离器而言道”的区分。这里的“道”可以视为哲学思辨的对象,“器”在宽泛意义上则指现实的存在形态以及现实的历史过程和生活过程。具体的思辨以“即器而言道”为内在特点,抽象的思辨则呈现为“离器而言道”。

现象学的理论思辨在某种意义上具有抽象思辨的意味,在胡塞尔那里便可以注意到这一特点。尽管他曾提出以追求严格形态的科学作为哲学的目标,但是他实际的下手工夫却更多地表现为对意识现象的直观和还原,他强调悬置现实存在、悬置历史过程,这在宽泛意义上都表现为“离器而言道”。就此而言,作为一种哲学形态,现象学一方面触及了实质层面的哲学智慧以及与之相关的哲学问题,但另一方面又呈现出抽象思辨的形态。

从分析哲学看,如前所述,他们对逻辑分析给予了相当的关注,与之相关,其哲学思维展现了严密性、清晰性等特点。然而,在关注逻辑分析的同时,他们对形式化往往给予了过分的强调,其研究在某种意义上仅仅限定于语言的界限之内，而不越出语言的雷池一步，由此在相当程度上把语言与实际存在之间的关系悬置起来。即使涉及所谓形而上学的领域，分析哲学也常常强调他们所谈的形而上学的问题（如"何物存在"）并不关涉物理世界中实际的对象，而更多的是语言之中的存在或人们在讨论存在时所运用的语言之涵义。用斯特劳森的概念来表述，这种讨论属于描述的形而上学。在区分存在本身与我们用来讨论存在的语言时，他们似乎也将两者分离开来。可以说，在分析哲学中，语言和现实世界之间的关系，有点类似康德意义上的现象和物自体的关系。他们把语言主要限定在现实世界之外，由此呈现的理论后果，是智慧的遗忘，与之相关的则是哲学向技术化、知识化形态的某种演化，二者从不同的层面表现为"道"流而为"技"。相应于此，在相当的意义上，分析哲学往往消解了某些具有实质意义的哲学问题。这是分析哲学走向极端之后所引发的逻辑结果。

分析哲学和现象学的以上进路，无疑应当作必要的扬弃。人们往往将思辨视为一种玄学意义上、具有否定和贬义内涵的概念。事实上，哲学如果离开思辨，便很难真正回到哲学自身的探索研究之上。在一定意义上可以说，没有理论思辨就不会有哲学。就此而言，对具体形态的理论思辨，显然需要加以肯定。另一方面，如果缺乏逻辑的分析，则很难有效地推进哲学问题的研究。从以上方面看，理论的思辨和逻辑的分析都是今天从事哲学研究思考过程时不应忽视的方面。

二

作为追问存在的理论活动，哲学研究同时涉及哲学之思与哲学史及现实的社会生活之间的关系。哲学史和现实生活既是哲学研究的二重根据,又构成了哲学研究过程中的相关背景。哲学史的意义,与哲学作为理论思维活动所具有的相对独立性相涉;现实的社会生活则关乎哲学研究的现实之源。

哲学学科和它自身的历史之间有着内在的联系。要真正了解哲学究竟是什么,便无法离开哲学的历史。哲学的很多问题往往古老而常新,这种源远而流长的问题,与哲学史本身内在的演化过程紧密相关。在这一方面,哲学与其他的经验科学存在相当大的差异。现在从事实证科学的研究,一般不必返归过去,比如研究物理学,便不必回到亚里士多德所理解的物理学。但是,研究哲学,则必须不断向其以往的传统、过去的历史回溯。从哲学的历史出发,哲学的问题便呈现内在的连续性。在这一意义上,需要有历史的意识,对哲学本身的传统也必须给予高度的关注。总之,哲学的研究要避免无历史的哲学,尤其在涉及理论研究时,需要特别注意其历史之源及历史根据。在试图建构自己的理论体系时,人们往往可以看到如下倾向,即认为以往的历史都一无是处,一切都得从头开始。在这种视域之下,如果要讲历史,往往从否定性的角度着眼。这种倾向显然缺乏深沉的历史意识。事实上,从哲学研究本身来看,对哲学历史的演化过程,需要高度关注。

哲学研究的另一重要背景是现实生活。社会生活丰富多样、变化不居,哲学问题的提出不能离开这样的现实背景。具体而言,现实生活对哲学问题的意义,至少体现在两个方面。首先是使哲学的问题获得新的内涵。如前所述,哲学问题不同于经验科学的特点之一是"古老而常新",这里的"新"即来自现实生活。以形而上学而言,其问题在哲学史中无疑有悠长的历史,然而,这方面的问题在不同的时代,每每呈现不同的内涵或形态。从今天来看,历史已在一定意义上处于信息时代,与此相关,诸如虚拟的实在、虚拟的关系等问题开始不断地提出来。从哲学的层面来看,虚拟的实在、虚拟的关系涉及某种新的形而上学问题,这种问题与现实生活的变迁显然紧密相关。另一方面,现实生活的发展,常常也会使哲学中的某些问题变得比较突出。这一点,从时下的哲学研究趋向中也不难注意到。如果留意一下就可看到,政治哲学在今天已逐渐成为显学,在可见的未来中,这种现象可能还会延续。政治哲学为什么会得到较多的关注?要回答这一问题,就需要回到现实的生活背景之中,后者包括政治变革愈益迫切、国际政治关系日趋复杂,等等。从上述方面看,在从事哲学研究的过程中,不能仅仅局限、封闭在历史的狭隘之域,而应对现实生活背景加以必要的关注。

总起来说,在哲学研究中,一方面应避免没有历史的哲学,另一方面则需要避免远离社会生活的哲学。

三

在历史已超越地域性而进入世界历史、不同的哲学传统已彼此相遇的背景下,如何处理好世界的视域和个性品格这两者之间的关系,是哲学研究面临的另一重要问题。所谓世界的视域或世界的眼光,也就是超越某一种特定的传统,从更广的背景去考察与理解哲学问题。随着历史逐渐成为世界历史,哲学的世界维度逐渐凸显出来。个性品格则涉及哲学的创造性、独特性。

世界视域下的普遍性维度,与哲学自身的建构与发展相联系。从后一方面看,世界视域进一步涉及哲学衍化的多重资源与多元智慧问题。这一意义上的世界视域意味着超越单一或封闭的传统、运用人类在不同文化背景下所形成的多样智慧结晶,进一步推进对世界的理解和哲学思考本身的深化。就哲学而言,在相当长的时期中,中国哲学、西方哲学都在各自的传统下相对独立地发展，而在历史成为世界历史的背景下，哲学第一次可以在实质的意义上超越单一的理论资源和传统，真正运用人类的多元智慧推进对世界的理解。对中国哲学而言，在近代以来中西哲学相遇之后，如何走向世界哲学已成为一个无法回避的问题。这同时可以视为近代以来哲学研究的总体背景。进入 21 世纪之后，经济全球化进一步发展，更需要我们有世界的眼光、世界的视域。

同时，哲学的研究需要运用多元的哲学智慧，而不能仅仅限于单一的思想资源之上。对中国哲学家而言，既要总结中国已有的哲学传统、哲学发展的成果，同样也应对西方从古希腊以来的哲学智慧给予实质性的关注。这一问题实际上也涉及今天经常谈到的中西哲学的关系问题。在这一问题上，似乎存在着不同的偏向，如或者简单地以西方哲学附会中国哲学，或者试图在中西哲学之间划出一条截然相分的界限，要求"以中释中"，等等。事实上，对中西哲学关系的理解，需要跳出中西之间，从更广的世界哲学视域来考察。后者意味着将中西哲学的思想成果都看作今天思考哲学问题、建构哲学系统的重要资源。

另一方面，哲学研究同样也需要个性的意识或个性的品格。从古希腊、先秦一直到今天，哲学思考总是表现为对智慧的个性化追求和探索。事实上，任何一种创造性的哲学系统都具有个性化的品格，哲学的创造无法与个性化的探索相分离。世界视域下的哲学与哲学的个性化、多样化具有内在一致性。在步入世界历史的背景之下，不同的文化传统、生活境遇下的哲学家们所做出的哲学思考依然会具有个性化的特点，世界化与个性化并非相互冲突，毋宁说，世界化的思考正是通过个性化的进路而体现的。在走向世界哲学的过程中，每一哲学家所处的背景、所接受的传统，等等，都将既表现在他对问题的独特意识和思考之中,也体现于他对不同哲学资源的理解、取舍之上,其思考的结果也会相应地呈现出个性化的特点。就其现实性而言,哲学的世界化与哲学的多样化、个性化是同一过程的二个方面。从这一意义上看,在形成世界视域和眼光的同时,也需要具有个性的意识并关注个性的品格。这两者之间的交融,是当代进行创造性哲学研究的前提。

就更直接的方法论角度而言,哲学研究同时应注重辩证的观念。在相当长的一段时间内,回到康德似乎成为一种主流性的趋向。事实上,我们对黑格尔哲学同样需要高度的关注。这不仅因为黑格尔本身的理论洞见,而且从哲学研究的进路来说,黑格尔所展示的哲学思考方式对避免仅仅执着某一方面而忽略其他的思维习惯具有积极的意义。前面曾提到的,哲学研究过程中往往面临多重问题和关系,在思维过程中常常容易执着于某一个方面而忽略其他。如关于哲学研究中理论思辨和逻辑分析的关系,从事现象学研究的学人,往往对理论思辨给予较多的关注;注重分析哲学的研究者则常常给予逻辑分析以更高的地位:在忽视辩证思维的情况下,对两者如何相互融合这一问题每每缺乏自觉的意识。同样,对于哲学的历史之维和现实关注这两重背景的关联问题,也容易发生类似的问题:注重历史的研究者,往往对现实生活有所淡忘;以回到实际生活为进路,则有时多少会对哲学这一学科独特的历史品格有所忽略。进一步看,关于中国哲学和西方哲学的关系问题、哲学的普遍性和特殊性问题,也常常容易执着于一个方面。如果能够形成或接受辩证的观念,无疑有助于扬弃不同的偏向、达到对相关问题更合乎实际形态的理解,并由此进而深化当代的哲学研究。

(本文原载《社会科学研究》2012 年第 1 期)

人的完成及其多重向度[①]
——哲学视域中的教育

一

　　作为社会生活的一个重要方面,教育最根本的特点就在于和人的发展紧密相关:它以人为指向,而不是以物为目标。当然,教育也作用于存在并改变存在,但它所改变的不是物,不是外部的物理世界,而是人自身。康德曾著专论教育的 *Education* 一书,其中开宗明义便指出:在世间万物中,"人是唯一需要教育的一种存在"[②]。按康德的看法,人之外的动物只需以本能的

　　① 本文系作者于 2011 年 6 月在华东师范大学的讲演记录。
　　② Kant, *Education*, Translated by Annette Churton, The University of Michigan Press, 1960, p.1.

方式来运用他的天性,无需像人那样经受教育的过程。在此意义上,也可以说,教育使人与其他存在(包括动物)区分开来。

人是唯一需要教育的存在这一事实,同时也规定了教育的使命或教育的目标。按其实质,教育即以"使人成其为人"作为它的内在指向,它的目标就是"人的完成"。所谓"人的完成",可以从不同的层面上加以理解。首先,"人的完成"意味着使人成为具有社会品格的人或"社会意义上的人",这里所说的"社会意义上的人",区别于生物意义上的存在。人当然首先是一种生物,但生物意义上的人还不是完全意义上的人,要使前者成为后者,教育是必不可少的环节。与之相联系,教育也是使人成为文化意义上的人的前提和必要条件。所谓文化(culture)意义上的人,主要区别于自然(nature)意义上的存在。在自然的层面,人与其他动物并无根本不同,通过教育而接受文化的引导,则使人超越了动物。在相近的意义上,教育也是使人成为文明意义上的人的前提条件。所谓文明意义上的人是相对于前文明的存在形态而言,文明与前文明的差异在宽泛意义上表现为"文""野"之别,从前文明的形态到文明形态,也就是由"野"而"文",而教育则是实现这一转化的必要条件。在以上方面,教育都构成了人自身完成的重要前提和条件。

二

通过教育使人成为真正意义上的人,或者说,以教育为途径使人本身达到完成的状态,涉及多重方面。

首先,从狭义上说,教育与知识的传授和接受相联系。对教育者而言,教育过程涉及知识的传授,从教育对象看,教育则关乎知识的接受。知识传授的意义包括两个方面。其一,通过这一过程,文明演化过程及文化发展过程中所积累的成果得到了传承,在此意义上,知识的接受和传授是文明成果得以传承的重要途径。其二,这样的知识接受和传授过程同时也使人逐渐地学会以社会的方式来生存:只有在具备了不同形态、不同内容的知识系统的前提下,人才可能由"野"而"文",以社会化、文明化的方式存在于世。

从"人的完成"这一方面看,教育不仅涉及知识的接受与传授的问题,而且与德性的培养相联系。道德是社会能够维系、延续的必要条件之一:社会秩序的建立无法离开道德的维度。与之相联系,要成为一个真正意义上的社会的人,个体也需要具备基本的德性,就此而言,教育与德性的培养存在着内在的关联。德性的形成涉及规范的内化。德性既不是与生俱来的天赋规定,也不是没有任何内容的空乏之物。从其实质内容看,德性是一定的时代和社会背景之下所形成的社会道德规范在个体之中的内化。普遍的规范内化为个体的德性,当然需经过很多环节,而教育即构成了其中一个重要的方面。从另一角度说,德性的形成不仅仅是使人能够适应社会的生活、成为一个合格的社会成员并为社会所接纳,而且对个体精神的提升也至关重要。一个人如果缺乏内在的德性,就很难健全地存在于社会。在此意义上,以德性培养为目标的教育过程,对人的自我提升、自我完成同样不可或缺。

进而言之,教育同时与能力的培养相联系。能力在宽泛的层面上可以区分为精神—理论层面的能力和实践能力两个方面。这两种能力并非截然相分,但可以用分析的方法加以考察。精神—理论层面的能力更多地与广义上的"知识"相联系,它既包括人的感知能力、理性能力;也包括非理性的方面,如想象、直觉、洞察、体验,等等。教育构成了上述能力提升的一个重要的环节。以人的基本感知能力而言,其最直接、最原初的形式表现为目能视、耳能听这一类的机能,它在相当程度上属自然（生理或生物学）之域，而不能算严格意义上人的能力。这种生物学意义上的机能要转化为人的能力需要经历一个过程。在这一过程中，教育是无法缺位的。在日常生活中，我们便可以注意到，教育往往引导人如何去观察。人在经过一定时期的训练之后所形成的观察能力跟原初意义上的机能（如目能视、耳能听），在内涵和质量上都存在重要差异。例如，随着海拔的升高，植物的种类与形态都会发生变化，没有植物学知识背景的游人，其满眼所见，也许只是赏心悦目的景色，而受过植物学训练的人则马上会敏锐地觉察到这里的植被状况和海拔高度的相关性。从中不难看到感知、观察能力与教育的关联。关于理性能力，我们可以从两个角度看。从形式层面上说，理性主要与逻辑思维相联系。在这一层面，思维过程获得意义的基本条件便是合乎逻辑法则（首先是同一律）。概念和对象之间需要有确定的联系，这是同一律的基本要求，有效的思维过程必须遵循这一法则。违背了同一律，思维内容就"不可思议"、没有意义。而要使人们的思维合乎逻辑过程，广义上的教育便是不可忽视的环节。从实质方面看，理性涉及认知、评价等方面。认知更多地与"明其真"相联系，评价则与"求其善"相关联。理性能力并不是天赋的，无论是对真的理解还是对善的把握，人的能力都需要通过广义的教育过程，逐渐加以培养、训练、提升和发展。

此外，广义的能力还包括非理性的方面，如想象、直觉，等等。想象作为把握世界的重要方面，也并非人的天赋，而是需要经过后天的引导。直觉的特点在于以比较简缩的方式来把握世界的一个方面或内在的规定：它不像逻辑程序那样，从前提出发经过若干中介，推出结论，而是直接地把握对象，这一类能力的形成同样离不开广义的教育过程。从能力的培养和形成过程看，人确实需要通过教育来引导、训练。

与精神—理论层面的能力相关的是实践能力。实践能力主要体现于人解决实际问题的过程。具体地说，可以将其区分为两个方面：其一是各种技能，包括生产劳动中或其他活动过程中所需要的各种技艺；其二则是更普遍意义上的实践智慧。实践活动不仅仅限定在单纯技术或技能层面，它同样也有赖于实践智慧，而实践智慧则体现了广义上的实践能力。后在（广义的实践能力）无疑包含具体技能，然而，若不能在"道"的层面达到智慧之境，同样很难在实践过程中达到出神入化之境。实践智慧的具体表现形态和内容具有多样性，其中一个重要的方面就是能够比较恰当地把一般的原则、规范和具体的实践情景结合起来。一般原则主要在普遍层面上规定人们应当怎么做，但是人所处的客观境遇往往千差万别，一般原则无法为每一境遇中"应该如何"提供普遍的行为模式，如何将一般原则与具体境遇结合起来？这里便需要实践智慧。这种广义实践能力的形成、培养和提升，既需要参与实践过程，也离不开多样的教育过程。

　　精神—理论层面的能力和实践能力尽管可以用分析的方法从不同的方面来考察，但在人的实际存在过程中，两者总是相互交融。实践能力包含着理论能力，理论能力也并不排斥实践能力。从更广的背景看，以上两种能力之间的相关性与宽泛意义上"知"和"行"的统一紧密相关。事实上，能力既体现了广义上的"知"，也与"行"这一实践过程相联系。

　　除了知识、德性、能力之外，教育还涉及另一重要方面，即审美品格的培养。审美品格构成了教育过程中的重要内容。这一品格不限于狭义上对美的观念的理解或审美趣味的提升。美的品格包含更广的含义。从教育的根本目标——"成就人"或人自身的完成这一角度看，这里的"美"更多地体现了综合性或整体性的特点。所谓综合性或整体性不仅仅体现在"真""善""美"之间的统一，而且和人的整个存在形态联系在一起。日常生活中常常谈到"完美",以人的存在为视域,"完美"更多地是指人自身在整体上的完成形态,或者说人在整体上所达到的理想之境。可以看到,"完美"中既有美的内涵,也有整体性、统一性的维度。美所体现的整体性、统一性,与美本身的特点相联系。如果分析一下"美"的现象,便不难注意到,"美"首先体现了感性和理性之间的统一。从审美的角度看,所谓感性总是形之于外,有具体的形和象:我们很难将抽象的概念等同于一般意义上的"美"。但另一方面,在审美过程中,感性之中又渗入了理性,这是"美"的特点之一。以感性中渗入理性为形态,外在的形象和内在的审美理想完美地交融在一起。与这一点相联系,"美"往往体现了普遍性和个体性的统一。从一个方面说,"美"是具体的,没有抽象的"美",作为具体的形态,"美"总是带有个体性的特点。但另一方面,个体形态中总是包含着普遍性。按照康德的说法,当我们作出审美判断时,这种"美"的判断同时也具有普遍有效性:"美"的判断不仅仅适用于作出判断的特定个体。仅仅适用于特定个体的美很难视为真正意义上的"美"。

美的以上特点在判断力中得到了具体体现。康德在考察审美过程时,把它和判断力联系在一起。在康德的批判哲学中,纯粹理性批判既涉及形而上之域,又与认知的过程相联系;实践理性批判更多地关涉道德过程,判断力批判则首先与审美过程相联系。从人的能力这一角度看,判断力具有综合性的特点。感性、理性,以及想象、直觉、洞察、体验,等等,这些不同的认识能力在判断力中以综合的方式彼此作用。不管在什么层面,作出判断总是综合地体现人的多方面能力。按照康德的理解,"美"在某种意义上也体现了这种综合性的特点。就康德本身的体系说,他把"美"看成沟通纯粹理性和实践理性的"桥梁"。"桥梁"具有联结、综合的意义。审美所具有的这种综合性特点,对于现代人来说显得尤为重要。

如所周知,在一定的历史阶段,随着劳动的分化,人的存在形态往往呈现某种片面化的趋向。劳动分工是社会最基本的分工,传统意义上的"男耕女织",就是按照性别进行的劳动分工。随着工业化的到来,人越来越被限定在分工环节中的某一片段。与这一点相联系,人自身能力的多方面发展也受到了的限定。马克思以及当代的一些哲学家如法兰克福学派曾对现代社会特别是资本主义发展以来的种种异化现象提出批评。异化现象的一个突出表现就是人变得片面化:人越来越成为广义分工系统中的一个片面环节。作为教育目标的"人的完成",则意味着不能把人限定在某一个片面之上。事实上,人本来应该获得多方面的发展。仅仅限定在某一片面之上,难以使人真正"成其为人"。如何扬弃这种片面性?在这里,审美过程所体现的综合性就显得尤为重要。这也是很多哲学家、思想家对审美过程非常重视的缘由之一。席勒著有《美育书简》,其中也对审美教育过程做了考察。他特别指出了审美经验所具有的综合性的特点,认为与单纯的科学思维不同,在审美过程中,不同的经验往往综合在一起。审美过程的以上特点,使之可以扬弃知性的限制,达到比较全面的存在形态。在这一意义上,审美教育以及与之相关的美的品格的提升不仅仅在于形成狭义上的审美趣味、懂得"美"的观念:它在更深层的方面与人的完成紧密相联。

与人的完成相关,人自身的发展过程中另一个需要注意的方面是"身"的问题。前面的讨论比较侧重于"心"的层面,而完整意义上的人则应该达到"身"和"心"的和谐统一。在这一意义上,"身"同样非常重要。现在的教育系统中有所谓"physical education",其中便涉及身。从人的完成这一教育目标看,"身"本身牵涉如何取得人化形态的问题。"身"作为狭义上的躯体,只是一种生物学意义上的存在,在这一层面人和其他动物没有什么根本上的区别。让"身"取得人化的形态,意味着使之具有社会文化的品格,这便离不开教育的过程。从广义上说,前面提到的道德实践,也需要"身"体力行:道德不能仅仅停留在"善"的观念、动机层面之上,而是需要付诸实行。在付诸实行的过程中,"身"便构成了一个重要的方面。从更宽泛的意义上说,人在社会生活中的言行举止、举手投足都是和"身"联系在一起的。这些行动是否能取得文明化的形态,与"身"是否取得社会化形态相联系,这一过程同样无法离开广义上的教育。中国很早就非常注重"礼","礼"的重要意义之一就是规定人的不同行为方式。"礼"同时具有文饰作用,其功能在于使人的言行举止取得文明化的方式。这种文明化的方式,构成了人成为社会、文化意义上的存在的重要方面,后者总是伴随着"身"从生物学意义上的存在向社会意义上的存在的转化,其中同时包含教育的作用。

三

无论是从社会、历史层面还是从个体层面说,教育作为一种社会现象都既展开为一个过程,又涉及不同的关系。就前面提及的知识的传授和接受过程而言,作为广义教育过程的内容,知识的传授和接受总是涉及最基本的两项:教育者(教育主体)和受教育者(教育对象)。从教育主体或教育者这个方面看,在知识的传授过程中,首先面临"顺导"和"引导"之间的关系。"顺导"主要侧重于对受教育者的尊重,包括对他内在意愿、兴趣等方面的关注。教育不是一个被动的过程,不是教育者单向地给受教育者灌输一套知识系统,而是一个教育者与受教育者彼此互动的过程。在这一过程中,如何把握和尊重受教育者内在的意愿、兴趣、个性特点,等等,便构成了非常重要的方面。在这里,"顺导"意味着避免单向的灌输、片面的强制。另一方面,不能把"顺导"变成简单的迎合:在所谓"愉快教育""素质教育"的背景之下,往往容易出现将"顺导"转换为"迎合"的趋向。在教育方式上可能也会出现类似的现象。如在强调教育生动性的名义之下,教育过程可能更多倾向于用叙事性的实例替代实质性的教学内容,这个方面如果过度,则"顺导"便容易转向迎合。迎合的结果是使学生停留在原有水平上,或甚而降低其水平,而不能使之真正通过教育得到发展。因此,在注重"顺导"的过程中,也同样应该给予"引导"以相当的关注。"引导"的内在目标在于使学生在知识、方法、能力诸方面得到实质性的提升。如何把"顺导"和"引导"恰当地结合起来,这是教育过程中无法回避的问题。

与"顺导"和"引导"相关的是个体性和普遍性的关系。教育过程的有效展开,一方面需要注重教育对象的个体差异,儒家所讲的"因材施教",在相当意义上就是要求注重教育对象的个性差异。每一个个体在智力、兴趣、社会背景、能力等方面都会呈现出各种差异:在这个世界中,没有两个人是完全相同的。在教育过程中,对现实存在的差异要给予高度的重视。如果完全无视教育对象的差异,那么,教育的效果就会受到内在的限定。从现代的角度看,所谓"因材施教"至少包括两个方面:一是施教过程应当注重教育对象的个性差异;另一个则是施教目标之一应是培养独特的个性。教育过程不应引向千人一面的人格模式,世界本身就是多样、丰富的,人的存在也是如此。在教育过程中,如何培养独特的个性,同样需要我们给予高度的重视。事实上,传统教育思想在很早的时候就从实践和理论层面对这一问题给予了自觉的关注。"因材施教"这一观念在孔子那里就已经被提出。从实际的教育过程看,孔子也是这样做的。《论语》中记载了很多孔子和学生之间的对话。有时不同的学生会问同一个问题,但是针对不同的提问对象,孔子往往会给予不同的回答,这里便体现了对教育对象个性差异的重视。

然而,教育作为一个过程,同时又具有普遍性的方面,教育的目标——使人成为真正意义上的人——便包含普遍性。就现代的学校教育而言,在知识系统的掌握层面,也有普遍性的规定。对于这些普遍性的要求,教育者无疑应该给予关注。事实上,以往的哲学家也在不同的层面上涉及这一问题。在谈及技艺的传授时,孟子便指出:"大匠不为拙工改废绳墨,羿不为拙射变其彀率。①"这里所侧重的,是教育过程的普遍性问题:规矩作为一般的行为准则,具有普遍性,尽管具体的学习者在掌握技艺的能力方面可能会有一定的差异,有的也许比较灵敏一点,有的则可能反应较慢,但高明的大匠不会因为某些个体不能适应这些规矩而轻易地变更它们。这里的前提是,不能因为学习者在能力上的差异而将普遍标准降低。从教育过程说,如何把尊重教育对象的个性差异和坚持普遍的教育目标、教育标准这两者统一起来,也是我们在教育过程中需要面对的问题。

教育过程往往还涉及规范性和开放性之间的关系问题。规范性表现为在教育的目标、教育的标准等方面有相对确定的要求。从现代的学校教育看,规范性比较具体地体现在相对稳定的教材之上。然而,无论从教育者抑或教育主体方面说,教育过程又总是有灵活、开放的一面。教材在保持规范性的同时,也为如何具体展开教学过程留下了开放的空间,不同的教师对于同一教材,其教授方法可以有差异。事实上,我们无法千篇一律地规定某一类教材只能这样讲,不能那样教:即使是标准化的教材,其具体传授方式也具有开放性和灵活性。同样,在不同的课程、不同的教育阶段上,也会呈现多样性、差

①　《孟子·尽心上》。

异性。从这一角度看，教育显然不是单一、封闭的过程。与此相联系，教学过程中的生动性和严谨性，也是需要加以调节的重要方面：教学过程既应当具有生动性和可接受性，也应对知识的基本原理做严谨、规范的表述。要而言之，生动和严谨、开放和规范需要相互结合，而不能彼此偏废。

以上首先着眼于知识传授过程中的教育者（教育主体）。就教育对象（受教育者）而言，同样也涉及和面临不同的方面。首先可以一提的是"学"和"思"的关系。孔子很早就提到"学而不思则罔，思而不学则殆"。从教育的过程看，"学"主要侧重于接受已有的知识经验、掌握前人积累起来的认识成果，"思"则更多地涉及创造性的思考：它不同于被动、机械的记忆、背诵，而是表现为对已有知识的创造性理解甚至发挥、引申。在教育的过程中，如何将接受已有的知识与对这些知识的创造性的理解和发挥结合起来，是无法回避的问题，这也是"学"和"思"所涉及的实质的方面。与此相联系，受教育者（教育对象）在处理好"学"和"思"关系的同时，还涉及如何对待教育者（教育主体）的问题。与接受已有的知识这一方面相联系，受教育者（教育对象）需要对教育者（教育主体）加以尊重并在一定意义上予以信赖。但另一方面，受教育者也不能盲从教育者（教育主体），而应注重独立的思考。

从知识的层面说，与"学"和"思"之辨相联系，教育过程还涉及"博学"和"辨疑"的关系。"博学"顾名思义，主要是一个知识积累、扩展的过程，"辨疑"则涉及对已有知识的批判性反省，后者与前面所提到的"思"有相近之处。从中国思想史看，不同的学派对于这两个环节往往有不同的侧重。儒家比较强调博学，尽管他们也肯定"多闻阙疑"，但比较而言，在谈到"学"的时候，儒家总是把博学放在很突出的位置上。相形之下，道家则更多地关注存疑、辨疑的方面。道家在对待以往知识的态度上，一再提出"日损""坐忘"。老子强调，要达到道的智慧，便必须"日损"，亦即将已有的知识加以消解，庄子所提出的"坐忘"，其实际含义也是把社会历史影响之下所形成的知识经验加以解构。从现实的角度看，以往的经验具有两重性，一方面它们构成了进一步认识的背景：新的认识的展开如果缺乏以往的知识背景，便难以深入地展开；但另一方面，以往的知识结构也会作为先入之见对新的认识过程产生某种消极的影响。比较而言，儒家注重已有的知识经验在展开新的认知过程中所具有的引导、基础作用，道家则比较警惕以往的知识经验对新的认识可能带来的扭曲：正是为了避免这种消极影响，他们反复提倡"日损""坐忘"。从教育过程去看，"博学"和"存疑"显然都是不可或缺的：我们不能仅仅侧重其中的某一个方面。如何把"博学"（知识的积累和扩展）和对以往知识批判性反省这两方面结合起来，这是广义的教育过程所面临的又一问题。

四

广义的教育同时包括德性的培养。从德性的培养这一角度看，同样涉及一系列的问题。首先是说理和示范的关系。在道德教育的过程中，需要让受教育者了解应当做什么、应当如何做，等等。在把握什么可以做、什么不能做以及如何去做的过程中，总是涉及对规范的理解。规范既制约着行为的选择，也影响着行为的判断：当行为还没有发生的时候，规范给人们提供了选择的标准，对于已经发生的行为，规范则提供了判定其性质（对或错，善或恶）的准则。在德性的培养中，不管是教育对象还是教育者，理解普遍的规范（所谓"明其理"），都构成了重要的方面。

让教育对象理解普遍规范，所涉及的主要是说理过程。说理的意义之一在于使人的行为由自发状态走向自觉状态：人要从自发走向自觉，就需要经过一个"明其理"的过程。如所周知，早期儒家已经开始辨析行为的自发形态和自觉形态。孟子便区分了两种不同的行为方式，即"行仁义"与"由仁义行"。"行仁义"尽管也合乎某种行为规范，但是当行为者这样做的时候，往往尚未自觉意识到这一点：他也许只是碰巧做了而已，近于当代伦理学所说的"moral luck"（道德运气）。这种行为显然还不是自觉的行为，而是处于自发的状态。"由仁义行"则基于对仁义等规范的深刻理解，由此自觉地按照这一规范去做，这已是一种自觉的行为。道德实践应当从"行仁义"走向"由仁义行"，而道德教育则是实现这一转换过程所不可或缺的。另一方面，道德不能仅仅依靠说教，道德实践在某种意义上更多地需要通过示范来引导。从个体的成长过程看，儿童的行为一开始便是基于模仿，此时他并不懂得行为的道德原理，通常是大人怎么做，他就跟着怎么做。从更广的社会层面说，要让一般的社会成员懂得怎么去做，道德典范的示范作用就显得非常重要。孔子要求"见贤思齐"，已注意到这一点：当我们见到有德性的人（贤人）时，就要考虑怎么向他看齐。亚里士多德也提到，要使自己的行为达到正义（道德）的层面，我们就要"像正义的人"那样去做。总之，道德教育过程中，示范是非常重要的，如何把示范和说理统一起来，是有效展开道德教育的重要方面。

在德性培养过程中，另一个需要关注的问题是引导和涵养。引导主要表现为个体之外的教育、指引，它更多地体现了社会的影响和社会的约束。涵养主要是个体自身的体验、反省、觉悟。外在的社会影响和约束以及个体自身的体验、涵养在广义的德性培养中相互关联、彼此互动。

作为成就人的重要方面，德性的培养过程还涉及德性和个性之间的关系。一般而言,德性的实质内容是普遍规范的内化,因而总是带有普遍性的方面。在道德教育中,如果仅仅注重用普遍规范去要求,便容易在人格培养中形成千人一面的趋向。儒家非常注重成就人格、成就自我,后者也就是所谓"成人"和"成己",但同时儒家又往往将"成人"和"成己"理解为"成圣":在儒家那里,"成人"和"成圣"常常可以互换。所谓"成圣",顾名思义,就是成就圣人,它意味着每一个人都向圣人看齐,努力使自身达到同于圣人或近于圣人的人格形态。这种观点当然有其积极的方面,它肯定了每个人都有成就完美人格的可能性,所谓"人皆可成尧舜",便表达了儒家的普遍信念。但另一方面,从其最终目标看,以上追求也可能会导致人格的齐一化、无差别化。这里不难看到传统人格理论的历史局限。从现代社会看,如前面已提及的,教育当然不能仅仅培养整齐划一的人格,而是应当注意教育对象个性的多方面发展。如何把成就德性和培养多样的个性结合起来,这也是在德性培养或广义的道德教育中无法回避的问题。

五

如前所述,教育过程包含着能力的培养。从能力的培养和提升看,问题首先涉及潜能和现实之间的关系。每一个体都具有发展自身能力的内在潜能,但同时,这种潜能又要经过一个现实化的过程。仅仅停留在潜能之上,还很难视为现实的能力:如果只具有潜能,则我们只能说他包含达到这种能力的可能,而无法说他已实际地形成这种能力。潜能转化为能力,需要经过不同的环节。在这旦,教育便构成了一个不可忽视的方面。如何使潜能向现实转换,这是教育面临的一个重要问题。以学校教育而言,这里涉及训练和锻炼问题。

对教育主体说,学校教育可能侧重于训练:其关注之点往往更多的是如何训练教育对象。对教育对象来说,则是如何自我锻炼。训练和锻炼是各有侧重的两个方面。与之相关的是培养和发展的问题:培养侧重于社会以及教育主体对教育对象的作用和影响;发展则更多地涉及个体自身的努力,包括如何使自身的潜能向现实形态转化。

在人的能力培养中,还需要注重能力的多样化和能力的差异问题。在这一方面,对于教育主体说,应当善于发现教育对象所内含的不同能力或潜能。发现人才在某种意义上就是发现他的潜能,对教育主体说,其作用不亚于传授一套知识系统。对于教育对象而言,如何意识到自身的能力以及自己在某一或某些方面的潜能,同样非常重要。潜能的发展同时关涉以上两个方面。

进而言之,教育涉及美的品格的形成。在美的品格形成过程中,同样涉及多方面的关系。前面已提到,美本身就表现为感性和理性的统一。在培养美的品格的过程中,如何将二者加以协调,也是一个需要正视的问题。美的品格的培养过程还涉及“真”和“美”之间的关系。从广义的价值系统说,真、善、美之间并非彼此分离。从美的角度看,可以首先考虑“美”和“真”之间的关联问题。一方面,真隐含着美,这一点从科学家的自身体验中就可以具体了解到。在科学研究过程中,当认识达到比较完善的境界时,科学研究的成果同时也会引发美感。这种美感往往不仅为研究者所体验,而且在研究的共同体中也会产生共鸣。复杂的自然过程最后用一个非常简洁的公式表现出来,这一过程不仅趋向于真,而且具有审美意义。如果在科学研究过程中最后得出的结果非常繁复,那么它不仅在求真的层面上没有达到理想之境,而且从审美的意义上说也缺少一种美感。另一方面,美往往体现真。道家所谓“天地有大美而不言”,肯定的是自然之美。在这种美的对象中，便内在地蕴含真：具有美的品格之天地，同时表现为真实的存在。道家强调自然之美，认为一切人为的矫饰，都缺乏美的意义。"天下皆知美之为美，斯恶矣"，表达的就是这个意思。总之，真和美之间的沟通和互动在美的品格培养中显得非常重要。

美既与真相涉，又关联着善，由此便形成了美和善之间的关系问题。从人的完成这一角度看，完美和完善这两者本身就是相通的：人的完美意味着人的完善。在这一意义上，美和善也内在地联系在一起。从更一般的层面看，美自身便表现为合目的性与合规律性的统一。美既体现了真实的存在，又有合目的性这一面：对象的形态、构造往往显得合乎人的审美需要，这里便包含合目的性。合规律性体现的是真，合目的性中则包含价值内涵，亦即广义的善。与之相联系的还有所谓人格美，其主要的方面涉及内在品格和德性，但同时也关乎人格形象。宋明理学家常常讲"圣人气象"，其中便包含形之于外的人格美。在这种人格中，美和善内在地相互联系：一方面，它体现了道德上崇高的人格力量，另一方面，它又给人以一种审美意义上的美感。可以看到，美和善内在地融合于"圣人气象"之中。从功能上说，美对人的灵魂具有净化作用。以悲剧而言，悲剧表现了两种力量的冲突，而这两种力量又有各自的存在理由，悲剧之为悲剧就体现在这里。在领略悲剧之美的时候，人们的灵魂也会在冲突中受到剧烈的震撼、净化和洗礼，从而使精神世界得到升华。它从另一个角度展现了美对于德性培养的作用。从中国思想史看，相对而言，道家比较强调"美"和"真"之间的统一，儒家则更注重"美"和"善"之间的互动，所谓"美善相乐"。以人的完成为指向，教育过程应当将美和善、美和真内在地统一起来。

从更宽泛的意义上说，教育同时又涉及学校教育和学校之外的社会教育之间的关系问题。在知识、德性、能力、美的品格的培养等方面,学校之中的教育和学校之外的教育在广义的教育过程中是很难分离的。在目标上,学校教育和广义上的社会教育都旨在成就人,亦即人的塑造、人的完成。从教育过程看,这两者又具有内在的连续性。无论是知识的传授和接受、德性形成,还是能力的培养、审美品格的塑造,学校的引导和社会的影响对于个体成长来说都是相互关联的,其间存在着内在的连续性和互补性。以能力的培养而言,学校的训练和社会的实践之间便存在内在的关联和互动;在审美之维,一方面,学校的引导,从内在的方面对个体审美趣味的形成具有不可忽视的作用,如通过古典音乐、历史名绘画等高雅艺术的评析和欣赏给予个体以深层熏陶,另一方面,审美的社会趋向(每个时代都有其独特的审美趋向)对个体也产生重要的影响。此外,在教育内容、教育方式上,狭义的学校教育和学校之外的教育之间也具有互补的关系。学校之内往往比较侧重于新的知识的传授,学校之外,则更多地通过"学而时习之""温故而知新"以巩固扩展所传授的知识;学校之中注重规范性,学校之外更多的呈现开放性,包括自由的阅读、想象。如此等等。

学校教育和学校之外的社会教育之间的关系,同时关乎"博"和"约"。"博"是扩展,"约"则可以被理解为深化。扩展和深化在广义的个体成长中都不可或缺。相对而言,学校因为各种因素的影响,可能更侧重于教育的深化,而在社会领域中,教育的扩展性则显得更为突出。从德性和审美的角度看也是如此。一般来说,现实的社会生活总是显得丰富而多样,学校教育则往往更侧重于有针对性的引导。以艺术而言,在社会领域中,审美趋向是非常多样的,个体在社会中可能受到多方面的影响,但在学校中,则如前所述,可以通过各种方式着重从高雅艺术方面来对学生进行引导。这里,我们可以看到社会领域的各种丰富的审美趋向和学校之中的自觉引导之间的互动。

　　要而言之,教育过程与人紧密相联。如康德所说,世间只有人需要教育。教育的本质在于人的完成,后者展开为一个过程,并涉及多重方面。

（原载《河北学刊》2011 年第 6 期）

价值观念的内涵

从宽泛意义上说,价值观可以视为对世界及人自身存在的评价性看法,其内容体现于价值取向、价值原则、价值规范、价值理想,等等。作为评价性的观念,价值观同时包含规范性,并具有引导的意义。与价值观相关的核心价值体系,则涉及一定历史时期社会成员对基本或普遍的价值原则的理解和认同。从形而上的层面看,核心的价值原则一方面基于现实的世界或现实的存在,另一方面又展示了可能的世界:价值的取向与事物发展的可能趋向具有相关性。价值观总是与现实存在所蕴含的可能性相应,并体现了一定社会发展时期或发展阶段的历史需要。价值观与现实存在的联系,表明其无法离开实然;它与可能趋向的关联,则使之同时指向社会存在的应然形态。应然形态总是与理想的目标相联系,事实上,对核心价值体系的概括,都既涉及一定社会的历史需要,也关乎社会发展的理想(应然)目标。

就其具体的作用而言,价值观首先具有社会凝聚的功能:一定社会成员往往是在共同的价值观念之下,相互结合、凝聚为社会整体。孔子曾有言:道不同,不相为谋。从正面来说,以道相谋意味着在共同的价值体系引导之下,不同的社会成员相互凝聚,在实践过程中彼此交往、协调、合作,为社会内在秩序的形成提供担保。

从另一层面看,价值观念也为政治的正当性提供了依据。在一定的历史时期中,判断某种政治体制是否具有正当性,与该社会所普遍认同的核心价值观念具有内在关联。春秋战国时的王霸之辩,事实上便涉及政治正当性问题,参与争论的不同思想家所认同的不同价值观念,同时规定着他对相关政治体制的判断。对于认同仁道原则的思想家来说,仅仅用刑法、暴力手段(所谓"霸道")作为社会治理的手段,便缺乏正当性。今天谈到政治的正当性,同样与人们所选择、认同的价值观念密切相关。事实上,当人们质疑某种体制的政治正当性时,其根据便在于这种体制与质疑者所认同的价值原则不一致或彼此冲突。在这方面,核心价值观念对我们确认政治体制的正当性也具有内在意义。

从个体层面看,价值观又与一定的行为导向相联系。如上所述,价值原则本身有引导性的作用,它既展示实践的目标,也提供引导实践过程的规范。就目标而言,价值观引导个体接受共同的社会理想,从规范来说,价值观则规定实践过程中应该做什么、不应该做什么。从这一意义看,核心价值观念对社会的不同个体无疑具有范导作用。

价值观对社会的另一重要作用,在于提供精神的依归。从普遍的方面说,价值观为社会成员共同的精神追求提供了方向。孔子曾提出"志于道",这里的"道"即表现为价值理想,志于道所体现的是对理想目标的追求。从个体的存在看,价值观同时也为其获得精神寄托提供了前提。通过认同一定的价值原则，个体的存在意义也获得了内在的根据，与此相联系的是对存在虚无性的超越。价值方向与精神寄托从不同的方面为社会成员的精神依归奠立了内在根基。

在社会变革时期，价值观念的重建往往被提到很重要的层面。历史地看，春秋战国时期，殷周以来所形成的礼乐传统以及与之相应的价值体系开始受到各种挑战，"礼崩乐坏"就体现了这一点。一方面，超验存在(天)的约束力开始慢慢松弛，另一方面，传统意义上的礼由于各种历史原因，对人的实际约束作用也在不断趋于弱化。如何确立新的价值依归，逐渐成为那个时代人们普遍关注的问题。孔子提出仁道原则，可以看作是对这个问题的自觉回应。仁道一方面基于人最自然、最本原的内在情感；另一方面又以肯定人的内在价值为实质内容：人禽之辩确立的就是人不同于其他存在(动物)的内在价值。正是这种新的价值观念，为变革时期的社会获得精神依归提供了可能的方向。秦汉以后，经过一个漫长的历史过程，这种价值观念逐渐被接受为普遍的价值理念。在近代西方也经历了类似的情况，随着中世纪向近代的衍化，原来被神圣化的价值理念逐渐受到质疑，如何形成新的价值观念、原则，也成为当时以及后来相当长的历史时期中人们所关注的问题。自由、平等、民主这一类价值观念，便是在这一漫长的过程中逐渐形成的。

价值体系不仅面临认同的问题，而且关乎如何作用。这里进一步涉及价值体系的外化和内化。所谓外化，包括价值体系与一定的社会体制、文化形态、日常生活之间的相互融合，具体地渗入到相关的层面。事实上，在孔子那里就可以注意到这一点。孔子强调仁和礼的统一，其中"仁"属普遍的价值观念，"礼"则具有外在的体制化形态，在他看来，这两者是无法分离的："礼"应体现"仁"的要求，作为内在价值观念的"仁"，则需要落实到"礼"这一体制的层面。西方近代提出的价值观念,最后也是通过社会政治体制的建构而得到具体落实,并进一步融入到人的日常生活这一层面之上的。与体制运作及日常生活相联系的,是人格典范,儒家所崇尚的圣人,便是儒家所确认的人格典范,其中具体地体现了他们所认同和追求的价值理想。对历史上的圣人,儒家一再加以推重并以之为效法对象,所谓"祖述尧舜,宪章文武",便表明了这一点,这里也表现出对人格典范在政治生活及日常生活中作用的肯定。事实上,价值观念的现实影响和作用,往往通过理想人格典范的确立以及对这种人格典范的模仿、效法而实现。

除了外化过程之外,价值观念体系同时涉及内化过程,后者意味着与人的内在意识、精神相融合。康德曾提出,人在精神层面的机能包括认知机能,欲求机能,愉快与不愉快的机能。在引申的意义上,可以说,上述机能具体关联着我思、我欲、我悦。就价值观念的现实作用而言,"我思""我欲""我悦"的统一,表现为理性的自觉判断("我思")、主体的自愿要求("我欲")、自我的情感认同("我悦")之间的一致。在接受价值原则的过程中,唯有既基于理性的明觉,又出于自愿的要求,并进而通过情感的认同而获得愉悦之情,这些原则所体现的要求和取向才能真正化为个体的内在意识,融入其真实的存在,并实际地影响其行为。

价值观在上述意义上的作用,与口耳之知向身心之知的转换相联系。口耳之知主要停留于语义、观念之域,身心之知则融合个体的整个存在,体现为身与心、知识与德性、能力与意向等的统一,化口耳之知为身心之知,相应地意味着从言说、论辩等观念活动,转向身心统一的实践过程。作为身心统一的综合形态,价值观念已内化为广义的实践精神,并在不同的层面规定着人的行动。

(本文原载《光明日报》2012 年 3 月 31 日)

以人观之与以物观之

——生态问题的哲学意蕴

一

随着历史的发展,生态逐渐成为人们不能不加以正视的问题。从实质的层面看,生态之所以成为问题,与人自身的存在相关联。如所周知,人既源于自然并内在于自然,又走出自然并与自然相对,中国哲学中的天人之辩,并涉及以上关系。洪荒之世、本然世界,并没有生态的问题。只有当人从自然中分化出来(天人相分)、成为与自然相对的另一种存在(所谓自然的"他者")时,生态的问题才会发生。在人类出现以前,自然诚然也经历了各种变化,如地震、洪水、海啸、火山、干旱,等等。不过,这些自然的演化在人类诞生之前,并不构成生态问题。然而,在人作为"他者"从自然中分化出来后,不仅人自身的活动结果逐渐造成了各种生态问题,而且本来没有生态意义的自然演化也逐渐获得了生态的意义。如前述的地震、火山、洪水、干旱等变迁,便随着人类的出现和发展而逐渐地由单纯的自然现象,转换为生态演化的重要方面,之所以如此,主要即在于这些变化直接影响着人自身的生存。从以上方面看,生态的问题确乎与人的存在难以分离:可以说,生态问题首先是人的问题。

生态问题之源于人的存在,与人自身的存在特点相关联。如所周知,在现实的世界中,只有人才真正具有价值创造的意识和价值创造的能力,也只有人,能够通过自己的创造性活动而在自然之上打上各种印记。事实上,人生活于其间的现实世界,已不同于本然的存在,而是形成于人自身的创造活动,儒家所说的"赞天地之化育""制天命而用之",便已肯定人参与了现实世界的生成过程。

人的价值创造过程同时也是意义生成的过程,意义本身则有多方面的内涵:它可以展现为正面或积极的趋向,也可以包含负面或消极的性质。从天人关系的角度看,正面或积极的意义体现于和谐的天人关系,负面或消极的意义则表现为天人之间关系的片面化。事实上,生态的问题归根到底导源于天人关系的片面化,后者意味着人与自然之间由平衡走向失衡。

天人关系失衡的重要原因,在于人们在追求自身价值目的以及进行价值创造的过程中,忽视了自然本身的法则。价值创造的过程固然关乎人的价值目的,但这一过程同时又必须本于现实存在以及内在于其中的法则。如果价值目的的追求和价值形态的创造无视甚至蔑视自然的法则,则天人之间便会形成各种张力并趋向于分离,由此进而导致各种生态问题。人的价值创造过程与生态问题的发生之间的以上关系,同时从一个方面表现了生态问题与人的存在及其活动之间的相关性。

　　要而言之,生态问题的发生以人走出自然并与自然相对为其历史前提。如果用中国哲学的概念来表示,则这一前提便以天人相分为其内容。从天人相分或天人关系的角度来理解生态问题,具体涉及两重视域:以人观之与以物观之。生态问题的解决、生态关系的合理建构,离不开对以上二重视域的具体理解。

二

　　生态问题上的视域首先表现为"以人观之"。宽泛而言,"以人观之"也就是从人自身的视域出发理解和评判世界,这种"观"包含多方面的意义:它不仅涉及狭义上的理性认知,而且关乎价值的关切。理性的认知具体表现为在事实层面上对自然本身、自然与世界关系的把握,价值的关切则以天人之间的价值意义为指向。中国哲学很早已意识到以上方面。孟子曾指出:"亲亲而仁民,仁民而爱物。"这里涉及"亲""民""物"三种不同的对象,对待这些对象又有"亲"(以亲情相处)、"仁"(以仁爱之心相待)、"爱"(以珍惜、爱护之心对待)三种价值立场、价值态度,后者也属广义上的"观"——对事物在价值层面的考察与把握。不仅对"亲"(家庭伦理领域中的成员)、"民"(一般社会成员)要给予价值的关切,而且对广义上的"物"也应当有一种珍惜、爱护("爱")之情,这种情感在实质的层面渗入了价值的内涵。宋明时期,理学家们进一步提出"民胞物与""仁者与万物一体"等观念。"民胞物与""万物一体"意味着将世界之中一切对象都理解为与人相关的对象,并赋予它们以相应的价值意义,这一看法的内在要求是对人之外的其他对象给予应有的价值关切,其中也体现了以人观之的价值内涵。

中国哲学不仅在实质层面涉及对自然等对象的价值关切，而且也提出了如何展开这种价值关切的总体观念或总体原则。后者可以用《中庸》中的一个重要命题来概括，即"万物并育而不相害"。从对待自然对象的角度看，"万物并育而不相害"意味着自然中的每一个体、每一对象都有其存在的理由，它们可以共同存在，彼此之间并不相互排斥。从人与自然的关系看，这里所确认的是：自然作为与人共存的对象，同样有其存在的意义。以上主要从天人关系的角度，体现了"万物并育而不相害"在理解和对待自然方面的价值取向。

　　引申而言，"万物并育而不相害"不仅表现为理解自然以及人与自然关系的原理，而且构成了把握人与人关系的出发点。从本原的层面看，人类社会中不同的个体、阶层、集团、民族、国家在社会领域中都应有各自的生存空间，彼此之间应共同存在而非相互排斥。与之相联系，这些个体、阶层、集团、民族、国家在享有、运用自然资源上应该具有平等的权利：按照"万物并育而不相害"的原则，不同的个体、阶层、集团、民族、国家所拥有的以上权利，都应当得到承认和尊重，而不能仅仅强化人类部分成员的权利，否定、排除其他成员的同等权利。但是，在人类历史的实际发展过程中，以上原则并没有真正得到体现，相反，我们所看到的，往往是某些阶层、某些集团、某些民族、某些国家在利用、消耗自然资源方面远远超过甚至压倒其他的阶层、集团、民族和国家。这里无疑包含了人类社会中的不平衡，这样的不平衡如果不加抑制，同样将导致生态的问题：当社会领域的某些成员、集团、民族、国家过度地消耗自然资源时，天人之间的不平衡往往会进一步加剧，正如前一代人对自然的过度占有，将导致后来世代的生态危机一样。以上事实表明，今天的生态问题，与社会上不平等地运用自然资源有着难以否认的联系。

　　可以看到，在天人关系之中，包含着人与人之间的关系。它从一个方面体现了前面所提及的看法,即生态的问题归根结底是人的问题。与之相应,解决生态问题也需要从人的角度加以考察与理解。如前所述,以人观之的"观"既涉及以理性的方式理解世界,也包括从价值的视域看待世界。从逻辑上说,如果单纯地基于工具层面的理性去理解天人关系以及人与人的关系,往往会引向过强的功利意识,并进而导致人与人的关系以及天人关系的失衡,"以人观之"所涉及的以上价值关切对于抑制这种偏向,无疑具有积极的意义。

当然,如后面将进一步讨论的,仅仅停留在以人观之的视域或过度地强化这一视域,常常容易导向狭隘的人类中心观念。狭隘的人类中心主要表现为以人类局部的、当下的利益作为考察和处理天人关系的唯一出发点,由此进而趋向于对自然的片面占有、获取。以上价值取向的逻辑结果,则是导致各种形式的生态失衡。

三

在生态之域,与"以人观之"相关的是"以物观之"。以后者为视域,便不仅仅要从人自身的价值目的去理解和看待世界,而且应基于自然本身的规定和法则去考察自然,并由此把握协调天人关系的现实条件。人首先是自然的一部分,人的生存需要食物、水、阳光,等等,在此意义上,人也从属于广义的生态之链。作为自然的成员,人不能不服从自然的运行法则,人本身的活动、发展过程也应当和自然本身的循环系统相一致。从历史的发展来看,当早期人类还以采集、狩猎等为生存方式时,人与自然之间便在一定程度上保持了原初意义上的循环关系。所谓"日出而作,日落而息",便从一个方面反映了人与广义自然循环之间的彼此相关:人之"作"与"息"的往复,与作为自然对象的"日出"与"日落"之周而复始的运行,呈现内在的一致性。到了农耕、游牧文明的时代，人与自然生态平衡之间的关系问题开始变得多样化、复杂化。在工业化之后，人逐渐逸出了广义上的自然循环系统，并由片面地干预、征服自然而导致了各种生态问题。自然系统是人赖以生存的基本前提，自然的破坏以及由此引发的生态问题，最终威胁到人自身的生存，从这一意义上说，保护自然就是保护人自身。在同样的意义上，对人自身存在的维护，应当延伸到对自然本身的保护。从"以人观之"的角度看，人往往被视为目的，而从维护人自身的存在延伸到维护自然，则在某种意义上可以相应地视为人是目的的延伸。

从哲学史上看，道家对以上关系已有了比较自觉的意识。道家把自然作为第一原则，提出"道法自然"，要求尊重自然自身的法则。当然，"法自然"并非毫无作为，事实上，道家也肯定人的活动。不过，对道家而言，人的活动的前提是合乎法则。这里包含两个方面，即合目的性与合法则性，道家强调活动的合目的性不能悖离合法则性。与之相关，道家提出"为无为"，在这一视域中，"无为"也构成了"为"的独特方式，这种"为"的特点在于以合乎自然法则为活动的基本前提。不难看到，道家对天人关系中"以物观之"这一方面，给予了相当自觉的关注。

然而，道家作为哲学学派，同时存在将自然理想化的趋向。在道家看来，本然或原初的自然就是最理想的存在形态，人应当致力的，是保持、维护甚至回归这样一种存在形态。由此，道家甚至趋向于等观天人，即把天与人视为具有同等价值意义的存在：道家提出"天地不仁，以万物为刍狗；圣人不仁，以百姓为刍狗"，这种观念便意味着将自然与人完全同等看待。等观天人的内在指向，在于消解人与自然之间的差异，由此，人作为具有价值创造意识和价值创造能力的存在这一内在规定，也往往难以得到确认。事实上，一旦人作为价值主体这一存在规定被消解，则生态问题本身也将被消解：它意味着重新回归到天人未分的洪荒之世，此时固然也有各种自然变化，如前面提到的火山、地震、洪水，等等，但这种变化并不构成生态问题。

这里，也许可以对狭隘的人类中心论和"以人观之"做一区分。如前所述，狭隘的人类中心论主要导源于对"以人观之"的过度强化，广义上的"以人观之"则表现为联系人的价值目的以理解人与自然的关系。前一偏向应当避免，但后一视域则无法完全摆脱：以生态问题而言，我们之所以努力建立理想、协调的生态系统，归根到底仍是为人的生存创造一个更为完美、更为合理的存在背景。正如生态问题的发生与人相联系一样，生态问题的解决也无法与人自身的存在相分。如果完全拒斥"以人观之"，便往往容易导向"自然中心"论。道家等观天人的立场，固然包含多方面的意蕴，但如果对此不适当地加以强化，似乎也可能将人的视域还原为自然的视域，并由此进而引向"自然中心"论。

四

以上，分别考察了"以人观之"和"以物观之"二重视域。从解决生态问题的角度来看，合理的进路在于走向上述二重视域之间的交融。换言之，"以人观之"与"以物观之"之间不应彼此排斥和对立，而应当相互统一。就生态哲学而言，以上的视域融合包含多方面的意义。

首先是合目的性与合法则性的统一。合目的性意味着人的活动、人在世界中的价值创造，都是追求价值目的的过程。这是人的存在及其活动的重要特点。人的这种价值目的与理想追求不能放弃：如果完全放弃、否定人对价值目的与理想的追求，就可能导致道家曾表现出来的偏向,其逻辑的结果是重新趋向于天人未分这种本然的存在形态,从而消解生态问题。

另一方面,合目的性的追求不应当背离自然本身的法则。这里至少可以从两个角度加以理解。一方面,人的价值目的本身既基于人自身的需要、理想,又本于现实的存在,后者包括广义的自然及其内在法则,这样,价值目的从其形成之时起,便无法离开自然及其内在法则。另一方面,价值目的之实现,离不开人的实践活动,在实现价值目的的过程中,人的实践活动同样不能无视自然的法则,而是需要处处对其加以尊重和服从。人类的历史不断地告诉我们:蔑视自然的法则,必然会受到自然无情的惩罚。

如果说,否定人的价值目的趋向于狭隘的自然中心观念,那么,疏离自然法则所导向的则是狭隘的人类中心论。以合目的性与合法则性的统一为前提,既应当超越狭隘的"自然中心"观,也应当扬弃狭隘的"人类中心"论。

从更本原的层面看,"以人观之"和"以物观之"这两重视域的交融同时涉及对天人关系的理解。生态问题的发生以天人相分为前提,与这一前提相联系,"以人观之"和"以物观之"这两重视域的交融与如何面对天人关系这一问题无法相分。时下对天人关系的理解一般都趋向于强调两者之间的合一。然而,如果作具体的考察,则"合一"本身也包含不同涵义。"合一"可以是原始的、前文明状态下的"合一",在洪荒之世、本然的存在中,一切对象处于"合一"的形态之下,与此相类似,早期人类的存在及其活动(如前面提到的采集、狩猎时代的存在方式),与自然之间也表现出某种原始意义上的合一关系。如果仅仅停留在这一类原始的"合一"之上,那么,人类的历史发展便失去了基本的前提,生态问题也将既无从发生,也无需考察和解决。当然,人类的发展不能仅仅以天人相分为指向:天人相分的片面化和极端化,是导致各种生态问题的根源。合理的取向应当是在天人相分之后,又不断地在历史的发展过程中重建天人之间的统一。换言之,这里真正重要的不是回到最初那种原始的统一形态,而是在不同的历史阶段不断超越天人的分离和对峙,使两者达到更高层面的统一形态。事实上,从历史的角度看,生态问题只有通过不断重建天人之间的统一才能解决,仅仅赞美自然的原初形态,一味地讴歌、缅怀天人之间的原始统一,只能得到某种抽象、空泛的满足,而无法真正解决生态的问题。生态的危机因人而起,也只有通过人自己的合理活动来克服。单纯地由于人的作用导致生态困境而拒斥人的活动,无异于因噎废食。在这里,具有积极意义的取向是通过人自身的作用和努力,不断在历史的演进过程中重建天人之间的统一。通过这样一种重建的过程,一方面,人的价值目的不断得到实现;另一方面,人又在一个更高的层面上重新参与到自然的循环系统,形成与自然之间的和谐关系。从某种意义上说,经济发展中经常被提及的循环经济,也趋向于以上理念。在这里,合目的性的价值追求和重建天人统一意义上的生态循环之间呈现相互统一、并行而不悖的关系。从更形而上的层面来看,以上趋向同时又表现为中国哲学所肯定的天道与人道之间的统一;从价值观的意义上说,它则展现为人道原则和自然原则之间的统一。人道原则包含"以人观之",即肯定人的价值目的与价值追求;自然原则表现为"以物观之",即尊重、肯定自然本身的内在法则。历史层面的天人合一所体现的内在理念,就是天道与人道、自然原则与人道原则的不断统一,"以人观之"与"以物观之"二重视域统一的实质意义,也体现于此。

如果从更为宽泛的背景去理解、考察天人之间的互动,则以上两重视域的交融进而涉及伦理视域与审美视域之间的关系。"以人观之"不仅仅意味着注重人的价值追求,它同时也意味着要求人承担多方面的价值责任,后者既包括人对自身的责任,也包括人对自然的责任。责任与义务处于同一序列,本质上具有伦理的意义,因而,责任的意识背后,包含着内在的伦理视域。另一方面,在合理的生态重建过程中又处处渗入了审美的视域。道家很早就注意到"天地有大美而不言",即自然本身就包含审美之维。合理的、和谐的生态关系总是同时呈现审美意义,而被破坏了的生态则常常无法给人以美的感受。今天在地球的某些地区,常常可以看到污浊的河流、寸草不长的荒地、灰沙滚滚的道路、废气弥漫的天空,等等,这种生态现象不仅在价值的层面呈现出负面的意义,而且从审美的角度看也缺乏任何美感。与上述生态现象相对的明净的蓝天、清澈的河流、郁郁葱葱的原野,等等,同样不仅具有正面的价值意义,而且给人以赏心悦目的美感:当我们将天更蓝、水更清作为生态的理想目标时,其中便同时体现了审美的追求。就以上层面而言,"以人观之"和"以物观之"两重视域的统一,无疑内在地包含审美视域和伦理视域的统一。审美视域以美为对象,伦理视域则关乎善,在此意义上,二者的交融同时又表现为美和善之间的统一,后者在更广的维度构成了人类所追求的基本价值理想。

就价值目标而言,从天人关系和天人互动的角度讨论生态问题,最终指向的是人类社会本身和谐、可持续的发展。在这样一种发展过程中,一方面,人本身不断地通过价值创造走向完美,另一方面,人生活于其间的世界也不断地在更高的层面趋于完美。所谓"赞天地之化育",便同时包含以上内涵。可以看到,人的完美与自然的完美本质上具有统一性,这种统一可以理解为"天人共美"。"以人观之"与"以物观之"二重视域所指向的,也正是这一生态理念。

（原载《文汇报》2013 年 12 月 9 日,题为《天人共美:一种生态的理念》）

形而上学及其他^①
——对若干哲学问题的回应

一

关于"具体的形上学"^②，学界同仁所提出的问题较多地集中于形而上学的内涵与意义，这里简略而综合地谈一下对这一问题的看法。

---

① 2011 年 5 月 8—9 日，上海社会科学研究院哲学所、《哲学分析》杂志社、北京大学出版社等联合召开"'史与思：当代中国哲学的视域'学术研讨会暨首届《哲学分析》论坛"，讨论作者关于具体形上学的三部著作，即《道论》、《伦理与存在——道德哲学研究》、《成己与成物——意义世界的生成》。本文系作者对与会学者的问题的部分回应，根据录音整理而成。关于此次会议其他问题的回应，参见本书附录。

② "具体的形上学"系作者在《道论》、《伦理与存在——道德哲学研究》、《成己与成物——意义世界的生成》中所提出的相关看法。

"形而上学"这一概念在哲学史中诚然有不同的理解,但在最宽泛的层面,可以将其视为关于存在的理论。这一意义上的形而上学与"技"与"道"、知识和智慧的区分彼此相关:它意味着对世界的把握由"技"进入"道"、由知识达到智慧。相对而言,在"技"和知识的层面,世界更多地呈现分化的形态,从"技"到"道",意味着由分而观之,走向统一的视域。智慧区别于知识的重要之点也体现在这里。

　　关于形而上学,我区分了抽象的形态和具体的形态。抽象的形而上学首先表现为离人而言道。这里的"人"与知和行的历史过程相联系,所谓离人而言道,也就是离开人的知、行过程,去构造各种思辨的世界图景、宇宙模式。对存在的这种考察方式,从出发点上规定了其抽象的特点。与这种考察方式相联系的是以自身同一为存在的内在规定,这种同一是无差异的同一。抽象形而上学的第三个特点是封闭性。讨论存在的问题,时间是一个重要的维度,后者与过程性、历史性等相联系。然而,在抽象的形而上学中,基本上缺乏以上规定,这就使之具有非过程的、封闭的特点。最后,形而上学的抽象形态表现出离器而言道的趋向,"离器言道"从另一个角度看,也就是形上和形下的脱节。在关注形上之域、追问终极本原的同时,抽象的形而上学对形而下的经验之域常常疏而远之,由此往往导致了形上和形下之间的分离甚至分裂。

　　"具体形上学"乃是相对于形而上学的抽象形态而言。当我对抽象形态的形而上学作如上概括时,同时也隐含了对具体形而上学的理解。首先,"具体形上学"并不预设或者构造某种思辨的、超验的存在,而是在人的知和行的历史过程中去理解世界,换言之,它非离人而言道。第二,形而上学的具体形态以多样性的统一拒斥抽象同一,这种统一具体表现为理和事、体和用、本与末等等之间的交融,用中国哲学的概念表述,其特点在于和而不同:"和"在中国哲学中既有统一之意,又包含多样的规定,从而区别于抽象的同一。张载在天道之域曾谈到"太和","太和"是形而上的概念,这一意义上的"和"便从形而上的层面肯定了宇宙万物有差别的统一。第三,具体形态的形而上学确认存在的时间性和过程性,亦即把存在的统一理解为过程中展开的统一,而不是自我封闭。第四,"具体的形上学"将世界理解为道和器的统一,从而既不是离道而言器,也非离器而言道。道和器的这种统一从另一个角度来看,具体表现为形上和形下之间的沟通。就哲学的层面而言,对经验世界的关注,是避免各种抽象思辨的重要途径:如果完全无视经验世界,便很容易陷入思辨的幻觉。在这一意义上,道和器的统一、形上和形下的沟通,是我们理解现实世界的一个重要方面。第五,作为存在理论,形而上学在理论形态上同时表现为形式和实质的统一,它不仅仅限于语言之域的论辩,也非仅仅停留于形式层面的逻辑分析,而是要求由语言走向世界,通过逻辑的分析理解与把握现实的存在,并肯定事实性与规范性之间的统一。在这一意义上,我所理解的形而上学不同于分析哲学视域中的"描述的形而上学"或"形式的形而上学"。

以上所言可以视为关于"具体形上学"的概述。这里涉及一个核心的概念,即"具体"或"具体性"。关于"具体",可以从存在本身和我们对存在的把握这两个方面来理解。从存在本身来说,现实的、真实的存在,即具体的存在。如果说,在康德的视域中,形式、先天、先验,往往处于同一序列,那么,在我的理解中,则是具体性、现实性、真实性处于同一序列。与具体性相关的现实性首先区别于一般意义上的实在性,这两者的不同,主要就在于是否进入人的知、行过程。在没有进入人的知、行过程之时,关于存在我们至多只能肯定其为"有",这种"有"的实在性固然无法否认,但在未进入人的知、行过程时,它对人来说却缺乏现实性。只有当世界进入人的知行领域之后,它才获得现实性的品格,这种现实品格和我说的具体性彼此一致。在这一意义上,也可以说知行领域之外的存在具有抽象性,它与康德所说的"物自体"呈现某种相通之处,而肯定存在的具体性则意味着扬弃以上的抽象性。同时,"具体性"与前面所提及的对形而上学的理解也有内在联系,它意味着多样的统一或包含差别的统一,并表现为存在的时间性和过程性,等等。以上方面可以视为具体性在存在本身中的体现。

从把握存在的视域看,"具体性"与前面对形而上学的理解也有其相关之处,它意味着从知和行的历史过程中去理解和把握对象,从而不同于离人而言道。同时,具体性体现为以道观之的视域。所谓"以道观之",既意味着把握存在的具体统一,又意味着连接人把握存在的不同视域。以哲学而言,自近代以来,哲学已经区分出知识论、本体论、价值论、伦理学、美学等分支,每一分支在某种意义上表现为独特的视域。"以道观之"意味着对这些不同视域进行沟通,而非仅仅偏于一端。要而言之,从存在本身来说,"以道观之"意味着达到其统一性和过程性,从对存在的把握来看,"以道观之"则要求联结不同的考察视域。可以看到,我所理解的"具体形上学"意味着以具体的视域去达到具体的存在。在这里,达到形而上学的具体形态(存在理论的具体性)和回到存在的具体性(存在本身的具体性)这两者是相互统一的。在我看来,达到如上统一,同时表现为走向哲学意义上的智慧之境。

就宽泛的意义而言,形而上学也可以理解为人的视域:形而上学是人对世界的理解和考察,它总是体现了人的视域,所谓"以道观之",也是人选择"以道观之",在这一意义上并没有完全离开人的视域。"以道观之"的现实性根据,在于人自身的存在过程,后者具体表现为知和行的历史过程,而知和行过程的历史内容,则是成己与成物。质言之,形而上学作为人的视域,其根据奠基于人自身的存在过程,后者具体展开于知和行的历史互动,并以成己与成物为实质的内容。

近代以来,关于形而上学的批评不绝于耳,在此背景下重提形而上学,似乎有些不合时宜。这里涉及如何理解形而上学的意义问题。形而上学的意义,与存在本身的本原性难以分离。从哲学的层面去考察、理解世界,无论以本体论为进路,还是以认识论、价值论、伦理学等为视域,都无法离开存在的问题,在这一意义上,存在是我们理解这一世界的前提性规定。从哲学史看,存在的这种本原性在黑格尔的哲学中就已明显体现出来,黑格尔的逻辑学在某种意义上就是他的本体论,而其中首先讨论的便是存在论。换言之,对黑格尔而言,从哲学的层面考察世界的逻辑出发点,就是存在。他的这一安排有其理论意义,而非仅仅是思辨的构造。从理解世界的角度来看,存在问题确实无法回避,后者同时也规定了形而上学的必要性。

形而上学不同于经验科学,无法以实证的方式把握,既然如此,它到底是否具有可理解性? 这是形而上学经常遇到的质疑之一。关于以上问题,至少可以从两个方面去看:首先,从认知—理解这一层面上说,一定的看法、言说、观念只要不包含逻辑矛盾,便都是可以思议的,这是形式逻辑层面意义所以可能的条件。在这一层面上,只要形而上学的论说不包含逻辑上的矛盾,它便至少具有认知—理解之维的意义。换言之,在可思议这一意义上,形而上学是可理解、有意义的。同时,从"具体的形上学"这一角度来看,与肯定道和器统一相联系,这种具体形态的形而上学也具有可理解性。这里的道作为形而上学的对象,并不是思辨的构造或设定,而是与器或经验世界彼此沟通。如果说,前面主要是在形式的层面、从不违反逻辑矛盾这一意义上说的,那么,这里则把经验世界引入进来,并由此肯定:从道器统一这一角度来看,形而上学也具有可理解性。以上所说的可理解性,主要侧重于认知—理解这一意义上。进而言之,从目的和价值的层面来理解形而上学,同样可以看到形而上学所包含的内在意义,后者具体地展现于成己与成物的历史过程。事实上,在日常生活中,已可看到某些形而上学的观念。宽泛而言,每一个没有经过实证主义洗礼的个体,都自发地带有某种形而上学观念,这样的形而上学观念可以看作是以常识的形态表达对世界的相互关联性和具体性的理解,这种观念尽管是在未经反思的前提下形成的,但对人的日常生活仍产生多方面的影响。

与形而上学相关的另一个问题,涉及超验的存在。具体来说,即宗教之域的终极存在(如上帝)是否有意义。关于宗教之域的终极存在应如何看待,有必要在这里简略地提一下。对于这类超验的存在,可以从实体性与功能性这两个角度去理解。作为实体性概念的超验对象(如上帝)更多地涉及形而上领域的存在问题,作为功能性概念的超验存在(包括上帝这样的概念)所涉及的问题则是:它对社会与个体究竟有什么样的意义?对实体性层面的超验对象的讨论,很容易引入思辨或抽象意义上的形而上学。实证主义对这类概念的批评,与之也有关系。对于作为实体概念的超验对象,我们确实没有充分的根据来判定它的存在。然而,宗教之域的超验对象作为功能性的概念,对建构社会生活以及个体的精神世界,却有其不同层面的意义。历史地看,通过各种宗教组织,作为功能性概念的超验存在对人的社会生活、政治运行、个体日常交往曾形成了不同程度上的影响,这是一个无法回避的事实。同时,它对个体的精神慰藉、精神生活的安顿所具有的作用,在历史上曾不断地显示,在今天也依然在呈现,这一层面的意义同样毋庸否认。近代以来,超验对象在社会层面上的功能,如政教合一、教会干预世俗政权,等等,已逐渐退隐,在现代社会中,这种意义上的宗教功能和它的意义,同样需要不断淡化。然而,个体精神领域中超验存在的影响,在相当长的历史时期中可能很难完全消解,其意义在未来相当长的一段时间也依然会存在。

从更具体的意义视域看,宗教现象的意义与我曾论及的神秘主义的意义有相近之处。这一层面的意义可以从两重角度加以考察。首先,宗教本身可以成为解释的对象,即使是宗教之域的神秘体验,也可以作为广义的宗教经验加以研究和解释。在以上解释过程中,宗教所涉及的各种现象不仅可以用合乎逻辑的形式加以表述,而且也相应地可以作为一种独特的解释对象而获得认知内容。另一方面,从宗教信仰者自身的体验过程看,他们所具有的独特体验,常常与他们的精神追求、终极关切相联系,而当这种体验能够满足以上精神需要时,这种宗教领域的体验本身便对他们展示出某种意义。如果说,在前一种背景(以宗教为考察对象)下,宗教蕴含了某种理解—认知层面的意义,那么,在后一种情况(以宗教信仰者自身体验为指向)下,宗教则更多地呈现了目的—价值层面的意义。

二

我在《成己与成物——意义世界的生成》一书中提出成己与成物,并将其作为核心的概念之一。黄勇教授认为,在成己与成物之间,尚需考虑一个环节,即"成人"。① 这一看法无疑值得关注。在此,拟简略地谈一下我对"成人"问题的看法。

---

① 参见黄勇:《成人:在成己与成物之间》,该文原系"'史与思:当代中国哲学的视域'学术研讨会暨首届《哲学分析》论坛"的会议论文,后收入何锡蓉主编:《具体形上学的思与辩——杨国荣哲学讨论集》(北京大学出版社,2013)。本文所引黄勇教授语,均出于该文,此后凡引此文,不另行注明出处。

首先可以一提的是,《成己与成物——意义世界的生成》一书中所说的"成己",主要指成就人自身:在该书的修订版中,我已比较明确地将"成己"界定为成就人自身。成就人自身中的"人自身"既包括作为个体或自我的人,也包括广义上的他人以及群体。与"成己"相关的"成物"宽泛而言包括两个方面:一个方面是化天之天为人之天,换个方式说,就是化本然的存在为人化的存在。第二个方面则涉及社会领域本身的完善。事实上,在这一过程之中,作为"自我"的人和作为"他人"的人,都属"人自身",二者也都应该包括于广义上的成己与成物过程之中。以上视域中的成己和成物既非以单向、线性的方式展开,也非彼此分离:尽管在分析、讨论的过程中可以有不同侧重,但从现实的过程看,二者始终处于历史互动过程中。成物的实质内容可以理解为成就世界,其内容包括本然之在的人化和社会领域的完善,在这一意义上,它无疑同时涉及并包含广义上的成人过程。

就其与成人彼此相关而言,以上视域中的社会完善更多地体现在为人的完善提供具体的社会历史条件。换言之,它主要在更广的层面构成了成人(人的完成)的前提和背景。从狭义上的成就自我这一角度来看,其内涵同样应该包含成就他人:人的真正完善的标志,不仅在于从外在的利益、社会福利等方面关心他人,而且更体现于把他人德性的成就当成自己分内的事。一个真正完善的人,不可能仅仅关心自己德性如何完成而对他人品格的提升毫不关切。事实上,德性的真正完善,总是同时体现于关心社会风尚、他人的道德面貌,以往儒家学者对世风日下等现象曾作了种种批评,其中便包含对他人道德境界不高的失望、不满。从实质的方面看,这种批评所隐含的前提之一,就是对他人在道德上完善或成就的关切。要而言之,真正地拥有德性,便应该既关心自己境界的提升,也关心他人的道德状况。荀子以"全而粹"为理想的人格,"全而粹"含有完美之意,这种完美也以成就自我和成就他人的相互统一为内容。

以上意义中的成就他人至少包含两个方面，首先，完美人格客观上具有示范功能，亦即通常所说的典范和榜样的作用，这一功能和作用不是有意而为之：如果一个人做某事是为了让大家学习、效法，那就不是真正的示范，示范是行为的客观效应，行为者本身并没有刻意地让大家去学习他。孔子所说的"见贤思齐"实际上也从一个方面体现了对榜样自然示范作用的注重。其次，从主观上说，有德性的人同时需要对他人加以引导、培养。客观的示范与主观的引导这两个方面是相互联系的。这也是一个完美的个体在自我成就时所涉及的相关方面。

在人格培养过程中，需要特别关注自主性和条件性的关系问题。人格的培养首先是一个以自身为根据的过程，历史地看，孟子一系的儒家已注意到这一点。在这里，成就人和成就物是不同的：应当把成就人和成就物区分开。人的成就需要充分发挥个体自身的主导性作用，外在的引导、教化等主要在于启发他自身的觉悟，最后的境界提升要靠他自己完成，德性升华的整个根据在个体之上。孔子曾指出："为仁由己，而由人乎哉？"又说："我欲仁，斯仁至矣。"这些观念所强调的是：人格的培养过程首先本于个体自身。孟子提出性善说，更从形而上的层面上把人格培养、自我提升的基础由外转向内。性善说强调的是人格培养的内在根据在个体自身：性善意味着人具有自我完善的可能，这种可能同时构成了人格培养的人性前提。尽管性善说有先天预设的问题，但其承认人格完善的基础在自身之上，则不无所见。与成就人不同，成就物就不需要考虑自主性问题：物本身并不以自主性为其内在指向。对物的成就固然也需要循乎物的自身法则，但这种"循乎法则"主要表现为物之外的人的作用（由物之外的人来实施和完成）。成就人固然也有外在作用，但在人那里，这种作用乃是通过自我本身起作用：它唯有化为个体自觉、自愿的要求，才会具有实质性的意义。不难看到，与物的变革依存于人不同，人的成就从根本上说是自我成就。

如果在"成物"与"成己"之间设定一个"成人"，则后者便指狭义上的"成人"，以此作为关注之点，所指向的往往是如何帮助别人来成就他自己。当我们以这样的观念去看待自我与他人、自我作用与成就他人的关系时，便潜在地包含某种负面的趋向。这种负面的趋向具体表现为把人格的培养理解为或看作是一种外在灌输甚至外在强加的过程：至少在理论上，无法排除这种可能性。以朱熹而言，在阐发《大学》思想时，他的侧重在于"新民"。从逻辑上看，"新民"这一提法以对人的改造为其内在含义："新民"在某种意义上意味着造就"新人"。梁启超在近代也提出"新民说"，其中便包含改造人之意：从传统之民变成近代"新民"，意味着对人的改造。这一理解与朱熹的"新民"说有某种历史的联系。进而言之，朱熹的"新民"观念与强调用"理"或"天理"来约束人，也具有理论上的一致性。在"天理"与人的以上关系中，"理"更多地表现为主导性的方面：个体应当顺从"天理"并按"天理"的要求来塑造自己。在这里，外在的规范、外在的约束显然处于更重要的地位。比较之下，王阳明不太同意"新民"之说，认为《大学》古本的原始表述应为"亲民"而非"新民"。从"新民"回到"亲民"与王阳明的良知说紧密相关：良知说的一个重要之点在于肯定人的完成、人的培养主要基于个体自身的内在良知。对王阳明而言，德性的涵养不能依赖外在的强制，而是靠启发、回复自身的良知，从而，它更多地表现为人的自我塑造。事实上，如果说，"新民"多少涉及外在塑造，那么，"亲民"则更多地指向人的自我成就。

原始儒学在某种意义上已经注意到以上问题，这里，我们可以考察一下孔子的忠恕观念。所谓"忠"也就是"己欲立而立人,己欲达而达人",从成人的角度看,它主要侧重于如何帮助他人去完成他自己,在逻辑上,这样单向地"帮助他"或从外部推动他人,有可能导致外部的灌输甚至外在的强加。也许正是有鉴于此,在肯定"忠"的同时,孔子又强调"恕","恕"即"己所不欲,勿施于人"。相对于"忠"("己欲立而立人,己欲达而达人"),"恕"("己所不欲勿施于人")更多地表现为对个体内在意愿的尊重。不难看到,"忠"和"恕"存在相互制约的关系,仅仅讲"忠",确实可能导致某些负面的后果,事实上,从儒学的发展过程看,在后来荀子这一演进路向中,"忠"("己欲立而立人,己欲达而达人")这一方面似乎便得到了较多的引申。荀子认为人性本恶,从而,人也缺乏自我完善的内在可能(从本恶之性无法引发出善的品格),在此前提之下,人的改变、人的培养便只能依赖于外在的"礼"和"法",也就是说,唯有在外在的"礼"和"法"的约束之下,人才能走向"全而粹"。这种看法容易把成人的过程主要与外部条件联系起来,从而忽视人格培养的内在根据。从某种意义上说,荀子较多地强化了"忠恕"之中的"忠",而对"恕"则未能给予充分的关注。直到现代,这种趋向依然可以看到。不难注意到,单纯地在成就他人的意义上讲"成人",可能会在人格培养方面导致负面的后果。

要而言之,"成己"和"成物"如果完整地加以理解,则二者在不同意义上都包含着"成人"的内容。就"成己"而言,其展开过程既涉及客观层面上的示范,也包含主观层面上的引导。从"成物"的方面看,其实现过程既包括广义上自我与他人的互动,也涉及社会的完善,后者同时意味着为自我与他人的成长创造理想的社会历史条件。另一方面,单独地在成就他人的意义上强调"成人",可能会导致个体自主性的弱化,甚而引发某种外在的强加。

三

在《道论》《伦理与存在——道德哲学研究》《成己与成物——意义世界的生成》中,我曾从不同的角度讨论了规范等问题,王庆节教授在《也谈道德应当与伦理规范》①一文中就此提出了两个问题。首先是一般的道德规范和具体情境的结合如何实现的问题。从理论的层面看,一般规范的作用过程,总是和具体的情境分析相联系。一般规范并不规定个体在不同情境中具体应该如何做:规范主要在原则上提供总的导向,至于这一规范本身如何落实于特定行动,则需要联系多样的情境,后者离不开情境的具体分析。这一关系可以通过宋明理学中的"理一分殊"命题来理解。"理一"涉及一般的原则和规范,"分殊"则关乎不同的情境,"理一"和"分殊"的结合,总是落实于具体的行动过程之中。进一步的问题是:一般的原则如何与特定的情境彼此结合? 这里恐怕无法规定不变的程序或齐一的模式。事实上,在道德实践的过程中,不存在某种一般的程式或模式,个体也难以仅仅通过熟记一般程式和步骤,以把握一般原则和规范在具体情境中如何贯彻。情境具有多样性,一般规范在不同情境中的作用方式,既涉及对这些原则本身的理解,又离不开具体的情境分析。宽泛而言,这里关乎"度"的观念。作为以名词表示的哲学范畴,"度"的基本涵义是质与量的统一,由此加以引申,则"度"又指一定事物的相关规定或相关方面之间适当而具体的融合,这种融合与统

---

① 该文原系"'史与思:当代中国哲学的视域'学术研讨会暨首届《哲学分析》论坛"论文,后收入何锡蓉主编的《具体形上学的思与辩——杨国荣哲学讨论集》(北京大学出版社,2013)。本文所引王庆节教授语,均出于该文,后面不另行注明出处。

一既保证了事物性质的稳定性与延续性,又使事物处于一定条件之下最合适的形态。在具体行为中,合乎"度"意味着所作的判断与选择恰到好处,或者说,一般规范所蕴含的内在要求与具体情境的结合正好达到最适合的形态。以王庆节教授所举的例子而言,"善意的谎言"是否正当,"嫂溺"是否应当援之以手,便既涉及特定的规范(男女授受不亲)与更普遍层面的价值原则(对人的生命价值的尊重),也需要考虑具体的情境(人的生命受到威胁)。在这里,"度"所体现的就是一种实践的智慧。实践智慧与纯粹形式化的推理过程不同,形式化的推理过程具有确定的程序或模式,实践智慧则需要根据实践情境,作具体的分析、判断、选择。在一般原则和具体情境的结合中,我们需要运用实践智慧,而不仅仅是程序化的推理。

实践智慧的以上运用,主要是通过行为者来实现。在这里,行为者显得特别重要。儒家已注意到这一点,《易传》在谈到人的活动特点时,曾指出:"化而裁之存乎变,推而行之存乎通,神而明之存乎其人。"①"化而裁之""推而行之"都涉及广义的践行,"神而明之"的内在涵义,则是在智慧的层面深入地把握以上过程,后者最终通过知、行的主体而完成,所谓"存乎其人"便强调了这一点。事实上,对"度"的把握和智慧的运用,都要靠行为者来实现。与之相联系,德性的问题就有它特别重要的意义。德性不仅涉及行为,而且关乎人的成就(人自身的提升和发展),从道德实践这一角度看,如何成就人,无疑是非常重要的问题:运用实践智慧以实现一般原则或规范与具体情境的结合,最终"存乎其人"。

王庆节教授的第二个问题涉及规范的根据。规范也就是当然之

———————————————

① 《周易·系辞上》。

则,它规定人们应当做什么和不应当做什么,既具有引导性,也具有限定性。我在《道论》、《伦理与存在》、《成己与成物》等著作中,从不同侧面都讨论过规范问题,这里再简略地提一下。王庆节教授认为,我将规范理解为"'必然'(现实存在中的法则)与'实然'(对现实存在实况的考量)之间调和的结果"。这一概括可能多少有些误解。事实上,我并未将规范视为"必然"与"实然"的调和,我所强调的是,从形而上的层面看,规范作为当然,以实然和必然作为其依据:规范尽管主要表现为当然,但离不开实然和必然。我在书中曾举了交通规则的例子,交通规则也属规范,这种规范的形成,以车辆、道路和行人的状况,车辆行驶的密度与速度等作为根据,这里的车辆、道路、行人等方面,首先是实际的存在,可归为实然。同时,在现代交通条件下,它们之间存在内在的关联,这种关联从某些方面看具有必然性,如在超过某种车速的条件下,行驶的车辆之间如果不保持适当的距离,则一旦前面的车辆突然减速,后面的车辆便必然会追尾。交通规则作为当然,便以上述意义中这一类实然和必然作为依据。当然,规范同时具有约定的方面,如交通规则中车辆靠左还是靠右行驶,便主要基于约定,但即使在如上的约定条件下,仍需考虑车辆、道路、行人等关系。总之,在形而上的意义上,规范以实然和必然作为依据。

从社会的尤其是道德的层面看,规范在某种意义上可以看作是义务的形式化。在道德领域,规范来自于义务:义务规定了你应当做什么或应该如何做、不应该做什么或不应该如何做。那么,义务本身的根源又来自于何处? 这就涉及现实的人伦关系。人伦关系在某种意义上构成了规范、义务形成的本源。关于这一点,儒家已经比较早的意识到了,我一再引述过黄宗羲的看法:"人生坠地,只有父母兄弟,此一段不可解之情,与生俱来,此之谓实,于是而始有仁义之名。"①亲子、兄弟之间固然具有以血缘为纽带的自然之维,但作为家庭等社会关系的产物,它更是一种社会的人伦;仁义则是一种义务,其具体表现形式为孝、悌、慈等。在黄宗羲看来,一旦个体成为家庭人伦中的一员,便应当承担这种伦理关系所规定的责任与义务,亦即履行以孝、慈等为形式的责任。黄宗羲的这种观点代表了儒家的普遍看法(事实上,从直接的理论渊源看,黄宗羲的以上观念便可以视为对刘宗周思想的阐发),儒家所注重的孝悌,即以人伦为本,家庭成员所承担的义务,则以成员之间的伦理关系为根据。要而言之,人伦是一种现实关系,这种关系同时又规定了处于这一关系中的不同个体应当做什么:只要你处于某种人伦关系,你就应当承担这种关系所规定的义务或责任。可以看到,道德的规范和义务不是一种先天的原则或抽象的设定,而是最终来源于现实的人伦关系。王庆节教授提出的"道德本分"(moral duty),事实上同样植根于现实的人伦关系。这种由人伦关系所规定的义务自身又经过了历史的选择:在历史演化过程中,应当如何(如父应慈、子应孝,等等)的要求逐渐地得到社会的确认,这样的确认又是和社会历史本身的发展需要相联系:只有当社会成员依循如上规范,家庭关系才会稳定,人的生存、社会的秩序才能获得担保。这里所体现的,不是某种个人的意愿,而是社会存在与发展的历史需要,这种需要在某种意义上便表现为历史的选择,后者在经过长期演化、凝结之后,又由后来的哲学家、思想家们以理性的方式加以概括、提升,逐渐取得规范系统的形式。不难注意到,关于道德领域的规范,如果追根溯源,便应该回到历史本身中去,回到现实的人伦社会关系中去,这就是我对这一领域中规范根据的一般理解。

---

① 黄宗羲:《孟子师说》卷四,《黄宗羲全集》第一册,浙江古籍出版社,2005年,第101页。

此外，王庆节教授认为，"道德'应当'首先是'示范性的'应当，而不是'规范性的'应当"。对此，我的看法是：不宜对"'示范性的'应当"与"'规范性的'应当"做如此分离。事实上，在现实的道德实践领域，二者更多地呈现互动的关系。"'示范性的'应当"作为"应当"，内在地包含规范性，"'规范性的'应当"在体现于具体行为时，也呈现"示范"意义。"示范"总是通过具体的人格而实现，在"示范性"与"规范性"之后，是人格与规范的关系。一般而言，规范既反映了一定历史时期的社会需要，又渗入了普遍的道德理想；这种理想以现实的社会存在为根据，同时又在各种具有"示范"意义的理想人格中取得了具体的形态。在这里，理想人格的示范意义并非完全超然于规范。历史地看，社会发展的每一时期往往存在着与该时期的社会状况相适应的行为规范，这些规范最初也许不一定取得系统、自觉的形态，但它在一定时期却作为影响人们行为的实际制约因素而起着规范或准规范的作用。理想人格固然作为现实存在而为规范的作用提供了具体的形式，但他们本身亦受到了当时的价值原则及体现这种价值原则的各种观念、规范的影响。在理想人格之后总是可以看到一定历史时期的价值取向及相应的规范原则，而且，人格的"示范"作用本身也以体现一定的价值理想为前提。在这里，人格的示范意义与一定的规范系统无法判然相分。要而言之，具有示范意义的人格为规范的作用提供了现实的形态，规范则从社会价值趋向等方面制约着人格的示范意义，在道德实践的历史展开中，二者呈现为某种互为前提的关系。

四

在谈到认识论问题时，我的《道论》一书曾涉及"客观性"问题，对此,陈嘉明教授提出了质疑。① 关于"客观性",这里拟主要讨论两点。第一点,对客观性本身的理解。对于客观性,现代的认识论常常是批评多、认同少。然而,在我看来,谈认识论问题,无法回避客观性。对于客观性,我们至少可以在以下三重意义上去理解。其一,从认识的根据和来源这一意义上说。为了理解这一层面的客观性,可以联系康德所谈的物自体。如所周知,康德区分了现象与"物自体",尽管他没有具体讨论"物自体"客观与否的问题,但他却肯定认识的形成除了时空直观形式与纯粹知性范畴等先天的条件之外,还需要经验内容,这一内容并非仅仅来自主体,而是以物自体为其外在的来源。在引申的意义上,认识论领域的客观性也可以从这一角度去理解:如果承认知识有经验的内容,并肯定作为知识内容的经验不同于单纯的主观意识或主观的构造,那么,便需要同时确认认识有其客观的来源或客观的根据。事实上,作为不同于主观幻觉或主观杜撰的内容,经验材料总是有其客观的来源或客观的根据。这种客观根据的作用方式(如何作用于人)无疑可以讨论,但经验内容有其客观的根据而非纯粹的主观预设,这一点似乎需要加以承认。其二,客观性还有限制性的意义,这种限制性也可以视为其消极的意义。人的主观能力的运用,以及主体间的各种讨论都可能产生某种主观的"僭越",客观性在此意义上表现为对这种可能的僭越加以限定。人的想象、假设等当然可以自由地展开,但不管怎样天马行空地去考虑、去想象,都有其限度,如果说,同一律、矛盾律等形式逻辑的法则主要从形式的层面为人的认识能力的运用提供了限度(有意义的思维活动不能违背

---

① 参见陈嘉明:《〈道论〉的叙事方式及"客观性"问题》,该文原系"'史与思:当代中国哲学的视域'学术研讨会暨首届《哲学分析》论坛"论文,后收入何锡蓉主编的《具体形上学的思与辩——杨国荣哲学讨论集》(北京大学出版社,2013)。本文所引嘉明教授语,均出于该文,后面不另行注明出处。

形式逻辑的法则），那么，客观性原则则更多地从实质的方面为认识能力的运用提供了类似的限度（自由的思考、创造性的想象等不能超出最低限度的客观性要求）。在这里，客观性的实质意义就在于限制和避免任意的构造。其三，客观性具有引导性的作用。人无法穷尽对世界的认识，在相同的意义上，人或许也无法达到彻底的客观性。但是，客观性仍然可以作为引导认识发展的一种目标而影响认识活动，在这一意义上，它具有引导性的作用。这种引导作用与康德的"物自体"在认识过程中的作用也具有某种相近性。概略而言，对于客观性，撇开其具体的作用方式和作用机制，我们至少可以从以上三个方面加以肯定。

第二点涉及主体间关系的问题。陈嘉明教授着重强调，对于客观性，我们只能在主体间一致或者主体间同意的意义上来讲，无法超出这一范围。这里的问题在于，主体间的一致，同样需要根据。这种根据至少关涉两个方面，即"当然"与"实然"。所谓"当然"，主要涉及一般的规范、规则、程序。在参与主体间讨论的时候，不同的主体需要遵循一些基本的规范、规则、程序，如果不满足这种形式层面的要求，主体间的一致便难以达到。同时，主体间的一致、同意并不仅仅是空洞的形式推绎，它具有实质性的内容，后者便与外部事实等"实然"相关。与"实然"的这种联系包括参照和引用经验事实。在涉及经验内容的情况下，当意见不同的争论各方相持不下的时候，便往往需要引用外部事实作为评判的依据，在此意义上，主体间的一致，显然无法跟实然完全相脱离。如果仅仅限定在主体间的范围之内、不走出主体之间的关系，那么，我们至多只能达到公共性。公共性不同于普遍有效性：公共性诚然使人超出个体的思维世界，并赋予个体的认识以公共的形态，使之可以在共同体中彼此交流、相互批评，但它并不能担保知识的普遍、有效、真实。总之，主体性、主体间性、客观性这三者是认识过程的现实展开所不可或缺的。这三个方面具体如何相互作用、彼此互动,当然需要研究再研究,但从原则的方面说,客观性、主体性、主体间性在现实的认识过程各有其定位,如果仅仅执着于一个方面,便很难达到真实的认识。

五

形而上学不仅关乎本体论层面的内涵,而且可以从认识论的维度加以考察,后者同样是"具体的形上学"所涉及的问题。在《"具体的形上学"管窥——兼论金岳霖—冯契一线学脉的新开展》[①]一文中,郁振华教授从形而上学的认识方式、形而上学在广义认识过程中的意义、形而上学之域认识的真假等方面,提出了不少富有理论意义的问题。这些问题值得深入地加以研究,这里先概要地提出一些想法,作为初步的回应。

振华提出的第一个问题是:具体的形上学"以求通的智慧为目标,要求把握存在的整体,这需要什么样的认识能力? 这种能力与把握存在的某个具体形态、方面、过程、层次所需的认识能力有什么差异?"这是一个比较复杂的问题,涉及不同的方面。综合相关思想,也许可以从如下几个方面加以考虑。

宽泛而言,"把握存在的整体",涉及形上之知;"把握存在的某个具体形态、方面、过程、层次",则关乎经验知识,二者都属于广义的认识过程。作为广义的认识过程,二者都需要运用感知、体悟、理性、直

---

① 原文载何锡蓉主编的《具体形上学的思与辩——杨国荣哲学讨论集》(北京大学出版社,2013)。本文所引郁振华教授语,均出于该文,后面不另行注明出处。

觉、想象、洞察、判断等能力。然而,按康德与黑格尔的思路,人的能力同时又可以从感性、知性、与理性这一维度加以区分。如果以此为视域,则"把握存在的某个具体形态、方面、过程、层次"首先涉及感性与知性,"把握存在的整体"更多地关乎理性。从认识的能力和方式看,这里尤为重要的是知性与理性的区分。这一层面的知性所指向的是特定的对象,与之相关,它一方面在把握特定的对象中,以概念综合感性的杂多,另一方面又主要限定在一定的界限之中,其特点在于以划界的方式把握对象,后者与经验知识的分门别类具有对应性。与之相对,理性以超越知性的界限、达到存在的统一为其内在品格。康德曾对知性与理性作了如下对比:"知性也许可以视为借助于规则使各种现象统一的能力,而理性则是使知性规则(rules)统一于原理(principles)之下的能力。"理性的这种统一性"在种类上与知性所能达到的那种统一非常不同"。① 纯粹知性概念是范畴,纯粹理性概念则是理念。简要而言,知性通过概念或范畴(纯粹知性概念)赋予感性杂多以统一性,理性则进一步通过理念将指向不同对象、彼此限于一定界域的知性统一起来。在此意义上,可以将理性的特点理解为跨越知性的界限,而从认识世界的方式与能力看,"把握存在的整体"更多地表现为这一意义上的理性能力的运用。从中国哲学的视域看,理性能力的以上运用,具体表现为"以道观之",与之相对的知性思维方式,则近于"以器观之"或"以技观之"。"器"或"技"都有其界限,从而,"以器观之"或"以技观之"往往限于一定界域;"道"则超越于界限,"以道观之"意味着从划界走向综合与统一。

进而言之,"把握存在的整体"意味着以形而上的方式理解存在,

① Kant, *Critique of Pure Reason*, Translated by N. K. Smith, Bedford/St. Martin's, Boston/New York, 1965, p.303.

后者同时与思辨的方式相联系。以存在的整体为对象，哲学总是离不开思辨。这里的思辨，表现为以综合的方式澄明、彰显存在，其中既包含着对象的敞开，又渗入了主体的领悟、阐释；既涉及实然、必然，也关乎当然。换言之，哲学的思辨不仅以跨越界限的形式再现作为整体的世界，而且也渗入了人关于存在的理想，包含着世界"应当如何"等观念。

广义的思辨可以有两种形式，即抽象的思辨与具体的思辨。抽象的思辨往往脱离形下之域，仅仅在形上的领域作超验的玄思，具体的思辨则以形上与形下的互动为前提，并以上述形式展开为对存在统一性的追求。这里包含视域的转换和扩展，张载所谓"大其心"，便涉及这一方面。冯契先生曾提到的理性直观、辩证综合、德性自证，则可以视为这一意义上的思辨的更具体的形式。哲学需要具体的思辨，对性与天道的追问、对存在整体的把握，更离不开具体的思辨。分析哲学笼统地拒斥思辨，既无法把握具体的存在，也往往导致了哲学的贫乏化。

振华提出的第二个问题是："与常识命题、科学命题和逻辑命题相比较，形而上学陈述究竟在何种意义上有助于我们理解宇宙人生？"

关于以上问题，我在《成己与成物——意义世界的生成》一书中有所涉及，这里再稍作引述。与常识命题、科学命题和逻辑命题分别指涉经验领域的特定对象或形式的关系不同，形而上学陈述涉及的不是存在的特定领域或特定对象，而是存在本身或作为整体的世界。就世界本身而言，它既以器、物的形式显现为界限分明的形态，又作为具体的存在而蕴含内在的统一性，所谓"夫物芸芸，各归其根"①。

① 《老子·第十六章》。

常识命题、科学命题更多地在器、物的层面上理解世界,这一进路对于深入地理解世界无疑不可或缺,但世界就其本来形态而言,又非仅仅以分离的形式存在,以"分"与"别"的方式把握这个世界,体现的是人在一定条件下的视域,真实的世界本身不限于"分门别类"的形态。形而上学陈述意味着联结被不同的物、器所分离的世界,由此,对世界的理解也开始跨越界限,走向更具体的形态。如果说,在知识的领域,学科的交叉从经验的层面推进了对现实世界的理解,那么,形而上学陈述则通过超越"分门别类"而从形而上的层面推进了对现实世界的把握。

存在的方式同时涉及世界如何存在。在谈到万物之间的关系时,《中庸》曾提出如下观念:"万物并育而不相害,道并行而不相悖。"①天下万物,互不相同,但却共同存在、彼此兼容,形成并行不悖的存在形态。在中国哲学所谓"天序"或"天秩"的形式下,万物的存在进一步超越了悖乱("妄")而获得了可理解的性质,这种形上层面的秩序信念本身既突破了对世界理解的经验视域,也构成了在常识、科学等层面理解对象的内在前提。就科学研究与因果律的关系而言,科学的认识以确认因果关系为其出发点,无论是以先天的方式肯定因果关系(康德),还是通过人的实践活动承诺因果法则,对因果关系普遍性的确认,都是科学认识所以可能的必要条件。休谟曾对此提出质疑,这种质疑所危及的,是整个科学认识的基础,金岳霖后来特别指出了这一点:"休谟底议论使我感觉归纳说不通,因果靠不住,而科学在理论上的根基动摇。"②无物无故(因果之序的普遍存在),这是一个具有形上内涵的命题,这一观念同时又进一步构成了具体

---

① 《中庸·第三十章》。
② 金岳霖:《论道·绪论》,商务印书馆,1987 年,第 4 页。

地探索不同事物因果关系的形上依据。事实上，在常识以及科学的命题中，总是以不同的形式涉及形上的命题。广而言之，即使以逻辑的方式把握世界，也难以离开形而上的观念，如卡尔纳普的《世界的逻辑构造》虽然试图在逻辑的层面将"形而上学的概念和命题从哲学中驱逐出去"，但"世界"的观念、对世界的"构造"之后，本身渗入了某种形而上的观念。从以上方面看，形而上的陈述不仅直接地以不同于分离和划界的方式展现了对世界的理解，而且通过渗入常识、科学以及逻辑的命题，参与了对世界的理解。

　　同样，价值层面的形上观念，也引导、推进了人在生活意义、人生理想等领域的认识。以中国哲学所注重的境界而言，作为包含形上内涵的概念，境界既蕴含了对存在的理解，又凝结着人对自身生存价值的确认，并寄托着人的"在"世理想。与世界之"在"与人自身存在的双重追问相联系，境界表现了对世界与人自身的一种精神的把握，这种把握既以理性的体认为其形式，又以实践精神的方式展开。在求真、向善、趋美的过程中，境界展示了人所达到和理解的世界图景，也内在地影响、深化着人对生活意义、理想存在方式的领悟和追求。可以看到，包含形上观念的境界既渗入了人对人生意义的理解，又进一步制约着人对存在价值等问题的认识，它从一个侧面体现了形上陈述在把握宇宙人生方面的作用。

　　对其第三个问题，振华作了如下概述："如果我们肯定形而上学陈述具有认知意义，那么，就得阐明形而上学陈述具有真假的可能性。既然形而上学陈述不同于分析命题和综合命题，那么，形而上学在什么意义上具有真假的可能性？形而上学陈述的真是什么意思？形而上学陈述的假又是什么意思？"

　　包含真或假的内容，是命题性知识的基本特点之一。如果将形而上学的陈述理解为命题，则这些命题无疑也可从真或假的层面加以判定。从宽泛的层面看,以形而上的方式把握世界,同样涉及广义的真假问题。当然,形上陈述的真假问题与综合命题(经验知识)的真假与分析命题(包括逻辑的命题)有所不同,综合命题涉及特定的对象,其真假取决于是否如其所是的把握相关的对象,分析命题的真假,则关乎是否包含逻辑矛盾。形上陈述以整体上把握世界为指向,其真假也与是否真实地在如上层面把握世界相关,在传统的形而上学中,便不难注意到这一点。以柏拉图的理念论而言,就其将世界二重化、以理念为唯一真实的存在、把经验世界仅仅看作理念的摹本而言,这种形上的陈述显然不能被认为是对世界的真实把握。与之相对,在肯定世界实在性的前提下,强调体用不二、确认存在及其根据的不可分离性,则更多地表现了对世界理解的真实性。在这里,以整体地把握世界为特点的形而上陈述同样呈现出真假之分。

当然,形上陈述的真假,其判断的方式与经验知识有所不同。经验层面的综合命题可以通过特定的经验事实加以验证,形上陈述作为对世界的整体把握,无法仅仅通过特定的经验事实加以判断。然而,它同样可以通过人类的总体生活、历史实践来检验。这里需要特别注重人类总体生活及其历史展开在理解、判断形上观念中的意义。在最宽泛的层面,"世界是实在的而非虚幻的"这一形而上的观念,便不断地为古往今来的人类生活实践所确证。尽管哲学家可以在思辨的领域对此加以质疑,不过,一旦回到现实的存在本身,人间的烟火便会提醒他:他并非生活在虚幻之中。当然,这是一种类似穆尔做过的常识的确证,但常识同时也源自生活本身。基于人类世代演进的这种总体生活的确证,是一种既不同于逻辑论证,也有别于个别经验的确证。进而言之,科学与常识(广义的综合命题)本身在不同的层面上渗入了形上的观念,当它们为经验事实所证实时,这种确证同时也对渗入于其中的形上之知作了检验。

更具体地看,在形而上的陈述中,常常融入了多方面的内容,与之相涉的真或假,也包含不同的涵义。以传统的形而上学而言,其关于存在的思想有些本质上属科学之域,如关于万物最终构成的解释方面,有万物由水构成、万物之本原是火、万物可以还原为原子等不同的形而上论说,按其性质,关于事物构成的理论,本来属科学(如物理学)的论域,在此意义上,形而上的以上陈述,可以视为科学论域的扩展或对科学的"僭越"。形而上学关于存在的另一些论说,如大全、绝对精神,等等,则属于抽象的思辨。形而上学的以上二类陈述的真或假,具有不同的内涵:第一类论说(关于事物的构成)的真假在实质的意义上与科学的命题相涉;第二类论说的真假则不同于科学命题,而关乎对世界的总体理解。判断前者的真或假,往往需要借助实证科学,如现代物理学关于基本粒子的实验,便从一个方面对事物的构成作了实证性的说明,这种说明同时也为判断传统形而上学关于万物构成的陈述提供了依据。判断后者的真或假则如前述,需要基于人类总体生活以及多方面实践活动的历史展开。实证主义认为形而上学陈述既不可证实,也不可证伪,其前提是将实证主要限定在个别的经验之上,如果引入人类的总体生活,便多少可以越出此限定,所谓总体生活,既与历史过程相关,也与生活实践的多方面性相涉。与思辨的总体性相对的主要不是个别的经验,而是生活实践的总体性,其真伪也唯有在人类总体生活的历史展开中才能不断被揭示。

(原载《哲学分析》2011 年第 5 期)

人与世界：基于"事"的考察

就人与世界的关系而言，人既追问世界实际是什么，也关切世界应当成为什么，"世界实际是什么"，涉及如其所是地理解和说明世界的真实形态，"世界应当成为什么"，则关乎按人的价值理想变革世界。无论是对世界的理解和说明，抑或对世界的变革，都存在着不同的哲学视域。

首先是以"物"观之。在这一视域中，世界取得了有别于虚幻存在的形态。从五行（金、木、水、火、土），到气、原子，"物"在不同类型的实在论中呈现多样的形式，世界则被奠基于其上。肯定世界本于"物"，无疑确认了世界的实在性，对世界实在性的这种确认，同时构成了把握世界真实形态的前提。不过，从说明世界的角度看，"物"固然具有实在性，但当这种实在性以"天之天"或自在的形式呈现时,与之相关的世界更多地表现为本然的存在形态。由此进一步考察,则可以注意到,在"物"的层面,世界既主要以已然或既成的形态呈现,又表现为对象性的存在:"物"本身具有对象性,以"物"观之,侧重的是对世界的观照和说明,而不是对世界的变革。①

与以"物"观之相对的是以"心"观之。较之"物"的对象性形态,"心"更多地表现为人自身的观念性存在,相应于此,以"物"观之体现的是对象性的观照,以"心"观之则主要以人自身的观念为出发点。这里的"心"泛指广义的意识或精神,包括感觉、理性、情感、直觉,等等,以"心"观之则或者表现为世界向感觉、理性、情感、直觉等的还原,或者以构造思辨的世界图景为形式。在宽泛的意义上,以"心"观之似乎既涉及对世界的理解和说明,也关乎对世界的变革:以"心"构造世界,总是渗入了一定的价值理想,后者又进一步引向对世界的某种"重塑"。然而,以"心"为本的进路不仅趋向于消解世界的实在性,而且赋予变革世界的过程以思辨和抽象的性质。

随着哲学的所谓语言转向(the Linguistic turn)②,从语言的层面理解世界或以"言"观之成为另一种哲学景观。这一意义上的以"言"

---

① 庄子曾提出:"以道观之,物无贵贱;以物观之,自贵而相贱;以俗观之,贵贱不在己。"(《庄子·秋水》)这里的"以道观之"主要侧重于基于齐物的视域而等观贵贱,与之相对的"以物观之",则意味着偏离以上视域而从对象自身的角度出发,由此区分贵贱(自贵而相贱)。在引申的意义上,"以物观之"又涉及对天人关系的理解,表现为不同于"以人观之"的视域,这一意义上的"以人观之"侧重于从人的价值目的和价值需要出发去理解和规定天人关系,"以物观之"则主要着眼于自然本身的规定和法则。本书所说的"以物观之",与以上二重涵义有所不同。

② "linguistic"既指"语言的",又有"语言学的"之义,与之相关,"the linguistic turn"常被表述为"语言学转向"。但从哲学的层面看,这里更实质的意义似在于"语言转向"。

观之一方面涉及对象性的世界,另一方面又以语言层面的描述和分析为把握世界的主要方式。在以"言"观之的进路中,存在不仅被纳入语言之中,而且往往以语言本身为界限:对世界的把握无法越出语言的界域,以此为背景,人所达到的,往往只是语言,而不是世界本身。从其本来的形态看,语言既是特定形式的存在,又是达到存在的方式。当语言所体现的存在规定被不适当强化之时,它本身便可能被赋予终极的规定,与之相辅相成的是把握存在的手段或方式本身被抽象化为存在之源。不难看到,这一进路的内在趋向在于化存在为语言,由此,真实的世界无疑容易被掩蔽。

基于"物"、本于"心"、诉诸"言",体现了理解与变革世界的不同取向。从实质的层面看,对世界的理解和变革,总是关联着本然世界向现实世界的转换。本然世界也就是自在的世界,在本然的形态下,世界尚处于人的理解和变革过程之外,唯有当人以不同的方式作用于其上,理解世界和变革世界的问题才开始发生。宽泛而言,人作用于世界的过程,也就是"事"的展开过程。如前所述,"物"表现为对象性的存在,"心"以观念性为其存在方式,"言"则既在意义层面与心相涉,又呈现为形式之维(广义的符号形式)。相对于以上诸种形态,"事"首先与人的现实活动相联系,中国哲学对"事"的界说,便侧重于此:"事者,为也。"①"(作)焉有事,不作无事。举天(下)之事,自作为事。"②这里所说的"为"和"作",都表现为人的现实活动。《尔雅》将"事"释为"勤",又以"劳"界说"勤"③,同样指出了"事"与人的劳作等活动之间的关联。以人之所"为"、人之所"作"以及"勤"("劳")

---

① 《韩非子·喻老》。

② 参见《恒先》,《上海博物馆藏战国楚竹书》(三),上海古籍出版社,2003年,第112页。

③ 《尔雅·释诂》。

为"事"的内涵,表明的是"事"以人的现实活动为具体内容。引申而言,"事"同时指人之所"作"或所"为"的结果,在"史,记事者也"①的界说中,"事"便表现为人的历史活动的结果。《尔雅》则在更广的意义上把"绩"界定为"事",②此所谓"绩",包括通过人之所"作"而形成的功业、成就等,从而可以视为"事"之结果或已成之"事"。相对于以"物"观之的对象性观照、以"心"观之的思辨构造、以"言"观之的囿于言说,上述视域中的以"事"观之意味着基于人的现实活动及其结果以理解世界和变革世界。不难注意到,以单音节为形式,"事"与"道"、"德"、"天"、"性"等内含古典意义的范畴相近,具有综合的性质,其中包含丰富的内蕴。③

作为人之所"为"或人之所"作","事"不仅体现于人把握和变革世界的活动过程,而且以人与人的互动和交往为形式。人的存在离不开做"事",从经济领域的生产、商贸,到政治领域的权力运用,从文化领域的艺术创作、科学领域的实验和研究、学术领域的理论建构,到生活世界中的日用常行,人所作之"事"展开于不同方面。就"物"、"心"、"言"与"事"的关系而言,只有在做"事"的过程中,"物"才进

---

① 许慎:《说文解字》。

② 《尔雅·释诂》。

③ 张岱年早年也曾谈到"事"与"物",不过,对"事"作为人之所"作"、人之所"为"这一内在规定,张岱年似乎未能给予必要的关注。在其视域中,"事"或者表现为思辨的形态,所谓"凡有起有过谓之事",便多少表现了这一点(参见《张岱年全集》第三册,河北人民出版社,1996年,第129页);或者与"物"没有实质的区分,在以下论述中,即不难看到这一点:"最微之物,为最究竟者,其联续形成最微之物,即电子等。最微之物交互作用为事。"(参见《张岱年全集》第一册,河北人民出版社,1996年,第369页)依后者,则"事"仅仅表现为物或"最微之物"之间的作用,而与人之所"作"或人之所"为"无实质的关联。这一意义上的"事"与作为本然存在或对象性存在的"物"并无根本不同。

入人的视域,并成为人作用的对象,也只有在这一过程中,"心"和"言"才能逐渐生成并获得多方面的内容。离开人所作之"事","物"便仅仅呈现自在或本然的形态;外在于人所作的多样之"事","心"即难以摆脱抽象性和思辨性;悬置了广义的"事","言"及其意义同样无法取得现实品格。

相应于人的多样存在方式,"事"不仅以时空中展开的对象性活动为形态,而且包括观念性活动。与"以心观之"的思辨推绎和思辨构造不同,作为"事"的多样体现的观念性活动固然有前述艺术创作、科学研究、理论建构等不同形式,但这些活动在既基于现实,又指向现实这一点上,又具有相通性。以对象性活动为形态的"事"以实际地作用于相关对象为特点,其展开过程涉及人的能力、本质在对象中的外化或对象化,相对于此,观念性活动主要与科学考察、艺术创作、理论建构等过程中的意识之维相联系。从做"事"的主体方面看,这里同时关乎"身"与"心"及其相互关系。对象性活动基于"身",但又离不开"心":作为"事"的对象性活动,总是展开为身与心的交融;观念性活动与"心"相涉,但也无法疏离于"身":在科学、艺术、道德、终极关切等观念领域,其中的观念性活动不仅涉及以感官为依托的直观,而且其内容直接或间接地源于通过"身"而展开的对象性活动。进而言之,人的对象性活动与观念性活动同时又总是伴随着"言"的运用,后者既与"声"和"形"等感性之物相关,又与意义等观念形式相联系。就"事"之所向而言,无论在观念性的层面,抑或对象性之域,人之所"作"都涉及"物"、"心"、"言"的交互作用。换言之,在"事"的具体展开过程中,对象性活动(或感性活动)、观念性活动以及语言活动(不限于狭义上的以言行事)总是无法截然相分。从这方面看,以"事"观之一方面不同于以"物"观之、以"心"观之、以"言"观之,另一方面又并非完全隔绝于"心""物"和"言"。

对象性与观念性主要表现为广义之"事"的不同展开形式,就实质的指向而言,"事"具体关联着化本然世界为现实世界的过程。本然世界属自在的存在,它固然具有实在性,但对人来说尚未呈现实际的意义,现实世界则生成于人的作用过程,并打上了人的不同印记。以扬弃世界的本然性为指向,"事"既关乎对世界的说明,也涉及对世界的变革。说明世界以理解和把握世界为内容,其过程则离不开"事"。从现实的形态看,不仅对相关对象的把握发生于"事"之中,而且理解世界的过程本身表现为"事"的展开:无论是经验观察,抑或理论解释,都无法与人所从"事"的探索活动相分。"事"的以上形式,更多地体现了前述观念性之维:从常识视域中的世界,到科学的世界图景,都不同于本然的存在形态而表现为被把握的世界,以人所从"事"的理解过程为前提,这种世界图景既作为广义认识活动的产物而蕴含着人的作用,也具有观念的形态。相对于世界图景所呈现的观念形态,通过实际地变革对象而形成的现实世界,主要表现为人化世界的实在形态,这种实际的变革过程,同时以"事"的对象性活动为内容。中国哲学所谓"赞天地之化育",便涉及后一意义上的现实世界与人所作之"事"的关联。

人化世界的观念形态与实在形态在超越本然存在这一点上,都可以视为广义的现实世界。世界的现实形态基于人所作之"事",人自身也在参与多样之"事"的过程中认识自己并获得现实的规定,前者表现为认识世界和成就世界的过程,后者则以认识自我和成就自我为内容。以人与现实世界的关系为视域,具有综合意义的"事"较之"物"、"心"、"言",呈现更为本源的性质;以"事"观之,也意味着从更为本源的层面理解世界和成就世界、理解人自身和成就人自身。

从作用于世界这一层面看,"事"与"实践"无疑具有相关性。在哲学史上,亚里士多德是较早对实践作考察的哲学家。按亚里士多德的理解,思想(thought)可以划分为实践的、生产或制作的(productive)与理论的三种形态。① 在思想的以上形态之后,是人的相关活动。这一视域中的实践,主要以政治、伦理的活动为内容,与之相对的制作则关联着生产性、工艺性、技术性的活动。亚里士多德将实践与伦理及政治活动联系起来,而把制作活动置于实践活动之外,这一看法对此后关于实践的理解有着悠深的影响。康德在考察纯粹理性或理论理性的同时,也以实践理性为讨论的重要论题。康德所说的实践理性同样首先与伦理领域相联系。在区分理论理性与实践理性的同时,又将实践主要与伦理等活动联系起来,这一思路与亚里士多德无疑有前后相承之处。

较之亚里士多德和康德首先从伦理或道德的层面考察实践,黑格尔对法律、政治之域给予了更多的关注。在黑格尔看来,道德涉及的主要是"应当"如何的问题,法律、政治之域的活动则更多地体现了现实之维。在从政治、法律等层面考察实践活动的同时,黑格尔对实践本身也给予了更广的理解。在《精神现象学》中,黑格尔赋予行动或实践以三个环节,即"目的","目的的实现"或"达取目的的手段","被创造出来的现实"。② 在《逻辑学》中,黑格尔进一步指出:目的作为观念性的存在,最初呈现主观的性质,对象世界则具有外在性,实践或行动一方面扬弃了目的的主观性,另一方面又克服了对象的"现象"性、"外在"性。③ 对实践的以上理解,已不限于伦理、政治、法律等领域,而是关乎人作用于外部世界的广义形式。不过,黑格尔同时

① 参见 Aristotle, *Metaphysics*, 1025b25, *The Basic Works of Aristotle*, Random House, 1941, p.778.

② 黑格尔:《精神现象学》上卷,贺麟、王玖兴译,商务印书馆,1983 年,第 264 页。

③ 参见黑格尔:《逻辑学》下卷,杨一之译,商务印书馆,1976 年,第 528 页。

又将实践活动纳入理念、精神、逻辑之域,对黑格尔来说,目的性的活动及目的与手段的关系可以理解为"推论"的过程,①这一看法固然在某些方面折射了实践的现实进展,但以"推论"表示以上关系,似乎更多地侧重于理念之域的逻辑转换。就此而言,黑格尔对实践的理解无疑仍具有思辨性与抽象性。

马克思对实践的理解,开始突破西方哲学的以上传统。与亚里士多德及康德对实践的理解有所不同,马克思首先将实践与劳动、生产过程联系起来。按马克思的理解,"整个所谓世界历史不外是人通过人的劳动而诞生的过程,是自然界对人说来的生成过程,所以,关于他通过自身而诞生、关于他的产生过程,他有直观的、无可辩驳的证明。因为人和自然界的实在性,即人对人说来作为自然界的存在以及自然界对人说来作为人的存在,已经变成实践的、可以通过感觉直观的,所以,关于某种异己的存在物、关于凌驾于自然界和人之上的存在物的问题,即包含着对自然界和人的非实在性的承认的问题,在实践上已经成为不可能的了"②。这一视域中的实践,已不再与制作及工艺性的活动相对而仅仅限于伦理、政治等领域,相反,制作及工艺性的活动构成了实践的题中之义。在马克思看来,以劳动为本原的形式,实践不仅创造了人,而且也造就了属人的世界。与之相联系,实践也不再是黑格尔意义上的理念活动或逻辑的推论,而是首先表现为现实的感性活动,后者包括人与自然之间的物质交换,其本身在呈现社会性品格的同时,又展开为一个历史的过程。在马克思以前,培根曾区分了"实践方面的不同分支",并将其中的一种形式与

---

① 黑格尔:《逻辑学》下卷,杨一之译,商务印书馆,1976 年,第 436、437 页。
② 马克思:《1844 年经济学哲学手稿》,人民出版社,1985 年,第 88 页。

"物理学之下"的"机械学"联系起来,①这一视域中的"实践"与培根之前的亚里士多德对实践的理解,无疑有所不同:"物理学之下"的"机械学"涉及科学、技术层面的活动,就此而言,培根似乎已扩展了亚里士多德的实践概念。不过,在培根那里,以上方面的思想尚未取得明确的形式并充分展开。相形之下,上述马克思的劳动范畴,则在广义上包括与科学、技术相关的活动:劳动展开于生产过程,这一过程在近代以后与科学、技术领域的活动便愈来愈难以相分。更值得注意的是,在马克思的实践观中,劳动被赋予本源的意义,人与自然的互动以及人与人的社会关系则奠基于其上。

与"实践"相近而又有不同侧重的是"行",后者在中国哲学中得到了较多的考察。对中国哲学而言,社会领域的诸种活动,都表现为人之"行",这一意义上的"行"首先又展开于伦理、政治领域与日常的生活世界,它构成了伦理关系以及更广意义上社会生活的形成与延续所以可能的前提。尽管中国哲学也肯定赞天地之化育、制天命而用之,其中涉及对存在的广义变革,但相对来说,通过日用常行以成就人自身并延续广义的社会生活,无疑被赋予某种优先性。事实上,基于多样之行,伦理生活与日常生活在中国哲学中往往趋于融合:"穿衣吃饭,即是人伦物理;除却穿衣吃饭,无伦物矣。"②在此,日常之"行"即展开于穿衣吃饭的日常活动,人伦日用则体现于其中。

不难注意到,在西方的哲学传统中,对"实践"的理解经历了从伦理、政治领域进而到科技、劳动的扩展和转换,政治、伦理领域的活动以人与人的交往为内容,劳动则既涉及人与人的关系(生产关系),又关乎人与物的互动。这一意义上的实践首先表现为社会性、群体性

---

① 参见培根:《新工具》,许宝骙译,商务印书馆,1984年,第116—117页。
② 李贽:《答邓石阳》,《焚书》卷一,中华书局,1974年,第10页。

的活动,相形之下,生活世界中的日用常行,以及日常之行的个体之维,则似乎未能进入上述"实践"的视野。另一方面,中国哲学传统中的"行"在侧重于伦理行为的同时,又首先与日用常行中的个体行为相联系,无论是伦理行为,抑或日用常行,主要都限于人与人的交往,而缺乏人与物的互动等方面的实际内容。

　　较之"实践"与"行"的以上内涵,作为人之所"作"或人之所"为"的"事",展现了更广的涵盖性,不仅亚里士多德所划分的思想形态背后的实践活动、生产或制作(productive)活动以及理论活动都包含于广义的"事"之中,而且不同哲学传统中的"实践"和"行"本身,也表现为"事"的不同形式。以中国哲学而言,日用即道是其基本的观念之一,这里的道主要表现为形上之维的存在原理,但在中国哲学看来,这种存在原理无法疏离于形下层面人的日常活动:"道不远人。人之为道而远人,不可以为道。"①"道者,非天之道,非地之道,人之所以道也,君子之所以道也。"②道体现于其中的日用常行,本身即属广义之"事",在此意义上,日用即道同时表现为"即事是道"③,而道本身则唯有通过"事"才能把握:"圣人之道,未有不于行事见而但于言语见者也。"④从更深层的方面看,"事"与人的不同需要以及多样的存在情境、特定的时空条件等相联系,包含具体的品格,后者对实践和"行"也产生了多方面的影响:实践和"行"在实质上乃是以做不同意义上的"事"为指向,离开了多样之"事",其形态将呈现空泛性和抽象性,唯有关联不同之"事",这种抽象性才能被扬弃。

---

① 《中庸·第十三章》。
② 《荀子·儒效》。
③ 王艮:《心斋语录》。参见黄宗羲:《明儒学案》卷三十二,《黄宗羲全集》第七册,浙江古籍出版社,2005年,第835页。
④ 阮元:《论语解》,《揅经室集》(上),中华书局,1993年,第49页。

进而言之,在实践、生产或制作以及理论的区分中,蕴含着实践活动与认识活动的分野,中国哲学论域中的"行"则区别于"知",事实上,知行之辩,即构成了中国哲学的重要论题。在知与行、认识与实践彼此分别的语境中,实践与"行"虽然在广义上也内含观念之维,但首先涉及与"身"相涉的感性活动,"知"或认识则主要表现为观念性(精神性)的活动。与之相对,从实质的内涵看,"事"作为人之所"作"兼涉认识与实践、知与行:如前所述,以意识活动或精神活动为内容的"认识"或"知"也可以包括在表现为人之所"作"的"事"之中。由另一角度考察,实践活动或人之"行"在成为反思的对象时,同时也进入了认识过程(成为认识过程中的"所知"),就实践与认识、知与行之辩而言,以上关系主要表现为人的不同活动形式之间的互动,然而,以"事"观之,实践活动本身以及以实践为对象的认识过程,都是人之所"作",并相应地都涵盖于"事"之下。

奥斯汀曾提出"以言行事"(to do things with words)①,这一意义上的言说尽管可以形成外在的社会后果,但其本身又不同于实际作用于外在对象的感性活动而呈现观念的形式,借助于"言"而展开的"事",也相应地首先与观念性活动相联系。就"事"的以上内涵而言,不仅"实践"和"行"属人所从"事"的活动,而且"认识"和"知"也表现为人所"作"之事。相形之下,认识与实践、知与行固然相互关联,但无法相互包含。历史地看,王阳明在"知行合一"的前提下,强调"一念发动处,便即是行"②,由此不免表现出"销行入知"的倾向。另一方面,实用主义由强调"脱离了具体行动和造作的理论是空洞无用的"③,进

---

① J.L. Austin, *How to Do Things With Words*, Harvard University Press, 1975.

② 王守仁:《传习录下》,《王阳明全集》上册,上海古籍出版社,1992年,第96页。

③ 杜威:《确定性的寻求:关于知行关系的研究》,傅统先译,上海人民出版社,2005年,第217页。

而趋向于以"行"界定"知"。在实用主义看来，"经验首先不是知识，而是动作和遭受的方式"①。同样，感觉的意义也只是为"行为"提供刺激②，这里多少蕴含着融"知"于"行"或销"知"入"行"的观念。与以上二重趋向相对，以"事"观之，不仅"实践"和"行"表现为人"做事"的过程，而且"认识"和"知"也属人所"从事"的活动，二者统一于人所作之"事"。

按其实质的意义，无论是认识与实践的互动，还是知与行之辩，都同时关联着说明世界和改变世界的不同进路。当认识与实践、知与行分属人的不同存在领域时，说明世界和改变世界往往难以统一。如所周知，马克思曾对以往哲学作了如下批评："哲学家们只是用不同的方式解释世界，而问题在于改变世界。"③从另一角度看，马克思所批评的现象也折射了说明世界（解释世界）和改变世界在以往哲学中的分离，而这种分离的逻辑前提之一，则是认识与实践、知与行的彼此悬隔。以"事"为视域，意味着扬弃认识与实践、知与行的以上相分，说明世界和改变世界则将由此获得统一的根据。

如前文已提及的，作为说明世界和改变世界的现实之源，"事"既不同于思辨形态的"心"而具有实在的品格，也有别于对象性的"物"而具有能动性。马克思曾指出："从前的一切唯物主义——包括费尔巴哈的唯物主义——的主要缺点是：对事物、现实、感性，只是从客体的或者直观的形式去理解，而不是把它们当作人的感性活动，当作实践去理解，不是从主观方面去理解。所以，结果竟是这样，和唯物主

---

① J. Dewey, A. W. Moore, et al., *Creative Intelligence: Essays in the Pragmatic Attitude*, Henry Holt And Company, 1917, p.7.

② 杜威：《哲学的改造》，许崇清译，商务印书馆，1933 年，第 46—47 页。

③ 马克思：《关于费尔巴哈的提纲》，《马克思恩格斯选集》第一卷，人民出版社，1972 年，第 19 页。

义相反,唯心主义却发展了能动的方面,但只是抽象地发展了,因为,唯心主义当然是不知道真正现实的、感性的活动本身的。"①这里所说的"从主体方面去理解",与从"人之所作去理解"具有一致性,在此意义上,"从主体方面去理解"既指向作为"现实的感性活动"的实践,也关乎人所作之"事",后者在超越以"物"观之和以"心"观之的同时,也以前述"实践"和"行"为题中之义,这一进路在说明世界和改变世界的过程中显然展现了更广的涵盖性。

从另一视域看,实践在越出伦理、政治之域而被赋予更广内涵之后,往往又引向认识论领域并被视为认识论范畴,在认识来源于实践、真理由实践检验等观念中,实践论与认识论进一步趋于重合。相对于此,与主要展开为日常伦理活动一致,中国哲学中的"行"常常更多地被视为伦理学的范畴,所谓"行之,明也;明之,为圣人"②,便表明了这一点:这里的圣人主要即表现为德性完善的人格,而"行"则以达到这种完美的道德人格为指向。在以下之论中,上述观点得到了更具体的表述:"何以谓之德? 行焉而得之谓也。何以谓之善? 处焉而宜之谓也。"③"行"在此同样首先被理解为道德践履,其目标则是德性的完善。较之"实践"的认识论意蕴与"行"的伦理学内涵,"事"既展开于化本然世界为现实世界的过程,从而关乎本体论之域,又兼涉认识活动和道德行为,从而渗入了认识论与伦理学意义。作为广义的人之所"作","事"体现了本体论、认识论、伦理学的交融。

(原载《哲学动态》2019 年第 8 期)

---

① 马克思:《关于费尔巴哈的提纲》,《马克思恩格斯选集》第一卷,第 16 页。
② 《荀子·儒效》。
③ 王夫之:《礼记章句》卷四十二,《船山全书》第四册,岳麓书社,1988 年,第 1483 页。

作为哲学的中国哲学[①]

  从"哲学"的视域理解中国哲学,有其历史的背景,后者可以从中西两个具体的角度加以考察。从西方哲学的视域看,自黑格尔始,西方主流哲学对中国哲学便视之甚低。黑格尔在《哲学史讲演录》中曾提到中国哲学,但并未把中国哲学纳入他所理解的哲学之列。在他看来,孔子"是中国人的主要的哲学家",但他的思想只是一些"常识道德","在他那里思辨的哲学是一点也没有的"。《易经》虽然涉及抽象的思想,但"并不深入,只停留在最浅薄的思想里面"。[②] 黑格

---

  ① 本文系作者 2013 年 3 月在浙江大学的讲演,根据录音整理。

  ② 黑格尔:《哲学史讲演录》第一卷,贺麟、王太庆译,商务印书馆,1981 年,第 118—132 页。

尔之后，主流的西方哲学似乎沿袭了对中国哲学的如上理解，在重要的西方哲学家那里，中国哲学基本上没有进入其视野。这种趋向从当今西方著名大学哲学系的一些课程设置以及教学内容中，也不难注意到：欧美主要大学，包括哈佛大学、牛津大学、普林斯顿大学、剑桥大学，等等，其哲学系都没有设置"中国哲学"的课程，在这些学校中，中国哲学仅仅出现于东亚系、宗教系、历史系等非哲学专业的院系。这一现象表明，对主流的西方哲学来说，中国哲学算不上真正意义上的哲学。

另一方面，自哲学作为学科在中国现代形成之后，关于如何理解中国哲学便存在不同看法。晚近以来，中国哲学是否为"哲学"进而成为有争议的问题。这里可以简要地提及所谓"以中释中"之说。"以中释中"的本来含义是以中国的学术或中国的学问来解释中国的学问，在"以中释中"的视野中，如果用"哲学"这样的范畴来讨论中国的学术和思想问题，便意味着将其西方化。从逻辑上看，这一主张所蕴含的前提是，"哲学"为西方所特有，从而，一旦运用"哲学"的概念、术语来分析中国的思想，便会使之失去本来的形态和内涵。在比较极端的"以中释中"论那里，同时可以看到一种倾向，即把哲学还原为哲学史、把哲学史还原为思想史、把思想史又还原为学术史。这种还原的背后，内在地蕴含着关于中国哲学是否为现代学科意义上之哲学的质疑。

以上两重背景，使如何理解中国哲学成为一个无法回避的问题。

一

对以上问题的具体回应，离不开对哲学本身的理解："何为中国哲学"与"何为哲学"这两个问题密切相关。在具体讨论作为哲学的中国哲学之前，需要先对"何为哲学"作一概要的考察。大致而言，"哲学"的内涵，不能仅仅从某一特定的传统或特定的形态出发去界定，而应着眼于其深层规定以及普遍特征。从本原的层面看，作为把握世界的观念形态，哲学的内在规定体现于智慧的追问或智慧之思。这不仅仅在于"哲学"（philosophy）在词源上与智慧相涉，而且在更实质的意义上缘于以下事实：正是通过智慧的追问或智慧之思，哲学与其他把握世界的形式区分开来。这一意义上的智慧——作为哲学实质内涵的智慧，首先相对于知识而言。如所周知，知识的特点主要是以分门别类的方式把握世界，其典型的形态即是科学。科学属分科之学，中国近代以"科学"（分科之学）翻译"science"，无疑也体现了科学（science）的特征。知识之"分科"，意味着以分门别类的方式把握世界：如果具体地考察科学的不同的分支，就可以注意到，其共同的特点在于以不同的角度或特定的视域去考察世界的某一方面。自然科学的领域中的物理学、化学、生物学、地理学、地质学，等等，侧重于从特定的维度去理解、把握自然对象。社会科学领域中的社会学、政治学、经济学、法学，等等，则主要把握社会领域中的特定对象。无论是自然科学，抑或社会科学，其研究领域、研究对象都界限分明。以上现象表明，在知识的层面，对世界的把握主要以区分、划界的方式展开。

然而，在知识从不同的角度对世界分而观之以前，世界首先以统一、整体的形态存在：具体、现实的世界本身是整体的、统一的存在。与这一基本的事实相联系，如欲真实地把握这一世界本身，便不能仅仅限于知识的形态、以彼此相分的方式去考察，而是同时需要跨越知识的界限，从整体、统一的层面加以理解。智慧不同于知识的基本之点，就在于以跨越界限的方式去理解这一世界。可以看到，这一意义上的"智慧"主要与分门别类地理解世界的方式相对。

具体而言,智慧又展开为对世界的理解与对人自身的理解二重向度。关于世界的理解,可以从康德的思考中多少有所了解。康德在哲学上区分把握存在的不同形态,包括感性、知性、理性。他说的理性有特定的含义,其研究的对象主要表现为理念。理念包括灵魂、世界、上帝,其中的"世界",则被理解为现象的综合统一:在康德那里,现象的总体即构成了世界(world)。[①] 不难注意到,以"世界"为形式的理念,首先是在统一、整体的意义上使用的。对世界的这种理解,与感性和知性的层面上对现象的把握不同,在这一意义上,康德所说的理性,与"智慧"这种理解世界的方式处于同一序列,可以将其视为形上智慧。确实,从哲学的层面上去理解世界,侧重于把握世界的整体、统一形态,后者同时又展开为一个过程,通常所谓统一性原理、发展原理,同时便具体表现为在智慧层面上对世界的把握。尼采从另一个方面突出了以上问题。在《善恶的彼岸》一书中,尼采对局限于特定之域的哲学家提出批评,认为这种哲学家"让自己限定于某处并使自己专门化,从而他不再达到他应具有的高度,不再具有超越限定的视域,不再环顾四周,不再俯视一切"[②]。"专门化"涉及学科意义上的知识化,"超越限定的视域"则呈现为哲学的本然形态。这里已注意到,哲学把握世界的内在特点在于"超越限定的视域",而"专门化"则意味着对哲学这种本然形态的偏离。

对人的理解也呈现类似的特点。关于人的存在,每每有不同的考察角度。人可以被理解为生物学意义上的对象:这一视域中的人首先是一种生命存在,后者使之与生物学这一具体知识领域相涉。

①　参见 Kant, *Critique of Pure Reason*, Translated by N. K. Smith. Bedford/St. Martins, Boston/New York, 1965, p.323.

②　Nietzsche, *Beyond Good and Evil*, §205, *The Philosophy of Nietzsche*, Random House, 1927, p.501.

同时，人又具有社会品格、处于社会的关联之中，这一意义上的人，主要是社会学、政治学等特定学科的对象。此外，人还包含精神、意识，从而也可以从心理学的层面去把握。对人的以上理解，基本上仍停留在知识的层面：生物学、社会学、政治学、心理学，等等，都属于具体的知识学科，它们各有自己确定的对象、界限。相形之下，智慧的特点在于超越分而论之的知识视野和学科界限，从相互关联、多方面规定的统一这样的维度去理解人的存在，由此达到对人的具体把握。

从比较内在的层面上说，人不仅具有一般意义上的意识属性，而且包含内在的精神世界，与后者相联系的是理性、情感、意志、想象、直觉等心理的规定。在"智慧"的视野中，精神现象之间的彼此相关，并非仅仅表现为心理学意义上知情意的统一，而是同时渗入了价值内涵，并具体地体现于对真善美的追求：从智慧意义上去理解精神世界，意味着肯定知情意和真善美的内在统一，而非单纯地限定于某种片面的心理规定。除了通常意义上包含多重规定之外，精神世界还可以从更深沉的层面加以理解。具体而言，可以从人的精神境界和人的内在能力等角度去考察。精神境界的实质含义主要体现在两个方面，一是人的理想意识，二是人的使命意识。理想意识以"我应当追求什么"为内容；使命的意识则表现为"我应当承担什么"的追问。这一意义上的精神境界同时呈现为人的内在德性。与内在德性相联系的是人的现实能力。能力可以理解为人改变人自身以及改变世界的内在力量。从精神世界这一层面看，人的真实形态便体现为精神境界（德性）和内在能力的统一。事实上，真实的人格或自由的人格即表现为德性和能力的交融。

对世界和人自身的以上理解，与从知识层面分门别类地把握对象，其进路显然有所不同。进而言之，哲学同时表现为从本源性或根源性的层面追问人所理解的世界。科学追求真理，哲学则进一步追问何为真理;艺术追求美,哲学则进一步追问什么是美;道德追求善,哲学则进一步追问何为善。哲学的这种追问具有本源性、反思性的特点。从说明世界的层面看,知识(包括科学)的特点在于如其所是地把握对象及其规定和法则,智慧(哲学)则进一步追问这种把握过程是否可能以及如何可能。从人对世界的作用看,知识(包括科学)主要关注"是什么"的问题,哲学则进一步从价值的层面追问"意味着什么"、"应当成为什么"等问题。概而论之,从智慧的层面把握存在,可以理解为对宇宙、人生一般原理的本源性追问,后者具体展开为对世界之"在"与人自身存在的理解。这种追问和理解既构成了智慧之思的具体内容,又从实质的维度,展现了哲学的内在品格。

从形式的方面看,哲学同时表现为运用概念的活动。哲学的重要特点之一,就在于用概念的方式展开智慧的追问或智慧的沉思。前面所提到的智慧与知识之辩,更多地从实质层面展现了哲学区别于科学的内在规定:在此视域中,哲学的特点在于超越知识的界限,以智慧的方式去理解世界。当然,这并不是说哲学与科学毫无关联,正如智慧与知识无法截然相分一样,哲学与科学也非彼此隔绝。但在不同于以知识的形式把握世界这一点上,哲学又确实有别于科学。哲学同时以概念的方式理解这一世界,在这一方面,哲学又不同于艺术:如所周知,艺术主要以形象的方式把握世界。与之相关的是形象性思维与逻辑性思维的分野。哲学当然也需要借助想象等方式,但从主导的方面看,它的特点在于以理论思维的方式把握世界,而以理论思维的方式把握世界,则是通过概念的运用而实现的。

历史地看,真正意义上的哲学家,其思想的创造性、独特性总是体现在其核心概念之中。西方哲学史上,柏拉图的哲学,便与他的"理念"概念密切相关,追溯得再早一点,前苏格拉底时期的哲学家巴门尼德,他的哲学则与"存在"等概念相联系。中国哲学同样体现了类似特点,以孔子而言,其思想系统便与"仁"这一概念无法相分,所谓"孔子贵仁",即有鉴于此。相对于孔子,《老子》哲学以"道"、"自然"等核心概念为主干。先秦的另一显学墨家,则以"兼爱"为核心概念之一,所谓"墨子贵兼"[1],便涉及了其思想的这一特点。可以看到,无论是中国哲学,抑或西方哲学,哲学系统的独特之处或创造性内容,总是以其核心概念为具体载体。

运用概念的过程具体表现在两个方面,其一是概念的生成或构造,其二是概念的分析。所谓概念的生成或构造是指提出新的概念,或赋予某些已有概念以新的内容,前者是新瓶装新酒,后者则可以视为旧瓶装新酒。哲学家在建构新的哲学体系时,往往或者提出新的概念,或者赋予已有的概念以新的内容,这一过程便表现为概念的构造或概念的生成。除了概念的生成和构造之外,运用概念的另一重要方面,是概念的分析。概念的生成首先是新的概念的形成或已有概念的引申和阐发(赋予其新的内涵);概念的分析则是对既成概念的逻辑分析,包括概念的界定、内涵的解释,等等。从消极或否定性的方面来说,概念的分析也包括对某些概念可能存在的问题、偏向的批评性考察,如揭示某种概念可能包含的歧义或不恰当甚至错误的内涵,等等。如后面将提及的,这一方面的工作,在当代分析哲学中得到了具体的展现。

哲学的研究和思考无法离开概念的运用。如上所述,从形式的层面上看,哲学活动即体现于运用概念的过程之中,后者既包括概念的构造、新概念的生成,也涉及既成概念的分析,这一点,从以往哲学家对哲学的理解中也不难注意到。在谈到哲学的特点时,康德曾指出,"哲学将自己限于普遍的概念","总是通过概念在抽象中

---

[1] 《吕氏春秋·不二》。

考虑普遍"，①这里所说的"普遍"，涉及存在的统一性，如前面提到的"世界"这一普遍概念，便体现了现象的统一。在康德的视野中，通过概念考虑普遍，便包含对存在统一性的把握。同时，康德又认为："至少就其意向（intention）而言，形而上学完全由先天综合命题构成。"由此，康德进而在更普遍的意义上将哲学与先天综合命题联系起来。②"先天"性规定着知识的普遍必然性，"综合"则表明认识具有新的内容。哲学作为先天综合命题，其"先天性"更多地侧重于形式层面的规定，与之相关的是逻辑分析；"综合性"则关乎新内容的生成与提出，与之相关的主要是概念的构造。在此意义上，"先天综合"同时指向形式之维的概念分析和内容层面的概念构造。当康德把哲学理解为先天综合命题、先天综合判断时，似乎同时也肯定了哲学的活动既涉及概念的分析，也关乎概念的构造。

广而言之，概念的运用同时展开于判断和推论的过程。正如知识通过判断而确立一样，哲学的观点也以判断或命题为表现形式。单纯的概念往往并未表明具体的哲学立场，唯有将概念运用于判断之中，哲学的观点才得到具体展现。仅仅说出"仁"，尚未表达确定的哲学观点，唯有形成"仁者爱人"、"君子无终食之间违仁"等广义的判断，才展示了独特的哲学观念。进而言之，基于概念、通过判断而表达的哲学观念，其展开过程又离不开推论：无论是肯定某种观念，抑或质疑、否定某种观点，都需要给出理由、提出根据、经过论证。从形式的层面看，推论以一定的判断为前提，其结论也表现为某种判断，判断本身则涉及概念之间的联接，在此意义上，判断与推论都表现为概念的运用。

---

① 参见 Kant, *Critique of Pure Reason*, p.578, p.590.

② 参见 Kant, *Critique of Pure Reason*, p.578, p.55, p.591.

可以看到,哲学作为概念性的活动,总是离不开概念的运用,与之直接相关的,则是概念的构造和概念的分析。当然,在不同的哲学家和不同的哲学学派中,以上两个方面常常会有不同侧重:一些哲学家或哲学学派可能偏重于哲学的构造,另一些哲学家或哲学学派也许更侧重于哲学的分析。这一点,在当代哲学中也不难注意到。从世界范围看,20世纪初以来,当代哲学的主要思潮主要展现为现象学和分析哲学。现象学的重要特点在于侧重概念的构造,从胡塞尔开始,现象学便提出了一系列概念,如"意向性"(该概念虽不是胡塞尔先提出来的,但他赋予其以新的内容)、"纯粹的意识"、"纯粹的自我"、"本质直观"、"范畴直观"、"先验还原",等等。不过,在突出概念构造的同时,现象学对概念的分析往往没有给予同等的注重。由此,这一流派中的哲学系统常常呈现出思辨性、晦涩性:读现象学的著作每每有难以把握、理解困难之感,这与它们比较多地注重概念的构造,而对概念的分析有所忽略显然不无关系。20世纪以来另一重要学派是分析哲学,与现象学不同,它更关注概念的分析,对概念的构造则往往不像现象学那样注重,由此形成的趋向,是哲学的形式化、技术化,后者每每疏离了哲学作为智慧之思这一实质的方面。分析哲学对一些既成概念固然分析得细致入微,但似乎较少在实质意义上深化对世界和人本身的理解,这与它较多地注重概念的分析,而没有对实质层面的概念构造给予同样的关注难以相分。

以智慧为指向,哲学的沉思总是凝结为理论的形态。哲学史上留下的各种经典文献,便可以看作是哲学智慧的结晶。但同时,真正的哲学又总是同时处于探索的过程中,并不断地在这一过程中逐渐地敞开自己,展示自身的意义。事实上,不仅哲学的理论形成于探索过程,而且对其意义的理解和把握也离不开这一过程。就此而言,哲学既是一种理论,又展开为一种活动。作为一种理论思维的活动,哲学的探索主要不是现成地接受或认同已有的观点或看法，从本质上看，哲学需要自由、独立的思考，离开自由的思考也就没有哲学。

哲学作为活动的另一重含义，在于它与哲学的历史无法分离：哲学本身就是体现在哲学的历史发展过程之中，离开了哲学演进的历史过程，我们就无法回答"哲学究竟是什么"的问题。要真正理解哲学的内涵，便需要与哲学家展开"对话"。思考、理解哲学的过程，也可以被看作是回到历史之中、不断与历史中的哲学家对话的过程。这种对话，往往以诠释哲学家的思想为形式，哲学家的思想是其沉思过程的结晶，我们在诠释其思想并以此种方式与哲学家对话的同时，也逐渐地揭示和了解其心路历程，并经历他的沉思过程。通过这种"对话"，我们可以从一个方面逐渐对"哲学究竟是什么"的问题获得比较具体的理解。

哲学作为一种追寻智慧的活动，也是一个不断地进行批判和反思的过程。哲学之思难以无批判地认同既成的结论，它不会对已有的知识、教条、看法，未经反思地接受下来。哲学对已有的命题、观念、理论，都以批判的眼光加以反思，并要求进一步追问其根据。总之，它具有批判性的特点。哲学家的使命之一就是对既成的观念系统进行反思性的考察。他既拒绝无批判地接受现成的论点，也反对独断地给出一个结论。无论对他人或自己提出的观点，都要进行分析、论证。这种反思、批判的态度与趋向，也构成了哲学活动的重要特点。

通过概念的运用展开智慧的沉思，具体包含哪些内容？这里可以借用康德所提出的几个问题作一简略的考察。康德曾提出了四个著名的问题：我可以知道什么？我应该做什么？我可以期望什么？人是什么？此处第一个问题（我可以知道什么）涉及理论的理性或认识的领域。在日常经验中，我们都会经历不同的认识过程——从日常经验到科学家的探索活动,都涉及具体的认识活动。哲学思考的特点在于:从这种具体的认识过程出发,又进一步追问认识过程所以可能的根据,考察达到普遍、必然的知识必须具备的条件。知识是否有其限度?我们能够知道什么、不能知道什么,等等,由这一类的追问,常常具体地演化出不同形式的认识论或知识论。

康德所提出的第二个问题("我应当做什么")涉及实践理性或伦理的领域。这里,我们也许可以区分作为社会现象的道德和作为伦理学说的道德哲学。道德主要展开为一种规范系统,它规定"你应该做什么"、"不应该做什么"。但是,道德哲学则不仅仅满足于颁布"可以做什么"、"不可以做什么"的律令,它还进一步追问:为什么应当作这种而不是那种选择?社会要求人们遵循的道德原则的根据是什么?怎样的行为才可以视为道德行为(一种合理的道德行为的特征是什么)?如何才能建立社会的普遍道德秩序?怎样理解应当做什么(成就行为)与应当成为什么(成就自我)的关系?等等。对这些问题的追问,往往引发出不同形态的伦理学或道德哲学。

康德提出的第三个问题("我可以期望什么")在引申的意义上指向终极的目的或个人的终极关切。如我们所知,终极关切每每关乎宗教的追求。但哲学不同于宗教,宗教意义上的终极关切,往往与彼岸或来世等问题相涉,哲学则基于人的现实存在,以理性的方式探索如下问题:终极关切的意义何在?终极关切何以不可避免?等等。这一类追问常常与人对自身的理解相联系。对无限的存在者或宗教领域中的上帝来说,不存在终极关切的问题,因为"无限"或"上帝"的预设本身就承诺了终极性,从而无须提出这样的问题。另一方面,人之外的动物则仅仅是一种有限的存在,它总是限定在自己的物种之中,受到自己特定物种的限制而无法超越,对这种有限的存在来说,也不会发生终极关切的问题。相形之下,人不同于宗教意义上的上帝,他是有限的存在,其生命总是会走向自己终点;但另一方面,人又不像动物那样,仅仅限定在自己的物种之中,他可以超出自身,提出超越既成存在形态的理想和目标,并且通过自己的力量,在实践的过程中不断去实现这些目标。质言之,人是一种既有限又无限的存在,具有超越有限的能力;终极关切和人的这种独特的存在品格显然难以分离。哲学对终极关切的追问,也常常基于对人的以上存在品格的分析和理解。

康德所概括的第四个问题("人是什么")具有总结的性质。前面几个问题的追问,最后便归结到"人是什么"的问题。如前所述,"人是什么"这一问题既不同于生物学意义上的追问,也有别于社会学或心理学层面对人的关切,而是要求从整体的、综合的层面上理解人,这样的理解同时又和人自身存在的多重关系以及人存在的历史过程紧密相关。在这一意义上,人是什么这一问题又进一步引向历史哲学。人存在的历史过程同时与政治秩序、人与人之间的政治关联、政治实践等相联系,从而,它又涉及政治哲学的问题。事实上,在康德提出如上一些问题之后,从黑格尔到马克思,与人是什么的追问相关联的历史哲学、政治哲学得到了进一步的考察,并呈现出不同的发展方向。

以上,主要借用康德所提出的问题,大致地考察了哲学作为以理论思维的方式把握存在的活动所涉及的具体方面。这些方面在总体上关乎"何为哲学"的问题,其内容在宽泛意义上指向对世界和人自身的说明和理解。与"何为哲学"相关的问题是"哲学何为",后者所关涉的,主要是哲学的实践意义。如前所述,作为智慧之思,哲学以不同于知识的形式把握世界和人自身。从人和世界的互动看,问题不仅仅关乎说明世界和人自身,而且更在于改变世界与改变人自身。说明世界和说明人自身主要追问世界与人自身"是什么",改变世界和改变人自身则进一步引向世界与人自身"应当成为什么"的问题。按其内涵,"应当成为什么"涉及哲学的规范性问题,具体而言,哲学对成就世界和成就人自身的实践活动、对人和世界的互动是否具有引导意义? 从现实的形态看,哲学不仅仅以不同于知识的形式说明、理解、阐释世界和人自身,而且也从不同维度为改变世界与改变人自身提供范导。实践视域中的规范或引导关乎"应当",后者具体展开为两个方面,首先是"应当成就什么",与之相关的是价值目标。在实质的层面,"应当成就什么"所关切的,也就是应当追求什么样的价值目标,哲学在此更多地通过提供价值理想、价值目标、价值原则,为人的实践活动提供引导。以改变世界和改变人自身为具体内容的实践活动,总是基于一定的价值原则、价值理想:改变世界就是让本然的世界变得合乎人的理想,改变人自身则是使人自身达到理想之境。世界的改变和人自身的改变总是和普遍的理想、价值原则紧密相联系,而哲学则通过探寻普遍的价值原则、价值理想,为实践活动提供引导。

与"应当成就什么"相联系的是"应当如何成就",亦即应当如何达到理想的价值形态。前者("应当成就什么")侧重于实践的价值目标和价值理想,后者则主要关注如何实现这种价值理想。具体而言,这里涉及人作用于世界与作用于人自身的方式、途径。哲学既考察普遍的价值理想、价值原则,也探寻人作用于世界及作用于人自身的方式、人和世界互动的途径,等等。更简要地说,"应当成就什么"涉及"做什么","应当如何成就"则关乎"如何做",后者着重从实践方式这一维度,为实践过程提供多方面的引导。可以看到,在"应当"(规范性)这一层面,哲学既从价值目标上引导人的实践,也从作用方式上规范实践过程。

要而言之,在实质的层面,哲学表现为智慧之思,其特点在于跨越知识的界限,从统一、整体的维度把握世界。在形式的层面,哲学展开为运用概念的活动,后者可以视为理论思维实现的具体方式,其中既涉及概念的生成或构造,也关乎概念的分析、批判。综合起来,从把握世界这一视域看,哲学的特点在于通过概念的运用展开智慧之思,由此走向真实、具体的世界。哲学不仅说明世界和人自身,而且以改变世界与改变人自身为指向,并从价值目标、价值理想与实践方式等方面,为人的实践过程提供引导,由此展现其多方面的规范意义。

<h2 align="center">二</h2>

从以上前提考察中国哲学,首先面临如下问题:中国哲学是否具有前面论及的哲学品格和规定?如所周知,与 philosophy 对应的"哲学"一词,出现于近现代,尽管"哲"和"学"两词在历史上早已存在,但现代学科意义上的"哲学"概念,其出现则是晚近之事。从实质内容上看,哲学表现为智慧的追问或智慧之思,这一意义上的"智慧"也是现代概念,尽管"智"和"慧"作为文字古已有之,"智""慧"连用在先秦文献(如《孟子》)中也已出现,自佛教传入后,其使用频率更是渐见其多,但是哲学(philosophy)意义上的"智慧",仍是比较晚近的概念。然而,尽管"哲学"以及与哲学实质内涵相关的"智慧"等概念相对晚出,但这并不是说,在中国传统的思想中不存在以智慧的方式去把握世界的理论活动与理论形态。这里需要区分特定的概念与实质的思想,特定概念(如"哲学"以及与哲学实质内涵相关的"智慧"等)的晚出并不意味着实质层面的思想也同时付诸阙如。历史地看,在实质层面上以智慧的形式把握世界,很早已出现于中国思想的发展过程中。智慧的追问或智慧之思,并不仅仅为西方哲学所独有。

当然,把握世界的以上进路在中国哲学中有其独特的形式,后者具体表现为对"性与天道"的追问。中国古代没有运用"哲学"和"智慧"等概念,但却很早便展开了对"性与天道"的追问。从实质的层面看,"性与天道"的追问不同于器物或器技层面的探索,其特点在于以不囿于特定界域的方式把握世界。作为有别于器物之知的概念,"性与天道"很早就已出现:在先秦的文献如《论语》中便可看到"性与天道"的提法。诚然,孔子的学生曾感慨:"夫子之言性与天道,不可得而闻也。"①但这并不是说孔子不讨论"性"和"道",毋宁说,这里所指的乃是:孔子对性与天道的论说总是联系人的存在和世界之"在",而很少以抽象、思辨的方式加以谈论。事实上,从《论语》之中,便可以看到孔子对性与天道的多方面考察,这种考察既以人的存在和世界之"在"为背景,又以区别于器物之知的形式具体展开。

就总体而言,"性与天道"的追问表现为以不同于知识或器物之知的方式把握世界,分别开来看,"天道"更多地与世界的普遍原理或终极性原理相联系,"性"在狭义上和人性相关,在广义上则关乎人的整个存在,"性与天道",合起来便涉及宇宙人生的一般原理。这一意义上的"性与天道",在实质层面上构成了智慧之思的对象。如前所述,智慧之思所指向的是宇宙人生的一般原理,关于"性与天道"的追问,同样以宇宙人生的一般原理为其实质内容。历史地看,从先秦开始,关于"性与天道"的追问,几乎伴随着中国哲学的整个发展过程。特别需要指出的是,中国哲学不仅实际地以"性与天道"的追问这一形式展开智慧之思,而且对这种不同于知识或器物之知的把握世界方式,逐渐形成了理论层面的自觉意识。至明代,学人已开始区分"辞章之习与性道之学"②,这里的辞章关乎具体之知(修辞、作文),

---

① 《论语·公冶长》。
② 朱宠瀗:《迩言·序》,《迩言》为宋人刘炎所著。

与之相对的"性道之学"则超乎知识之域。明末的高攀龙进一步肯定"性道无穷,学问亦无穷"①,亦即将性道与学问联系起来,并把性道层面的追求(以性道为对象的学问)视为无穷的过程。

更值得注意的是龚自珍对"性道之学"的理解。作为哲学家,龚自珍有其独特的地位:他既可以被视为中国古代哲学的殿军,也可以看作是中国近代哲学的先驱,从而具有承前启后的意义。在中国古代哲学的终结时期,龚自珍已非常自觉地意识到"性道之学"(性与天道的追问)不同于知识层面的探索,这一点,从他所作的学科分类中便不难了解。龚自珍是生活在清代的哲学家,清代的学术趋向主要体现于乾嘉学派,在评价乾嘉学派的重要人物阮元的思想与学术时,龚自珍区分了不同的学科,这些学科分别表现为如下方面:训诂之学(包括音韵、文字)、校勘之学、目录之学、典章制度之学、史学、金石之学、九数之学(包括天文、历算、律吕)、文章之学、性道之学,以及掌故之学。② 这里特别应当关注的是"性道之学",在龚自珍看来,"性道之学"的具体内容包括经学、理学、问学与德性等方面的思想,为学的过程,总是无法完全离开性与天道方面的思与问,即使是被视为主要关注形而下之域的汉学,也涉及以上问题:"汉人何尝不谈性道?③"相对于性道之学的训诂之学、校勘之学、典章制度之学,等等,属特定的知识性学科,如校勘之学涉及文本的校勘、整理,训诂之学主要关乎文字的理解,典章制度以历史上的各种具体规章、体制的考察为内容,这些知识学科在宽泛意义上可以视为器物之学或专门之学,与之相别的"性道之学"则不限定于特定的知识领域,而是以性与天道为

---

① 高攀龙:《会语》,《高子遗书》卷五。

② 参见龚自珍:《阮尚书年谱第一序》,《龚自珍全集》,上海古籍出版社,1999年,第225—227页。

③ 龚自珍:《与江子屏笺》,《龚自珍全集》,第347页。

追问的对象。质言之,器物之学以分门别类的方式把握对象,性道之学则关注宇宙人生的普遍原理。在器物之学与性道之学的分别之后,是知识与智慧的分野。对性道之学与器物之学的以上区分,表明龚自珍已自觉地意识到二者在把握世界方面的不同特点,而"性道之学"则与哲学意义上的智慧之思具有内在的一致性。不难看到,中国哲学不仅在实质上以性道之学的形式展开了智慧层面上对世界的把握,而且已对这一不同于器物之知、不同于专门之技的把握世界方式,形成了自觉的理论意识。

为了更具体地理解"性道之学"作为不同于器物之学或专门之学的特点,这里也许可简略回溯中国哲学如何把握"道"与"技"、"道"与"器"的关系。首先可以考察中国哲学关于"道"和"技"关系的理解。"道"作为普遍的原理,首先区别于"技"。从先秦开始,中国的哲学家已开始对"道"和"技"加以区分,并对此有十分自觉的意识,从《庄子》的"庖丁解牛"篇中便可看到这一点。"庖丁解牛"是《庄子》一书中的著名寓言,庖丁被描述为当时的解牛高手,他能够以非常娴熟、出神入化的方式去分解牛。在解牛之时,庖丁对牛的各个骨骼都观察入微,"手之所触,肩之所倚,足之所履",每一个动作都近乎舞蹈,相当完美;解牛过程发出的声音则如同乐章,非常悦耳。庖丁在解牛之后,常常"提刀而立,为之四顾,为之踌躇满志",表现出自我满足之感。一般人所用的解牛之刀一月就得更换,技术稍好一点也只能用一年,但庖丁的刀用了十九年,依然崭新如初。为什么他的解牛过程能够达到如此高超的境地? 根本之点就在于:其"所好者道也,进乎技矣"[1],也就是说,他已从具体的"技"提升到"道"的层面。"技"进于"道",这就是庖丁之所以能够达到如上境地的原因。在这

---

[1] 《庄子·养生主》。

里,庄子已自觉地把"技"和"道"区分开来:"技"是技术性的操作,涉及经验性的知识,"道"则超越于以上层面。

与之相近,儒家也对道和具体的器物作了区分。对于道,儒家同样给予了自觉的关注,孔子曾说"朝闻道,夕死可矣"[①],其中便体现了对道的注重。儒家的经典《易传》进而从更普遍的层面谈到"道"与"器"的关系,所谓"形而上者谓之道,形而下者谓之器",便表明了这一点。在此,"道"与"器"之别,得到了具体的界定。"器"主要指具体的器物,属经验的、知识领域的对象,"道"则跨越特定的经验之域,对道的追问相应地也不同于知识性、器物性的探求,作为指向形上之域的思与辨,它在实质上与智慧对世界的理解属同一序列。可以看到,在中国哲学中,关于"性道之学"与"器物之学"或"器技之学"的分别,已有十分自觉的意识,这一意义上的"道"(与"技"和"器"相区别的形上之道),可以理解为世界的统一性原理和世界的发展原理,它与作为智慧之思的哲学所追问的对象,具有实质上的一致性。

在通过"闻道"而把握世界之普遍原理的同时,中国哲学也注重对人自身的理解,后者主要通过对广义之"性"的追问而展开。对人的理解在不同学派中有不同的特点,儒家关注所谓"人禽之辩",人禽之辩所追问的,就是何为人的问题。对儒家来说,人之为人的基本品格,就在于具有自觉的理性意识,这种自觉的理性意识又以伦理为其主要内容,从而具体表现为自觉的伦理意识,正是这种伦理意识,使人区别于其他动物,孟子、荀子等都反复地强调这一点。荀子曾对人与其他存在作了比较,认为人和其他存在区别的根本之点,在于人有"义"。所谓"义",也就是普遍的道德规范以及对这种规范的自觉意识(道德意识)。同时,儒家又把人的理想存在形态与多方面的发展

---

① 《论语·里仁》。

联系起来,孔子所说的"君子不器",便意味着人不应当限定在某一片面,而应该形成多方面的品格。在荀子那里,这一观念进一步展开为所谓"全而粹":"君子知夫不全不粹之不足以为美也。"①"全而粹"就是得到多方面发展的人格。以上可以视为儒家在性道之学(哲学)意义上对人的理解。道家对人的看法,也关乎道的视域。在道家那里,道与自然相通,考察何为人的问题相应地离不开道和自然这一形上前提。当然,道家对人的理解,同时体现了与儒家不同的视域。在道家看来,自然的状态、人的天性是最完美、最理想的形态,真正意义上的完美人格,应该走向或回归这种自然的状态。

尽管儒道两家对于何为人、何为理想的人,有着不同的理解,但是在关心、追问以上问题方面,又有相通之处。对人的存在的这种关切,同样不同于器物层面的理解。从价值观的层面看,在儒道两家对人的不同理解背后,可以看到对仁道原则和自然原则的不同侧重。儒家把人之为人的根本特征理解为人具有自觉的伦理意识,与此相联系,在儒家那里,仁道的原则也被提到突出地位。道家将天性、自然看作是最完美的存在形态,相应于此,在道家那里,自然的原则也被视为最高的价值原则。就广义的价值系统而言,仁道原则与自然原则都不可或缺,儒道两家则分别展开了其中一个方面。

概而言之,以有别于知识、技术、器物之学的方式把握世界,构成了智慧之思的实质内容。西方的 philosophy,中国的"性道之学",在以上方面具有内在的相通性。当我们肯定传统的"性道之学"包含哲学的品格、具有哲学的意义时,并不是按西方的标准确立哲学的内涵,而是从哲学本身的内在规定出发,把握其特点。在这一理解中,

① 《荀子·劝学》。

不管是西方的 philosophy，还是中国的"性道之学"，其共同的特点在于超越分门别类的知识、技术或器物之学，以智慧的方式把握世界。换言之，在智慧的追问或智慧之思这一层面，中国的"性道之学"与哲学呈现了一致性。

以上是就实质的内容而言。从形式的层面看，前面已提到，哲学同时表现为运用概念的活动——以概念的方式来展开智慧之思。在这一方面，中国哲学同样呈现出哲学的品格。如所周知，中国哲学很早就关注名言问题。名和言既涉及语言，也关乎概念，在此意义上，概念比较早地进入中国哲学的视野之中。孔子提出正名的学说，后者既有政治学或政治实践的意义，又有认识论、逻辑等层面的哲学涵义。事实上，哲学论域中的性道之学与名言（概念）的运用一开始便无法分离。

中国哲学家对名言的运用，可以从名言的生成或名言的构造与名言的分析这两个方面加以考察。从名言的构造或概念的构造这一层面来说，真正有创造性的中国哲学家，总是通过提出新的名言（概念）来形成自己的哲学系统，并通过概念之间关联的阐述来展开自己的体系。在这一意义上，中国哲学中不同哲学系统的形成和其概念的生成或概念的构造具有一致性。前面提到，孔子提出了"仁"的概念，"仁"是孔子哲学思想的核心概念，除了"仁"这一概念之外，他还提出了"为仁之方"，后者涉及如何贯彻"仁"这种理想或原则，所谓"忠恕"就是"为仁之方"，"忠"即"己欲立而立人，己欲达而达人"，"恕"则是"己所不欲，勿施于人"。作为"为仁之方"，"忠"与"恕"构成了仁道思想的重要方面。同时，孔子又具体地讨论"仁"和"礼"、"义"以及"知"之间的关联，如此等等。孔子以"仁"为核心的整个哲学系统，即通过上述概念的提出以及对这些概念之间关系的考察而具体展开。

《老子》提出"道可道，非常道；名可名，非常名"①，对"可道"之道与"常道"、"可名"之名和"常名"作了分别，其中也体现了对名言的独特关注。具体而言，这里包含着形上意义中的"名"（常名）和日常意义上的"名"（可名之"名"）的区分，它表明，不能用日常的概念、语言去把握形而上的原理。从具体内涵看，《老子》哲学的形成，也与它所提出的核心概念相联系，其核心概念主要便是"道"、"自然"。"道"可以理解为形而上的原理，"自然"则体现了价值的原则。以"道"为内涵的形上原理和"自然"所体现的价值原则，构成了《老子》哲学的主干，而其哲学的形成，则与"道"、"自然"等核心概念的提出，以及这些概念之间关系的讨论密切相关。

　　同样，墨子、孟子、庄子等中国哲学家，其哲学也与他们所提出的核心概念相关，如墨家作为儒家之外的显学，其哲学思想便体现于墨子的"兼相爱"、"交相利"等概念之中，所谓"墨子贵兼"，也有鉴于此。孟子提出"性善"、"仁政"等概念，由此展开其儒学思想；庄子通过"齐物"、"逍遥"等概念，建构了其思想世界，如此等等。在以上方面，都可以看到名言的生成在相关哲学系统形成中的意义。

　　在重视概念生成或概念构造的同时，中国哲学家也注意到概念的分析。尽管后者（概念的分析）没有得到充分的发展，但这并不意味着中国哲学家完全隔绝于概念的分析。事实上，从先秦开始，中国哲学的发展便与名言的分析无法分离。名言的分析首先体现于概念的界定，中国哲学家在提出概念时，常常对相关概念的内涵作多方面的解说。以孔子而言，在提出"仁"这一核心概念的同时，他也从不同的角度对"仁"作出界定，如以"爱人"解说"仁"，肯定仁的核心内容就是爱人，以此彰显人的内在价值原则。此外，他还对

---

　　① 《老子·第一章》。

"礼"的内涵加以界定,所谓"礼云礼云,玉帛云乎哉"①,便从一个方面体现了这一点。"礼"也是孔子的重要概念,对于"礼",是否可以仅仅从"玉"、"帛"这些器物层面去理解? 孔子的回答是否定的。"人而不仁,如礼何?②"如果不以"仁"为内在规定,则"礼"便只是形式的东西,缺乏实质的内涵。这里便涉及"仁"与"礼"这些不同概念的辨析。

同样,《老子》一方面认为日常的语言很难把握形而上的原理,另一方面又从不同角度对其核心概念进行各种分疏,以"道"这一概念而言,《老子》便对其作了种种界定,如"视之不见,名曰夷;听之不闻,名曰希;抟之不得,名曰微"③,便属于这一类的界说:通过肯定"道"超越于视、听等感知活动,《老子》从一个方面突出了"道"与感性规定的分别。这些解说在宽泛意义上也可视为概念的分析。广而言之,哲学家展开其思想系统的过程,与他们对自身所用名言的具体分析、阐发紧密相联;可以说,名言的分析、阐发过程,同时也是他们哲学系统形成、发展的过程。无论是孔子以"仁"为核心的学说,抑或《老子》的道论,都体现了这一点。

中国哲学家对于名言(概念)的辨析,同时展开于不同学派、人物之间的相互争论之上。中国哲学家很注重彼此之间的讨论、论争,战国时期所谓"百家争鸣",即以不同学派之间的相互争论为内容。孟子曾有"好辩"之名,所谓"好辩",也与概念的辨析相关,其中包含对所批评对象相关概念的分析、评判。"辩"以"知言"为前提,孟子即肯定自己的所长为"知言",并对"知言"作了如下解释:

① 《论语·阳货》。
② 《论语·八佾》。
③ 《老子·第十四章》。

何谓知言？曰：诐辞知其所蔽,淫辞知其所陷,邪辞知其所离,遁辞知其所穷。①

诐辞、淫辞、邪辞、遁辞等都是名言的特定形式,其特点在于包含不同的偏向。在此,"知言"主要便表现为对这些各自内含偏向的名言作批评性的考察。事实上,哲学家之间的相互"争鸣",总是同时渗入名言(概念)的辨析。这一意义上的论争,每每也发生于同一学派。如荀子与孟子同属儒家,但荀子对孟子却有所抨击。在《非十二子》中,荀子即批评孟子:"案往旧造说,谓之五行,甚僻违而无类,幽隐而无说,闭约而无解。"这里不仅涉及观点的分歧,而且关乎概念的涵义:所谓"僻违而无类,幽隐而无说,闭约而无解",便是指孟子的相关概念表述晦涩(幽隐)、不合逻辑(无类)、缺乏论析(无说)。这种批评是否合乎孟子思想的实际状况,或可讨论,但其中确乎可以注意到对概念的批评性分析。

进而言之,在中国哲学的衍化中,很多新思想的阐发,往往通过注疏或注解的方式展开,如王弼的《〈周易〉注》、《老子〈道德经〉注》,朱熹的《四书章句集注》,王夫之的《张子〈正蒙〉注》,等等,便是借注解以阐发自己的思想,这种注疏、注解的方式,也内在地包含名言(概念)的分辨和解析。佛教传入后,中国的一些佛教流派(如唯识宗),进而关注名相分析,后者更具体地以概念(名相)分析为其内容。可以看到,运用名言(包括名言的分析)来展开"性道之学",构成了中国哲学的重要特点,其中名言(概念)的运用既包括概念的生成和构造,也兼及概念的分析、明辨。在这一层面,中国的"性道之学"同样体现了哲学以概念的形式把握世界这一普遍特征。

---

① 《孟子·公孙丑上》。

以名言的形式展开的"性道之学"，其具体的内容涉及前面提到多重问题。如前所述，康德曾提出了四个问题，其中涉及哲学的不同方面，中国的"性道之学"，也可从这些方面加以考察。首先是"我可以知道什么"，与之相关的是认识论问题。通常认为中国哲学主要讨论伦理学或道德问题，对认识论不太注重，事实上，中国哲学也从独特的方面对认识论问题作了考察。以孔子而言，他曾提出一个著名的看法，即"知之为知之，不知为不知，是知也"①。这一表述的重点在于肯定无知和知的联系：自己知道自己处于无知的状态，这本身也是一种知，即自知无知。知和无知的这种统一，同时被理解为认识（知）的出发点。这一思想表明，中国哲学已较早地从"知"的开端，对认识论问题加以考察。认识论问题同时涉及认识的可能性、认识的界限等方面，中国哲学中的另一些人物从否定的方面对此提出质疑。庄子曾指出："吾生也有涯，而知也无涯，以有涯随无涯，殆矣。"②这里便包含对认识界限的确认，与之相联系的是对超出知识的界限是否可能的质疑。在以上方面，中国哲学对知识问题的讨论既表现在关于认识如何开端的探讨，也表现在知识是否有界限、超出知识的界限是否可能等问题的追问。认识论问题的进一步考察，涉及能所关系。"能""所"概念的形成，可能与佛教的传入相联系，后来逐渐成为中国哲学家用来解释认识过程的重要概念。能所中的"所"，不同于本然之物，而是与人发生关系、为人所追问和作用的对象，所谓"境之俟用者"；"能"则是指能够具体运用相关对象之上，并产生一定的作用和效果的认识力量，所谓"用之加乎境而有功者"。在此，能与所紧密联系在一起。从能所之间的关联看，一方面，"因所以发能"，能知的作

---

① 《论语·为政》。

② 《庄子·养生主》。

用要以所知的存在为前提；另一方面，"能必副其所"，能知通过作用于所知而获得的认识，必须合乎所知。① 对"能所"关系的以上理解与哲学认识论意义上的主客体关系，具有实质上的相通性。可以看到，尽管中国哲学没有在现代意义上运用"主体"、"客体"等概念，但在实质的层面，同样涉及相关认识论问题。

在"我应当做什么"这一问题的探讨方面，中国哲学展现了更为丰富的资源。中国哲学对道德哲学、伦理学的考察，具有深厚的传统。孔子很早就已提出"修己以安人"。"修己"首先与人自身的道德涵养相联系；"安人"则更多地关乎社会的安定、社会价值的实现。在孔子看来，人一方面应当按照仁道的原则来自我塑造、提升自己，这一意义上的"修己"就是改变人自身。另一方面，人又应承担社会的责任。对孔子来说，承担对自我的责任与承担对社会的责任不可相分，两者都是人"应当"做的：自觉地去履行对自我和社会的伦理责任，这就是孔子所理解的一般意义上的"应当"。道家对"应当"的理解更多地与天人之辩相联系，并以自然或天性的理想化为前提。由此出发，道家认为人"应当"做的，就是按自然的原则，维护、回归自身的天性，《老子》所谓"道法自然"、庄子所谓"无以人灭天"，等等，强调的便是这一点。可以看到，尽管儒家与道家对"应当做什么"这一问题的理解有不同的侧重，但两者都涉及对相关问题的思考。

与"我可以期望什么"相关的终极关切问题，在中国哲学中同样有其独特的表现形式。孔子提出"志于道"，亦即以道作为人追问、努力的方向。对孔子而言，人生的过程，应该始终朝向道、追求道。后来，宋明理学家进一步提出"为天地立心，为生民立命，为往圣继绝

---

① 参见王夫之：《尚书引义·召诰无逸》，《船山全书》第二册，岳麓书社，1988 年，第 376 页。

学,为万世开太平",其内在含义在于确立人在宇宙天地中的主体地位,关怀天下大众,延续文化的命脉,实现永久的安平。按儒家的理解,这就是人应当追求的终极目标。宽泛而言,以上观念也可以理解为与"我可以期望什么"相关的终极关切。在儒家那里,这一意义上的终极关切同时又和人的日用常行相互关联。中国人很少分割此岸与彼岸两个世界,而更趋向于把终极关切和现实存在中的日用常行紧密联系在一起。这一点,在《中庸》中有具体的体现。《中庸》提出"极高明而道中庸","极高明"表现为终极的关切,它与"志于道"意义上的终极追问相一致。所谓"道中庸",则强调应在日用常行中去实现终极意义上的关切。可以看到,中国哲学一方面包含着"我可以期望什么"这一问题所涉及的终极关切,另一方面在如何展开终极关切方面又有自身的特点,后者主要体现在肯定终极关切和日用常行的关联,从而与一般意义上的宗教走向有所不同。

最后,与"人是什么"直接相关的是"何为人",这一问题首先涉及中国哲学所讨论的人禽之辩,其论域关乎对人的理解,这方面的具体内容前面已提及。在引申的意义上,对人的理解又与历史过程的关切相联系。在后一方面,中国哲学也表现出自觉的理论意识。儒家很早已形成深厚的历史意识和传统意识,历史意识的重要之点体现在肯定历史发展过程的延续性。孔子曾提及:"殷因于夏礼,所损益可知也;周因于殷礼,所损益可知也。其或继周者,虽百世,可知也。"[1]殷上承夏代、周继承殷代,其中既有延续,也包含着变革(损益),此后如有继周而兴的朝代,虽然百世,也可预知。这里肯定了历史可以预知,而历史可以预知的前提,则是其前后衍化具有延续性,而非断裂间隔、变迁无序。在肯定历史发展连续性的前提下注重以

_____

① 《论语·为政》。

往察来,其中无疑包含着历史哲学的观念。

中国哲学在理解历史过程时,往往运用"势"和"理"这一类概念。柳宗元在考察封建制(有别于郡县制的分封制)起源的时候,便指出,"封建非圣人之意也,势也"①,封建制(分封制)的形成,并不是圣人个体意志的结果,而是历史大势使然。王夫之进一步从理论上对理势关系做了概括:"于势之必然处见理。""势既然而不得不然,则即此为理也。"②这里的"势"与"理"彼此相关,但二者并非完全重合、等同,相对于"理","势"涉及多重方面,"理"所体现的,主要是"势"之中包含的必然趋向,所谓"于势之必然处见理",强调的也正是这一点。从理势统一的角度去理解历史的过程,显然在更深的层面上体现了历史哲学的思想。

在注重历史过程的同时,中国哲学很早就开始讨论礼法关系,关注人的存在过程中社会秩序的生成及其条件。先秦诸子之间的重要论争之一就是礼法之辩。后来儒家有内圣外王之学,其中的外王之学更多地涉及政治实践及其原则等方面的问题。就此而言,礼法之辩、外王之学,以及与之相关的王道理想、德治主张,都与宽泛意义上的政治哲学相涉。同时,在中国哲学中,伦理的问题与政治实践始终紧密相关,孟子将孔子的仁道原则展开为仁政主张,便具体地展现了这一点。从以上方面看,与"人是什么"相关联的问题既涉及历史哲学,也关乎政治哲学。中国哲学对这些问题的讨论,经历了绵长的过程。

从哲学的规范性层面看,中国哲学很早就把"明道"和"行道"联系在一起。"明道"主要是对性与天道的追问,它与说明世界、解释世

---

① 柳宗元:《封建论》,《柳河东集》上册,上海古籍出版社,2008 年,第 44 页。
② 王夫之:《读四书大全说》卷九,《船山全书》第六册,第 992、990 页。

界有着更多的联系；"行道"则意味着把"性道之学"化为人的践行，由此来改变世界、造就人自身。明道和行道统一，隐含着对性道之学（智慧之思）规范意义的肯定和关注。《中庸》进一步提出"天命之谓性，率性之谓道，修道之谓教"，这里的"教"内在地蕴含引导、规范之意，"性"、"道"与"教"的以上关联，也从一个方面展现了"性道之学"的规范性之维。

以上趋向可以通过对儒道两家思想的考察，作一简要的说明。如所周知，儒家很早就提出了"成己"和"成物"的观念，"成己"意味着成就人自身，亦即按照儒家的价值原则、价值理想来改变人；"成物"则是成就世界，包括自然层面对天地万物的变革，与此相联系的是"赞天地之化育"、"制天命而用之"、化"天之天"为"人之天"，等等，这些观念都包含按照人的理想、价值理念去改变世界之意。同样，在社会领域中，儒家追求王道或外王的理想。王道的理想的推行，意味着在社会政治领域实现世界的变革，这也属于广义上对世界的改变。在如上的改变过程中，"性道之学"层面对世界的理解、对宇宙人生原理的把握（明道），进一步化为引导改变世界与改变人自身的实际践行（行道）。在这里，"性道之学"或中国哲学所具有的引导意义和规范意义，得到了自觉的体现。

从形式层面上看，道家讲自然无为，似乎不很重视实际践行。然而，事实上，道家在实质层面同样对实践过程给予多方面的关注，而并不是无条件的否定"为"。道家所说的"无为"，并非一无所为。在道家那里，"无为"往往被理解为特定的"为"，所谓"为无为"①，便是以"无为"的方式去"为"，而不是完全无所作为。什么是以"无为"的方式去"为"？这里的"无为"，可以理解为完全合乎道或与道为一，与

① 《老子·第三章》。

之相关的"为无为",则是以合乎道的方式去"为",后者即是道家所追求的"为"。这一意义上的"为"与"道法自然"的观念紧密相关,其中同样体现了对道的追问和理解(明道)与具体践行(行道)的一致性。在道家看来,道作为终极原理,同时构成了实践过程中应当遵循的普遍原则,"道法自然"意味着应当循道而行。不难注意到,道家对"性道之学"(哲学)所具有的规范意义,也在实质层面作了肯定,"性道之学"与行道过程,则相应地呈现相关性。

综合起来看,在不同于"技"、"器"层面的追问、以区别于器物之知的方式把握世界等方面,中国的"性道之学"与跨越知识界限的智慧之思具有一致的内涵。就此而言,中国性道之学显然是真正意义上的哲学。尽管在具体表述上,中国谈"性道之学",西方讲philosophy,但两者的实际指向则并无根本不同:"性道之学"与哲学,都是智慧之思,其实质的内涵彼此相通。从形式层面看,哲学离不开概念的运用,其中既关乎概念的构造,也包括概念的分析。同样,性道之学也涉及名言的生成和名言的辨析。魏晋时期进一步提出辨名析理,"析理"以性道为内容,"辨名"则关乎名言(概念)的分析,由此,"性道之学"与名言(概念)之间的关联得到了更自觉的肯定。在具体的论域方面,以康德所提到的问题而言,中国的性道之学同样在实质层面上包含着对相关领域和问题的思考。从哲学何为这一层面看,中国的"性道之学"对智慧之思所具有的规范意义和引导意义,也给予了自觉的关注。从以上方面看,中国的"性道之学"显然包含着哲学的内涵,属于实质意义上的哲学。

三

在明了中国哲学作为哲学的同时,需要关注另一些相关的问题。

首先是肯定哲学为智慧之思与确认智慧探索本身的多样性这两者之间的关系。如前面所论,哲学表现为对智慧的追问或以不同于知识的方式把握世界,这是其普遍的品格,无论"philosophy",抑或"性道之学",都具有以上特点。从具体展开过程看,智慧之思又表现为多样化、个性化的过程。历史地看,西方哲学的衍化经历了古希腊哲学、中世纪的经院哲学、近代大陆理性主义和英国经验论、德国思辨哲学、现代的分析哲学和现象学等发展形态,不同时期的哲学呈现出不同面貌,其论域的侧重之点、运用的概念也有历史层面的前后差异。就中国哲学而言,从先秦、两汉、魏晋、隋唐、宋元明清,到近现代,在不同的时期中,"性道之学"或哲学的发展也取得了不同的品格,具有多样的内涵和侧重之点。这样,一方面,中国哲学和西方哲学都以智慧的方式去理解、把握这一世界;另一方面,在历史发展过程的不同时期,二者又都呈现不同的特点。

不仅如此,在同一历史时期,不同哲学家的思与辨,也往往各有自身的特点。以古希腊而言,从前苏格拉底时期的巴门尼德、德谟克利特、毕达哥拉斯,到后来的柏拉图、亚里士多德,每一哲学系统都有自己的个性品格,其智慧探索的方式、侧重之点、理论立场,等等,也存在明显的差异。从中国古代哲学看,老子、孔子、墨子、孟子、庄子、荀子,其思想也面貌各异,有独特的个性。质言之,哲学之思一方面表现为智慧的探索,另一方面又展开为多样化、个性化的过程。

这种不同的形态和特点不仅仅体现于哲学发展的不同历史时期或同一时期不同的人物和学派,在宏观的层面,它也内在于不同的哲学传统。以中西哲学而言,如前所述,中国哲学与西方哲学都表现为以不同于分科之学或器物之知的方式把握世界,都涉及对世界和人自身的存在或性与天道的追问,但在具体的侧重上又呈现出不同的特点。从"性与天道"的追问看,比较而言,中国哲学也许更多地侧重于"性"或人的存在问题,西方哲学则相对地较为注重对"天道"、世界之"在"的追问。当然,必须强调,以上区分只具有相对意义:事实上,中西哲学都涉及"性与天道"、世界之"在"与人的存在。不过,在侧重点上,又确实可以看到二者所呈现的某些不同趋向。

从概念的运用看,中西哲学都关乎概念的构造和概念的分析。不过,比较而言,中国哲学固然既注重概念构造,也关注概念的辨析,但在概念的分析这一方面却显得相对薄弱。冯友兰曾区分形式的体系和实质的体系,从这一区分看,中国哲学更多地注重实质性的体系,而不是通过严密的、形式化的形态来展开自己的哲学系统。相对于此,西方哲学在比较早的时候就开始对形式的层面给予比较多的关注,与之相关的概念分析也显得更为细致。中西哲学的以上不同特点从一个方面解释了为什么中国哲学在很长的时期中不被视为真正意义上的哲学:从形式的层面看,中国哲学在概念的辨析、形式的系统方面,确实有别于西方哲学,这种差异在一定意义上构成了西方主流哲学家质疑中国哲学是否为哲学的原因之一。中国哲学在以上方面的相对薄弱,同时也为当代中国哲学为什么较为认同现象学提供了解释:相对于分析哲学,现象学更多地表现出对概念构造的注重,而在概念的分析这方面则未能给予同样的关注,在注重概念的构造、对概念辨析相对薄弱这一点上,中国哲学和现象学似乎呈现出某种相关性,从而,二者在理论上也容易相互趋近。

哲学同时具有规范性,在这方面,中国哲学和西方哲学也呈现相近的趋向:两者都肯定哲学或"性道之学"对成己与成物的引导意义。但是,在"成己"和"成物"这两个层面上,两者又有不同的侧重。比较而言,中国哲学可能更多地侧重于"成己",或者说,对"成己"过程作了更多的考察,西方哲学则对"成物"这方一面作了更系统的研究。当然,需要强调,这并不是说中国哲学完全忽略"成物",西方哲学纯然无视"成己",事实上,如前所述,成己与成物都构成了中西哲学的题中之义。不过,相对地看,两者在侧重点上又确乎呈现某种差异。

就中国哲学本身而言,在肯定"中国哲学为哲学"这一前提之下,中国哲学的研究应有适当的进路。承认"中国哲学是哲学",首先意味着应当对中国哲学中与"性道之学"相关的内容给予高度的重视。如前所述,"性道之学"表现为不同于器物之知的智慧之思,关注以往哲学系统中所内含的"性道之学",其实质的意义便是把握其中的哲学内涵。从哲学研究的角度看,需要避免前面提到的"还原"趋向,即把哲学还原为哲学史、把哲学史的研究还原为思想史的研究、把思想史的研究还原为学术史的研究:如此还原的理论后果,往往是中国哲学的虚无化,"以中释中"的主张,便多少表现出如上理论偏向。

从形式的层面看,需要对概念的生成或构造和概念的分析给予同样的关注。概念的生成或构造更多地与冯友兰所说的"接着说"相联系,其意义在于推进哲学的思考、形成新的哲学系统。如果没有概念的生成或构造,哲学就难以发展,新的形态便无从形成,因此,对概念的构造、生成要给予高度重视。前面已提及,新的哲学系统的形成、对相关问题理解的推进,往往是通过概念的生成或构造而实现的。哲学研究不仅要"照着讲",而且也需要"接着讲",后者即离不开概念的生成或构造。同时,中国哲学又需要关注概念的分析。概念的分析包括概念的辨析、概念的界定,对概念之间关系的把握、对所提出之观点的论证,以及对既成概念的批评性考察,等等。可以看到,这一层面的概念分析,是就广义而言,包括概念的辨析、观点的批判以及逻辑的论证。

在中国哲学的研究中,概念的生成或构造和概念的分析不能偏执一端。若只有概念的分析,而无概念的生成或构造,则往往将导致智慧的遗忘。在遗忘智慧的背景下,哲学每每容易成为某种技术性、形式化的空洞形态,其中难以获得活生生的智慧内涵,当代的分析哲学常常表现出这一偏向。反之,如果仅注意概念的构造,而忽视概念的辨析,则可能将哲学变为思辨、抽象、晦涩的系统,使之无法真实地把握世界,当代的现象学在某些方面似乎趋向于此。要而言之,在中国哲学的研究中,实质与形式难以相分:实质之维的智慧追寻,内在地要求在形式层面达到概念生成与概念分析的相互统一。

（原载《社会科学》2013 年第 8 期）

中国哲学：问题及其衍化

按其本义，哲学表现为对智慧的个性化、多样化探求。在中国哲学中，智慧之思具体展开于性与天道的追问，后者通过多样的问题而得到具体的展现。以中国古代哲学的历史发展为前提，现代中国哲学既从新的层面回到了智慧，又以新的形态延续了智慧的沉思。

一

中国哲学的历史演进包含着内在的思想脉络，把握以上脉络，则需要抓住一些基本的哲学问题，并由此深入地揭示不同的学派和人物如何通过各自的探索，层层推进对相关问题的理解。具体地说，可以从如下方面加以考虑。首先是个体性与普遍性、个体与整体的关系问题。在中国哲学的历史演进中,上述关系展开于不同的方面。从天道观或本体论、形而上的层面来说,这里涉及殊相和共相、个别和一般等关系。道家从《老子》开始就讲道和德的统一,所谓"尊道贵德","道生之、德蓄之",等等,都表现了这一点。儒家则很早就关注个体与群体的互动,宋明时期的儒学进一步提出"理一分殊",其中也涉及个体和整体、殊相和共相的关系问题。在道家关于"道"和"德"关系的讨论中,内在地隐含着对统一性原理与个体性原理的某种沟通。当《老子》强调"尊道而贵德"时,便已明确地表明了这一立场:"道"表现为存在的统一根据,"德"相对于"道"则更多地呈现为特殊的规定,"尊道"意味着由现象之域走向存在的终极根据,"贵德"则蕴含着对个体的关注;在"尊道贵德"之后,是对统一性原理与个体性原理的双重确认。以上问题在儒家的"理一分殊"说中也得到了体现。作为一个哲学命题,"理一分殊"有其复杂的内涵,它最早出自程颐,所谓"《西铭》明理一分殊,墨氏则二本而无分"①。这一语境中的"理一分殊"主要与道德原则及其作用方式相联系。朱熹对此作了引申,使这一命题同时具有本体论的意义。在解释太极与万物的关系时,朱熹指出:"二气五行,天之所以赋授万物而生之者也。自其末以缘本,则五行之异,本二气之实,二气之实,又本一理之极。是合万物而言之,为一太极而已也。自其本而之末,则一理之实,而万物分之以为体。故万物之中,各有一太极,而小大之物,莫不各有一定之分也。"②太极是理的终极形态(所谓"一理之极"),由经验对象(末)追溯存在的本原,则万物源于五行,五行产生于阴阳二气,二气又本于

---

① 程颢、程颐:《二程集》第一册,中华书局,1981 年,第 609 页。

② 朱熹:《通书注·理性命》,《朱子全书》第十三册,上海古籍出版社、安徽教育出版社,2010 年,第 117 页。

太极,故太极为万物的最终本源;自终极的存在向经验领域下推,则太极又散现于经验对象。在这里,"理一"意味着理为万物之本,"分殊"则表明理在多样的事物之中规定着特定的对象,二者从不同方面体现了理的普遍制约。在中国哲学中,一些哲学家比较注重统一、整体的一面,一些哲学家对个体更为关注,另一些哲学家则试图扬弃两者之间的张力。在这一过程中,对个体与整体、个别与一般关系的理解也逐渐趋于深化。

从人道观来说,个体和整体的关系涉及己和群、自我和社会等问题。这些问题的讨论既指向历史观,也关联认识论。需要注意的是,中国古典哲学的理论表述并不像以往一些流行之论所理解的那样,似乎知识论、伦理学、逻辑学、自然观等都界限分明。就现实的形态而言,在中国哲学中,以上问题并非截然相分。以人道观中关于个体和群体关系的讨论而言,其中便既内含人生观、伦理学的问题,也关乎历史观的问题。我们在具体地把握时,需要注意中国哲学已有的概念、命题中所包含的多方面涵义:它们往往并非仅仅涉及某一领域(如认识论或本体论等)。事实上,更多情况下,这些问题往往交错在一起。当然,充分把握这一特点,并非易事。总之,一方面,要揭示中国哲学中不同概念、命题背后所隐含的哲学涵义,不能笼统、混沌地只是用现代汉语来复述这些概念;但另一方面,又不应忽视中国哲学讨论这些问题的特殊性、复杂性,避免用简单切割的方式来处理。

作为中国哲学的重要学派,儒家不仅在人道观的领域确认群与己的统一,而且也从人格培养的角度具体地涉及以上问题:孔子所谓"志于道,据于德",便肯定了人格培养中普遍的理想(道)与个体的内在根据(德)之间的统一。进而言之,中国哲学中个体和整体的关系也体现于名实关系之中,如名学对所谓"别名"与"共名"的区分,便关乎以上关系。可以看到,个体与整体的关系这一类问题不仅在不同学派中各有体现,而且其问题的内涵也有多样维度。对个体与整体、个别与一般关系的讨论,具有重要的哲学意义,这一点在中国现代哲学中同样得到了某种确认。广而言之,在西方哲学中,从古希腊开始,共相与殊相的关系便受到了各种关注。柏拉图以普遍的理念为真实的存在,强调的是共相,亚里士多德以第一实体为最基本的存在,而第一实体便表现为个体。这种不同的侧重之后,便是对个体与整体关系的不同理解。后来欧洲中世纪的唯名论与唯实论之争、近代哲学中经验论与唯理论之辩,都在不同意义上延续了以上问题的讨论。中国古代哲学对技与道、器与道以及群与己等关系的讨论,既折射了哲学的普遍问题,也展示了自身对问题思考的特点。

中国哲学所展开的第二个基本的问题,是理性和非理性的关系。这里不谈理性与感性而讲理性与非理性,是为了更具体地展现中国哲学的特点。非理性既包括感性,也涉及情、意、直觉、想象等方面,中国哲学中如道家、禅宗对直觉便非常关注,这些现象显然不是理性和感性的概念所能涵盖的,而是涉及更广意义上理性和非理性的关系。从总体上看,在对道的追求中,理性和非理性往往错综复杂地交织在一起,这里既有理性与感性之辨,也有理性与直觉、想象、意志等规定的互动。

上述问题的体现形式同样是多方面的。在考察如何知物、如何明道时,中国哲学史上的一些哲学家比较注重其中的理性方面,一些哲学家相对侧重于感性的方面,孔、墨的分野便比较明显地体现了这一点。另一些哲学家往往对非理性中的直觉更为关注,如《老子》提出"为道日损",认为惟有将已有的知识经验加以消解,才能把握道,而与之相关的把握存在的方式具体表现为"静观玄览",其涵义与直觉有更多的联系。

在人格培养和伦理学领域中也涉及以上问题。中国哲学肯定情和意,但亦非无视理性。以儒学而言,在理解道德实践和人格时,儒学中的一些人物一方面注重道德行为与人格培养中"恻隐之心"等情感的作用,后者即属狭义理性(认知层面的理性)之外的方面,另一方面又关注义、礼的引导,后者则涉及价值层面的理性规范,它赋予行为以自觉的性质。孟子一方面讲"大体"、重"心之官",另一方面又以"恻隐之心"等情感为仁之"端"。"心之官"更多地与"大体"相联系,体现了理性的规定,"恻隐"、"羞恶"则都与情感相关,其中涉及伦理行为的动因、道德品格的培养等问题。以上问题往往并非仅仅限定于某一个方面,而其中的理性则相应地涉及不同层面。从现代哲学的视域看,围绕这些问题而展开的讨论常常关乎不同的哲学领域,如认识论、伦理学、本体论,等等,而理性与非理性(情意等)的关系则每每交错于其中。

理性和非理性的关系同时关联着对人自身的理解。对人的理解,与"何为人"这一问题相联系,后者也涉及多重哲学领域。作为具体的存在,人之为人的主要规定是什么? 在中国哲学的一些学派和人物那里,理性的规定被看作是人之为人的最主要方面。前述儒家的"人禽之辩",便将伦理理性(仁、义等)看作是人的本质属性。另一些哲学流派,如墨家,则将人的耳目之官、感性的规定,放在更为重要的地位。可以看到,各家各派对人的理解往往存在不同偏向,而到了一定的历史阶段,在一些哲学家那里,则试图扬弃对人的单向度理解,克服理性和非理性的对峙,从一定的层面确认理性和感性、理性和非理性在人之中的统一。明清之际的王夫之,便多少表现了如上意向。

可以看到,理性和非理性的关系体现于知物与知人的过程,便展开为大体和小体、心之官和耳目之官等问题的辨析;体现于道德领域,则关涉人格的培养和完善的道德行为,其中也涉及理性和情意之间的关系：在人格培养中，仅仅用理性说教的方式去进行外在灌输，还是同时"动之以情"，通过情感沟通等方式加以引导；从行为方式看，仅仅是服从、遵循外在之礼或普遍之理，还是同时也注重个体的内在意愿，等等。

中国哲学所涉及的第三个基本方面，是相对和绝对的关系。冯契先生在他的《中国古代哲学的逻辑发展》中也将其作为一个重要的方面。相对和绝对的关系既展开于对世界的认识，也体现于人的实践过程，从能知与所知的关系看，注重绝对性的哲学家往往以独断论或绝对主义为其立场；而注重相对性的哲学家则常常会表现出某种怀疑论、相对主义的倾向，二者的论辩相应地首先表现为怀疑论、相对主义和独断论之间的区分。在人的实践过程中，这些问题也每每得到不同层面的体现。儒家很早就讨论"经"和"权"的关系。"经"和"权"之辩背后所蕴含的就是相对和绝对的关系问题。"权"意味着承诺和容忍行为准则、价值原则的相对性，肯定不同的时间、地点、条件对人的行为的制约，并相应地注重对具体情景的分析，而"经"则更多地突出原则的绝对性。

从总的方面看，可以从以上诸种问题，来考察中国哲学的不同学派、人物、思潮在中国哲学衍化过程中各自呈现的意义，具体分析不同的理论侧重如何使之成为哲学史衍化的不同环节，而它们本身又是怎样被扬弃和克服的。如此，具有内在脉络的衍化过程就可能被揭示出来。如果忽略这些基本环节，往往就会流于对个案的琐碎描述和材料罗列。

除了具有普遍意义的哲学问题之外，中国哲学史还包含一些具体的论题，诸如"天人之辩"、"礼法之辩"、"王霸之辩"、"名实之辩"、"有无之辩"、"形神之辩"、"力命之辩"、"心物、知行之辩"、"道器、理气之辩"，以及"博学"和"坐忘"、"性"和"习"、"道问学"和"尊德性"等关系的论辩。这些具体问题与上述哲学基本论题相互关联,可以看作是一般的哲学问题在中国哲学中的具体体现,在从普遍的视域和层面考察中国哲学史时,需要特别关注这些体现中国哲学独特品格的论题。

这里同样也有双重维度:一方面要注重中国哲学所特有的诸种概念、命题,另一方面应进一步揭示这些命题、概念之后隐含的哲学内涵,二者都非常重要。中国哲学独特的哲学论题背后究竟包含怎样的哲学意义?对此显然需要进行恰当的分析,如果缺乏关于以上问题的深入而实质的讨论,便常常容易导向有历史而无哲学。但同时,也不能忽视一般的哲学问题在中国哲学史中的具体表现形态,否则将导致有哲学而无历史。总之,哲学史的研究既要提供有历史的哲学,又应再现哲学的历史。

综合起来,一方面,要关注中国哲学的独特性,包括中国哲学史上的哲学家对问题的提法、表达问题的形式、讨论问题时所运用的概念、术语所具有的特点,等等。如果不充分地注意这些独特性,就容易把中国哲学史变成冠以中国哲学之名的西方哲学史。另一方面,则应深入地揭示中国特有的表述方式、概念、命题系统背后所隐含的哲学意义。就后一方面而言,在具体分析中无疑需要运用诸如本体论、认识论、逻辑学、伦理学、历史观、历史哲学这样一些哲学理论、哲学范畴。以为一旦运用这些哲学理论、哲学范畴就意味着把中国哲学西方化,显然未能把握问题的实质。这里重要的是分析是否确切,而不是要不要进行上述方面的分析。如果仅仅满足于思想材料的罗列,便无法展现具有时代意义的中国哲学史。

二

步入近代以后,中国哲学的形态出现了重要的转换。中国近代哲学和中国古代哲学在讨论问题的内容、风格以及形态上既有历史的承继性，又呈现出多方面的差异。秦汉以降，中国古代哲学衍化的社会背景基本上处于相对稳定的形态，这一特点也体现于中国古代哲学。近代以后，时代发生了剧烈的变化，这种变化同样也折射于中国近代哲学之上。

考察中国近代哲学，需要充分注意它与古代哲学的不同特点。冯契先生在著述中国古代哲学与中国近代哲学时，曾分别以《中国古代哲学的逻辑发展》与《中国近代哲学的革命进程》为题，"逻辑发展"和"革命进程"便反映了两个时代的不同特征。从中国近代哲学发展的背景看，应关注两个方面，一个方面涉及观念，这一层面主要与"西学东渐"相联系，后者对中国近代哲学的内容与形式都产生了实质性的影响，可以说，西学东渐和中西哲学间的互动构成了考察中国近代哲学的重要前提。第二个方面关乎社会的变迁。关于近代社会的变迁，有诸如"三千年未有之大变局"之类的表述，这也从一方面反映了近代时期社会变化的剧烈。近代社会变迁的历史内容表现为从前近代或前现代不断地走向近代或现代。这种变迁本身又包括器物、制度、观念等不同层面。相应于"师夷之长技以制夷"的是器物层面的变化，变法、维新所追求的是制度层面的变化，与价值观、世界观以及社会历史观相联系的则是观念层面的变化。在近代和现代社会的历史演进中，这些变化的脉络可以从不同的方面加以把握。

从哲学本身看，需要进一步注意两个方面。首先，从内容上说，如前所述，冯契先生曾以"革命进程"概括中国近代哲学的衍化，所谓"革命进程"，可以从哲学考察方式、问题的转换以及哲学内容的变革等角度去理解。近代以来，哲学考察方式、哲学问题的转换和哲学内容的变革是显而易见的。以"天道观"而言，传统哲学对世界的理解更多地带有思辨性、直观性，相对而言，近代哲学对世界的理解则更多地与实证科学的认识成果相关联,尽管其中不乏牵强附会之处,而且其所理解的科学与真正意义上的实证科学往往也有距离(如19世纪末、20世纪初,中国哲学家常常还运用"以太"等概念,并以此来解释传统哲学的某些观念),然而,对实证科学的关注,毕竟使其哲学具有了某种近代形式。在人道观上,关于个体和社会的关系,近代哲学对个体权利每每给予了具体的肯定,对人格的多样化也表现出较多的注重,其中蕴含着从单一的"成圣"到成就多样的平民化人格等思想变迁,这些方面都从不同角度体现了哲学内容的变革。

其次,从形态上看,中国近代哲学表现为不断走向近代和现代,亦即由古典形态转换为近代和现代的形态。对于这种内在趋向,我们也可以从两个方面加以分析。一是形式的方面,在这一层面,以上变化更多地表现为从注重实质体系向同时关注形式体系的转化。在"五四"之后的那些专业哲学家那里,这一点表现得十分明显。冯友兰曾区分了"实质的体系"和"形式的体系"。实质的体系固然也有一个核心观念(或宗旨),但这种核心观念(或宗旨)并不是通过形式化的方式来展开,中国古代哲学的不同系统,主要便表现为这样一种实质的体系。到了近代,很多哲学家已经注重从形式方面来展开其哲学体系,如前所述,五四以后的专业哲学家便对此做了自觉的努力,在冯友兰、金岳霖等哲学家那里即不难看到这一点。与此相关的是注重逻辑分析。从总体上看,中国传统哲学对形式逻辑往往注意不够,体现在哲学上,便是在逻辑分析方面显得相对薄弱。从实质体系到形式体系的转换以及注重逻辑分析是相互联系的,它们从形式方面体现了中国哲学走向现代的具体特点。第二个层面体现于哲学问题的讨论和哲学领域的分化。中国古代是在天道观、人道观这一类总的概念、范畴之下讨论对世界的认识和对人自身的认识。这里当然也涉及本体论、伦理学、认识论、逻辑学等问题,但这些问题的讨论都是在广义上的天道观、人道观和对道的追问等视域之下展开的。到了近代以后,哲学的领域、讨论的问题开始渐渐分化。以传统的天道观而言,其近代形态便开始与本体论、宇宙论相关联;人道观则具体地展开为伦理学、历史哲学、政治哲学等论域;传统意义上的知行之辩,开始走向现代意义上的认识论,名实之辩则转换为现代意义上的逻辑学,如此等等。哲学论域的不断分化和哲学逐渐走向现代形态,在中国近代往往呈交错的形态。要而言之,在中国古代哲学中,多样的哲学问题常常涵盖、凝结在道的追求这一总体形态之下,到了近代以后,这些问题的讨论开始以现代的方式,展开于不同的领域。

从总的发展过程看,中国哲学的智慧追寻发端于先秦,在现代哲学中发展到一个新的阶段。以冯契先生的"智慧说"而言,作为现代中国哲学的系统,"智慧说"在形式和实质上都上承了中国哲学的智慧历程,并从一个侧面表现了中国哲学在智慧之思上的绵绵相继。从更广的意义说,中国现代哲学与中国古代哲学存在着历史的联系,现代中国哲学既从新的层面上回到了智慧,又以新的形态延续了智慧的沉思。通过回溯中国哲学的智慧历程,我们既可以看到中国古代哲学与中国现代哲学展现为一个统一的过程,又不难注意到其中的逻辑脉络和时代变迁。

(原载《哲学分析》2010 年创刊号,收入本书时,作了若干删节)

认同与承认

一般而言,研究的范式和研究的对象总是相互关联,对象的存在形态,同时规定了我们用什么方式去把握这个对象。从中国哲学的研究看,在讨论用什么方式来把握中国哲学这个问题的同时,对中国哲学本身的存在形态需要有一个大致的理解。在宽泛的层面上,我们也许可以从"形式"和"实质"两个维度来理解中国哲学的特点。从形式的方面看,中国哲学表现为既成形态和生成过程的统一。作为历史中的对象,中国哲学无疑已经取得了既成的形态,现在所讨论的哲学史对象(从先秦到近代的各种学派、学说、体系等),都已在历史上完成,在此意义上,它们确乎表现为既成的形态。但另一方面,这种形态同时又处于一个生成的过程,其内涵在历史的衍化中往往不断深化、扩展。

这一过程在近代并没有终结,今天的中国哲学也可以说在延续着这个过程。质言之,既成性和生成过程的统一,构成了中国哲学历史特点。

从更实质的层面来说,这里又涉及哲学的历史与哲学的理论之间的关系。作为既成的、已经完成的形态,中国哲学同时也获得了历史的品格。但另一方面,与它的生成性特征相关联,中国哲学也包含自身的理论内涵。事实上,中国哲学史中的各种学说、体系在成为历史中既成的对象之前,首先表现为一定历史时期哲学家们理论探索的产物。换言之,它首先是理论形态,然后才成为历史中的对象,并获得历史品格。按其本来形态,何为中国哲学与如何研究中国哲学这两个问题总是彼此相关,这种相关性在逻辑上即基于中国哲学的历史形态和它的理论内涵之间的内在联系。中国哲学的以上特点,决定了我们在研究、把握中国哲学的时候,既需要历史的视界,也需要理论的视域。

自中国哲学取得现代的学科形态后,在胡适、冯友兰等对中国哲学的梳理、阐释中,都可以看到历史与理论两重视野的交错、渗入。当然,对具体的哲学家、哲学史家来说,其研究的进路可以有所侧重,有的也许偏重于历史的视角,有的则可能着重于理论内涵的探讨。但在总体上,似乎难以把两者截然分开:在中国哲学的研究中,我们需要的是"有历史的哲学"和"有哲学的历史"。

以上理解的前提,是以中国哲学为"哲学"。从逻辑的角度看,在把中国哲学理解为一种哲学之前,似乎可以进一步追问:中国哲学究竟是不是哲学? 如果是,又是何种形态的哲学? 这样的追问,事实上涉及承认问题。"承认"之所以会成为问题,与中国哲学所面临的现实状况,包括世界范围之内主流哲学形态对中国哲学的理解相关联。如前所述,黑格尔在他的《哲学史讲演录》中已经提到中国哲学,但是他对中国哲学的评价并不很高。对中国哲学的这种理解,现在依然得到了某种延续,对于主流的西方哲学系统来说,中国哲学仍然没有进入他们的视野:他们并不认为中国哲学是"哲学"这个共同体中的成员。

"承认"之成为问题,从根本上说涉及对哲学的理解:哲学究竟是什么?怎么样的观念系统才算是哲学?哲学除了共同的品格之外是不是还可以具有多样的、特殊的表现形态?对于西方哲学的主流来说,他们所承认的哲学似乎就是一种单一的形态,那就是西方自古希腊以来、在历史衍化中逐渐取得现代形式的哲学。除此之外,像中国哲学这样的系统,就不能归入他们所理解的"哲学"之列。对哲学的这种理解显然有其片面性。关于哲学,当然可以有不同的理解,也可以给出不同的界说,事实上,到现在为止,在"哲学究竟是什么"依然还是一个见智见仁的问题,具有不同哲学背景的哲学家对哲学往往有自己的理解。但是,一般或宽泛意义上的共识,仍可以达到。如前面一再提到的,作为不同于知识的思想形态,哲学首先表现为智慧的追求,在智慧之思这一层面,哲学无疑体现了其共性或普遍的品格:不管什么样的哲学形态,都可以看到它不同于经验知识的特征,在最宽泛的层面上,我们可以将其理解为与知识形态不同的智慧追求或智慧之思。

在确认哲学的以上品格之后,进一步的问题是:智慧之思是不是可以通过多样的形式呈现出来?从现实形态来看,对这个问题无疑应该给予肯定的回答。哲学既具有共通、一般的品格,同时也呈现多样、多元的特点,具有个性化的形态。事实上,即使西方哲学,在其发展与衍化的过程中,也展现出多样性:无论就流派而言,抑或从历史时期看,西方哲学的不同系统都显现了各自的特点。前文已提到,中国哲学很早就区分了为学与为道,为学涉及经验领域的对象,为道则以性与天道为指向,后者属于广义的智慧之域。作为关于性与天道的智慧之思,中国哲学无疑也应理解为哲学的一种独特形态。

广而言之,智慧之思或哲学样式的多样性和差异性,往往体现于形式与实质等方面。从哲学的形态看,尽管在侧重点上,中国哲学与西方哲学确乎有不同特点,但正如侧重某一方面并不意味着排斥另一方面一样,不能因为侧重的不同而完全否定其中某种形态为哲学。在肯定中国哲学在智慧之思上的独特趋向的同时,没有理由不承认它的哲学品格。

与"承认"相关的另一个问题是"认同"。认同的问题之所以发生,与近年中国哲学界本身的学术倾向相关。进入 21 世纪以后,随着经济、政治等方面的发展,中国学界中本土意识的滋长,已变得越来越引人瞩目。在这一背景之下,中国哲学到底是不是哲学便在另一重意义上成为问题。对具有较强本土意识者而言,中国的学问应该用中国的概念来解释,中国以往的思想、学问、学术能不能纳入"哲学"的范畴,本身可以提出疑问。这一问题背后的逻辑前提是:"哲学"这一概念来自西方,"哲学"形态也源自西方。既然"哲学"发端于西方,则中国哲学一旦被归入"哲学",便意味着把中国"哲学"西方化了。这里无疑涉及认同的问题。对认同的以上的质疑看上去似乎与前面提到的承认截然相反,但两极相联。承认,是以西方哲学为唯一范式而发生的问题,认同,则是本土意识的提升和强化之后形成的问题,尽管立场不同,但二者又有相通之处,这种相通性具体便表现为对"中国哲学是否可以视为哲学"这一问题的质疑。

如果说,承认涉及哲学形态的多样性,那么,认同则更多地关乎哲学的普遍性。中国哲学尽管以"性道之学"这种独特的形态呈现,但是就其从智慧的层面追问世界、追问人自身存在的意义而言,它无疑又归属于"哲学"这种把握世界的方式。以认识世界而言,虽然中国哲学没有运用"主体"、"客体"这样的概念,但关于能、所关系的讨论,显然亦具有认识论的意义。能、所关系与"主体"、"客体"尽管不能简单对应,但前者所内含的认识论意义,与后者并非毫不相关。这一事实从一个方面表明,中国哲学之中包含着具有普遍意义的哲学内容,从而既无必要、也不应该将其完全隔绝于"哲学"的形态之外。片面地用某种本土意识把中国哲学与"哲学"这一形态分离开来,既显得过于狭隘,也无法真切地把握中国哲学的内涵。按其实质,所谓"认同",也就是肯定中国哲学中包含作为"哲学"的普遍内涵,而非自我划界、自我悬置、自我隔绝,使中国哲学游离于哲学这一共同体之外。与"认同"相联系,需要将中国哲学所内含的哲学意蕴,以现代的学术形式展示出来,使之成为在世界哲学的视域中可以理解、讨论、批评的对象,并进一步参与世界哲学的建构。

与认同和承认的统一相应,一方面,需要充分地肯定每一种哲学形态的个性特征,承认的背后,是对个体性、特殊性的确认:承认的实质就是尊重多样性。在考察中国哲学时,需要特别关注其中问题的具体内涵、表达问题的特定形式、讨论问题时所运用的名言和概念所具有的独特意义和意味,等等。这一层面的"承认",既意味着肯定哲学可以取得多样的形态,也意味着充分地注意以上的独特性。另一方面,不能忽视中国哲学作为一种哲学形态所内含的普遍意义,认同的背后,是对普遍性的确认:认同的实质,便是自觉地意识到并充分地肯定中国哲学所具有的普遍理论意义。在探讨、研究中国哲学的时候,既要充分注意它的个性品格和特殊形态,又应对中国哲学中具有普遍意义的理论内涵给予高度的重视。

承认与认同的统一,并不仅仅是考察以往哲学的视域。如前所述,中国哲学既是一种历史的形态,又处于历史的生成过程之中,这一过程今天依然在延续,它具体地表现为中国哲学在当代的建构与发展。以中西哲学的互动为背景,中国哲学的这种建构与发展,同时具有世界哲学的意义,后者意味着超越单一或封闭的传统、运用人类在不同文化背景下所形成的多样智慧资源,进一步推进对世界的理解和哲学思考本身的深化。随着中西哲学的相遇,不同传统中形成的观念、思想的相互激荡、彼此影响逐渐成为可能。就认同的层面而言,哲学沉思的对象以及面临的问题往往有相通之处,但从承认之维看,思考与解决哲学问题的进路、方式又可以表现出不同的特点。通过相互碰撞、对话与沟通,无疑可以使哲学的思考获得多方面的资源,并进一步深化对世界的理解和把握。

哲学按其本义表现为对智慧的个性化、多样化的探求。以承认与认同的统一为进路,历史的反思与理论的沉思、世界哲学的视域与个性化的探索、普遍的问题与多元的智慧在中国哲学的当代延续中呈现不断互动的形态。这种互动将既赋予中国哲学以世界性的意义,又使之具有独特的个性品格。

(原载《文史哲》2010 年第 1 期)

道与中国哲学

作为中国哲学的核心范畴，"道"既指天道，也包含人道。相对于"技"，"道"超越了经验之域而表现为形上的智慧，与之相应，由"技"而进于"道"不仅表明超越界限、达到对真实世界的整体理解，而且意味着从知识走向智慧。对真实世界的整体理解，同时表现为一个"以道观之"的过程，后者旨在以统一之道为视域，扬弃、克服各种片面性，不断达到道的智慧。对中国哲学而言，"道"所内含的诸种意义唯有通过人自身的知、行过程才能呈现出来。"道"与人的关联，具体又展开为实践的智慧。以"志于道"为形式，"道"进一步涉及人自身的成长和发展问题，后者所指向的，则是人格的培养和完善。

一

历史地看,不同的哲学传统总是包含某些基本或核心的概念。以西方哲学而言,如果追本溯源、从古希腊说起,常常便会提到那个时代的核心概念,即逻各斯(logos)。当代一些西方哲学和西方文化的自我批判者(如后现代主义),每每把所谓"逻各斯中心主义"视为西方哲学和文化的基本传统。从这种批评中,也可看到逻各斯在整个西方哲学和文化中所具有的独特地位。同样,中国的哲学传统中也有其核心的观念,后者在"道"那里得到了具体的体现。"道"的原始涵义涉及道路,从《诗经》中便不难看到这一点:"周道如砥,其直如矢,君子所履,小人所视。"[①]"行道迟迟,载渴载饥。我心伤悲,莫知我哀。"[②]这里的"道"便指道路。道路作为人之所履,既可以通达四方,又坚实而有根基,道路所具有的这些特点,为其进一步提升、泛化为涵盖宇宙人生的一般原理提供了可能,而在中国哲学的演进中,"道"确乎被逐渐赋予以上的普遍内涵。作为宇宙人生的普遍原理,"道"一方面被用以解释、说明世界之中各种不同的现象,后者既包括天地万物,也涉及社会领域;另一方面又被视为存在的终极根据:千差万别的各种事物,其最终根源往往都被追溯到"道"。

在中国哲学中,"道"具体又展开为"天道"和"人道"。天道更多地与自然、宇宙相联系,其涵义在中国古代最早的经典之一《周易》中已得到某种阐述:"形而上者谓之道,形而下者谓之器。"[③]这里的"形

① 《诗·谷风之什·大东》。
② 《诗·鹿鸣之什·采薇》。
③ 《周易·系辞上》。

而上"，首先区别于我们在经验世界中所看到的千差万别的现象。相对于多样的现象，道作为形而上者体现了存在的统一性：以道为存在的终极原理，千差万别、无限多样的事物和现象扬弃了彼此的分离而呈现了内在的关联。就此而言，天道以统一性为其题中之义。

《周易》中关于道的另一重要观念是"一阴一阳之谓道"①。所谓"一阴一阳"，主要指"阴"和"阳"两种对立力量之间的相互作用，"一阴一阳之谓道"所涉及的，不外乎世界的变迁、衍化。作为现实的存在，世界不仅千差万别，而且处于流变过程之中，这种变化过程可以通过什么来把握？其中是否存在内在的法则？"一阴一阳之谓道"，可以看作是对以上问题的解释。

这样，一方面，千差万别、无限多样的世界以道作为其根据和统一的本源，另一方面，世界的变化、发展又以道为其普遍的法则。质言之，道既被视为世界统一的本原，又被理解为世界发展的法则，在道的观念之下，整个世界已非杂乱无章、无序变迁，而是表现为一种有序的形态。从"多"和"一"的关系来看，多样的事物（万物），最后可以统一于作为"一"的道；从事物的变动来看，其衍化过程又有理可循，而非杂而无序。要而言之，天道的以上涵义表明，天地、宇宙有内在秩序，而道就是这种秩序最深沉的体现。

除天道之外，道又指人道。人道在宽泛意义与人以及人的活动、人的社会组织等相关联，表现为社会活动、历史变迁中的一般原理，所谓"立人之道，曰仁与义"②，便从一个方面表现了这一点。王夫之对此作了更具体的阐述，在谈到社会演化的历史特点时，他指出："洪荒无揖让之道，唐虞无吊伐之道，汉唐无今日之道，则今日无他年之

---

① 《周易·系辞上》。
② 《周易·说卦》。

道者多矣。"①这里的道,便是人之道,亦即社会领域中的"道"。人道意义上的"道",首先涉及广义的社会理想、文化理想、政治理想、道德理想,等等,它同时也被理解为体现于社会文化、政治、道德等各个方面的价值原则。"道"的以上涵义,在古代哲学家的具体论述中得到了多方面的阐释。儒家哲学的奠基人孔子曾提出"君子谋道不谋食","君子忧道不忧贫"。② 这里的"谋道",便涉及对"道"的追求,"忧道"则表现为对"道"的关切,作为追求、关切的对象,"道"即以广义的社会理想、文化理想、道德理想等为内涵。孔子又说,"道不同,不相为谋"③,其中的"道",同样也是指广义的社会文化理想或政治道德理想。价值理想不同、价值追求相异,便往往缺乏共同语言,彼此之间也很难相互交往和沟通,这即是"道不同不相为谋"所表达的意思。孔子关于道的另一个重要观念是"人能弘道,非道弘人"④。所谓"弘道",是指人能够使广义上的社会政治、文化理想得到实现,这里的道同样也以价值理想为内容,体现在社会文化、政治、道德等各个方面。

"人道"意义上的"道",同时表现为一种规范系统。规范有两重作用:从正面看,它告诉人们什么可以做、应当如何做,简言之,引导人们去做应该做之事;从反面说,它则告诉人们什么不可以做,亦即对人们的行为加以约束或限制。作为人道,"道"的涵义,往往体现于这种规范系统之上。道的以上涵义与道的原始涵义相互联系:如前所述,道的原始涵义之一是道路,道路总是通向某处,引申而言,"道"

---

① 王夫之:《周易外传》卷五,《船山全书》第一册,岳麓书社,1988 年,第 1028 页。

② 《论语·卫灵公》。

③ 《论语·卫灵公》

④ 《论语·卫灵公》

意味着将人引往某一方向或引导人们达到某一目标。道所蕴含的这种引导性内涵经过提升以后,进一步获得了规范的意义。中国哲学一再将礼、法与道联系起来:"法出于礼,礼出于治。治礼,道也。"①"规矩者,方圆之至;礼者,人道之极也。"②"法者,天下之至道也。"③礼既表现为政治领域的体制,又展开为规范系统,礼之于人,犹如规矩之于方圆。规矩为方圆提供了准则,礼则为人的行为提供了普遍的规范。同样,法也对何者可为、何者不可为作出了具体规定,从而表现为一套规范系统。当然,相对于礼,法作为规范更具有强制性。对中国哲学而言,礼与法尽管有不同的特点,但都是道的体现,所谓"礼者,人道之极也","法者,天下之至道也",便从不同方面肯定了这一点。

　　孟子曾指出:"得道者多助,失道者寡助。"④这里的"道"同样包含价值原则、规范之意。规范的作用之一是提供评价行为的准则:行为如果合乎一定的规范,便被理解为正当之举,不合乎一定规范,则被赋予不正当的性质。所谓"得道多助",意味着行为合乎普遍的价值原则或规范,具有正当性,从而,能够得到人们的支持。反之,如果行为不合乎这种原则或规范,则往往缺乏正当性,从而难以得到人们的认可。

　　中国哲学的其他一些学派,也对道的规范性予以多重关注。黄老之学讲"道生法",即视道为终极性的根据,并将其理解为"法"所由形成的本源。这里不仅表现了对作为终极存在的道的确认,而且将其理解为规范性之源。法家同样对道相当重视。韩非提出"缘道

---

① 《管子·枢言》。
② 《荀子·礼论》。
③ 《管子·任法》。
④ 《孟子·公孙丑下》。

理”，并对“道”和“理”做了区分：相对于“理”而言，“道”是一种更为普遍、更为本原的法则。对道的依循（缘），则从另一方面突出了道的规范意义。

在道的二重形态（天道与人道）中，天道作为宇宙、自然的法则，属“必然”，人道作为社会之域的理想、规范，则表现为“当然”。从“必然”和“当然”的关系看，道既涉及“世界是什么”、“世界如何存在”，又关乎“人应当做什么”、“应当如何做”。从天道的视域看，这个世界既是多样性的统一，又处于变化的过程中，而天道本身便表现为世界的统一性原理与世界的发展原理。在人道的层面，问题则涉及人自身以及人所处的社会应当如何“在”。可以看到，以道为视域，世界“是什么”和人应当“做什么”、世界“怎么样”与人应当“如何做”等问题，内在地关联在一起。

二

按照中国哲学的理解，道作为天道与人道的统一，既不同于特定的事物，也有别于具体的知识技能。如前所述，关于道与具体知识技能的区别，庄子在“庖丁解牛”的著名寓言中已有所涉及。庖丁解牛的主要特点，在于已由“技”提升为“道”。“技”和“道”区分的内在涵义在于：仅仅限定于知识性、技术性的特殊规定，还是对事物作整体性、全面的理解，与之相关的“技进于道”，意味着从对世界的经验性、技术性了解，提升到对世界整体性的把握。

同样，在儒家那里也可以看到类似的区分。前面已提到，儒家肯定“形而上者谓之道，形而下者谓之器”，其中便包含“道”和“器”的分别。“道”作为形而上者，体现了整体性、全面性；“器”相对于道而言，则主要是指一个一个特定的对象、具体的事物。区分道与器的内在旨趣,在于扬弃"器"的限定性、由"器"走向"道"。"器"作为特定之物,总是彼此各有界限,从而,在"器"的层面,世界更多地呈现为分离的形态,停留于此,往往将限定于分离的存在形态之上。由"器"走向"道",意味着越出事物之间的界限,达到对宇宙万物完整、统一的理解。在谈到道与万物的关系时,荀子对此作了阐述:

> 万物为道一偏,一物为万物一偏。愚者为一物一偏而自以为知道,无知也。①

"物"属"器",所谓"一偏",也就是一种规定、一个片面。相对于"一物","万物"似乎呈现其多样性,但从道的维度看,"万物"本身也只是"一偏"。通过"万物"与"道"的这种比较,荀子更具体地突显了道的整体性、统一性品格。特定的对象和事物之间往往各有界限,是此物就非彼物。仅仅停留在这一层面,便难以达到对世界的真实把握。在中国哲学看来,要理解这个世界本身,就需要超越这种限定,由"一物"、"万物",进一步提升到"道"。

作为把握世界的不同形态,"技"与"道"之分同时又涉及知识与智慧之别。如后面将进一步谈到的,与道相对的所谓"技",涉及的是操作层面的经验性知识,知识总是指向一个个具体的对象,"道"则超越了经验之域而表现为形上的智慧,后者意味着走出知识的界限,达到对世界的整体理解。在中国哲学看来,惟有与"道"为一,才能达到智慧之境。要而言之,"技进于道"既指超越界限、达到对真实世界的整体理解,又意味着从知识走向智慧。

---

① 《荀子·天论》。

三

对中国哲学而言,道不仅仅是世界本身的原理,而且也以人对世界的认识和理解为内容。如上所言,所谓"技进于道",便同时指从知识性、技术性的了解提升到智慧层面的把握,而对世界的智慧层面的理解,则以认识世界的真实形态为指向。

孔子曾说:"吾道一以贯之。"[1]这里的"道",既表现为普遍的价值原则,又涉及对世界的认识,所谓"吾道一以贯之",相应地既指所坚持的价值原则具有前后一致性,也表明对世界的理解包含普遍、确定的内容。孔子又说:"朝闻道,夕死可矣。"[2]这里的"道",同样具有观念的形态。从逻辑上看,"闻道"与言说相联系:"道"之可"闻",以"道"之可言说为前提。事实上,除了道路之外,"道"的原始涵义兼涉言说。《诗经》中即有如下表述:"中冓之言,不可道也。所可道也,言之丑也。"[3]这里的"道",便指言说。"道"的言说义从本源的层面为"道"之可言说提供了历史的前提,儒家关于道的理解,较多地侧重于这一方面。就其内涵而言,"闻道"与"求道"、"得道"处于同一序列,意味着对真理的把握。不难看到,在此,"道"已具体化为对世界的真实认识。

与"道"的真理形态相联系,中国哲学往往区分"为学"与"为道",在《老子》那里,便已可看到这一点:"为学日益,为道日损。"[4]"为学"是一个经验领域的求知过程,其对象主要限于现象世界的特

---

[1] 《论语·里仁》。
[2] 《论语·里仁》。
[3] 《诗·鄘风·墙有茨》。
[4] 《老子·第四十八章》。

定对象;"为道"则指向形而上的存在根据,其要旨在于把握世界的统一性原理与发展原理。在《老子》看来,日常经验领域中的"为学",是一个知识不断积累(益)的过程,以世界的整体形态为对象的"为道",则以解构已有的经验知识体系(损)为前提。在此,"为学"与"为道"的区分,具体表现为知识与智慧之别,而以智慧形态呈现的道,则同时表现为关于整个世界的真理性认识。

类似的思想也存在于庄子。在《天下》篇中,庄子曾对他以前及同时代的各家各派的思想作了分析、评论。在他看来,不同的学派、不同的人物,往往各自注意到道的某一个方面,而未能全面地把握道,由此导致了"道术将为天下裂":

> 天下之人,各为其所欲焉以自为方。悲夫! 百家往而不反,必不合矣。后世之学者不幸不见天地之纯,古人之大体,道术将为天下裂。①

这里的道术,即是作为整体的真理,而在诸子百家那里,它则被分裂成各种思想的片段。战国是百家争鸣的时代,诸子蜂起,各家各派各立己说,相互争论。按庄子的理解,这些人物和学派,常常只是抓住了道的一个片面,而未能从整体上理解道本身,其结果则是使本来统一、完整的真理被肢解和分离。他对这种现象充满了忧虑,并一再提出批评。

同样,在儒家那里,我们也可以看到对道之整体性的肯定。荀子曾对以往各种儒家学派以及先王或圣人的各种观念、学说作了比较和考察。在他看来,真正的大儒,总是有其一以贯之的道,这种道表

---

① 《庄子·天下》。

现为对世界的稳定、完整的理解,后者体现于不同的知行过程:"千举万变,其道一也,是大儒之稽也。"①与之类似,历史上的圣王尽管存在方式不同,但其道(对世界的把握以及以此为内容的普遍智慧)则前后一致,这种智慧同时具体地凝结在以往的经典之中:"百王之道,一是矣,故诗书礼乐之道归是矣。"②作为认识世界的具体形态,道在应对变迁的过程中展示了其前后的一贯性(恒定性):"百王之无变,足以为道贯。一废一起,应之以贯,理贯不乱。"③要而言之,以世界的把握为指向,道的统一性具体体现为两个方面:其一,在多样中把握整体;其二,在变化中揭示一贯(恒定的法则)。二者从不同方面表现了道作为统一性原理与发展原理的品格。

与肯定和坚持"道"之统一性相反相成的,是扬弃"道术为天下裂",荀子的"解蔽"说便侧重于后一方面。何为"蔽"? 荀子从以下方面作了分析:"欲为蔽,恶为蔽,始为蔽,终为蔽,远为蔽,近为蔽,博为蔽,浅为蔽,古为蔽,今为蔽。凡万物异则莫不相为蔽,此心术之公患也。"④"蔽"即片面性,"解蔽"则是要求克服各种片面性,以达到全面的真理。按荀子的理解,事物只要存在差异,便蕴含导向片面性的可能:如果仅仅看到其中某一方面,忽视了其他方面,就会陷于片面。就认识世界而言,唯有不断地克服这种片面性,才能达到真理性的认识。对于中国哲学来说,这种真理性的认识具体便展开为一个"以道观之"的过程,其内容表现为以统一之道为视域,扬弃、克服各种片面性,达到对世界的真实理解。通过以道观之而获得真理,同时意味着达到道的智慧。

---

① 《荀子·儒效》。
② 《荀子·儒效》。
③ 《荀子·天论》。
④ 《荀子·解蔽》。

四

按中国哲学的理解,道作为宇宙人生的终极原理和统一的真理,无法与人相分。《老子》已提出"域中有四大"之说:

> 故道大,天大,地大,王亦大。域中有四大,而王居其一焉。①

这里的"王",主要不是表示政治身份,它所着重的,是与天、地、道相对的另一种存在形态,即"人";换言之,"王"在此首先被理解为"人"的存在象征或符号。② 在本章下文"人法地,地法天,天法道"之序中,"王"便直接以"人"来表示。这样,"四大"实质上包含着道、天、地、人四项,其中既包括广义的"物"(天地),亦涉及人,而涵盖二者的最高原理则是道。值得注意的是,在这里,作为最高原理的"道"与人并非彼此相分:二者作为"域中四大"中的两项而呈现内在的关联。

在儒家那里,也可以看到类似的观念。儒家反复强调道非超然于人:"道不远人。人之为道而远人,不可以为道也。"③道并不是与人隔绝的存在,离开了人的为道过程,道只是抽象思辨的对象,难以呈现其真切实在性。而所谓为道(追寻道),则具体展开于日常的庸言

---

① 《老子·第二十五章》。此句中两"王"字,河上公、王弼本作"王",唐傅奕《道德经古本篇》及宋范应元《老子道德经古本集注》则作"人"。但考之帛书《老子》及郭店楚简的《老子》(残简),此句亦都作"王",由此似可推知,在早期文本中,作"王"的可能性较大。

② 王弼:"天地之性人为贵,而王是人之主也。"(王弼:《老子道德经注·二十五章》)这一解说亦主要以"人"释"王"。

③ 《中庸·第十三章》。

庸行:"君子之道,造端乎夫妇;及其至也,察乎天地。"①道固然具有普遍性的品格,但它惟有在人的在世过程中才能扬弃其超越性,并向人敞开。

强调"道"和"人"之间不可分割、相互联系的重要涵义之一,是肯定道所具有的各种意义唯有通过人自身的知和行(亦即人认识世界和改变世界的过程)才能呈现出来:天道观层面作为万物统一本原之道,其意义总是在人把握世界的过程中不断地展示;同样,人道观层面作为社会理想、规范系统之道,其意义也是在人自身的文化创造以及日常的行为过程中逐渐地显现的。本然的存在无所谓分离与统一等问题,存在之获得相关意义,与人对世界的认识、作用无法相分。正如深山中的花自开自落,并不发生美或不美的问题,只有在人的审美活动中,它的审美意义才得到呈现。作为社会理想和规范系统的"道",其意义更是直接地通过人自身的知行活动而形成。上述意义上的道,都具有"不远人"的品格。从哲学的视域看,以上观念的内在旨趣,在于把人对世界的理解过程和意义的生成过程联系起来。这种进路不同于用思辨的方式去为构造一个抽象的世界,它处处着重从意义生成的层面把握和理解世界。

道和人之间相互关联的另一重涵义,是"日用即道"。所谓"日用即道",亦即强调道并不是离开人的日用常行而存在,而是体现并内在于人的日常生活之中。这一观点的重要之点在于拒绝将道视为一种彼岸世界的存在或超越的对象,而是把它引入到现实的此岸之中,使之与人的日用常行息息相关。从价值的层面看,它使人始终把目光投向现实的存在,而不是指向超越的彼岸世界。在孔子那里,已可看到这类观念。孔子的学生曾向孔子请教有关鬼神的事情,孔子的

---

① 《中庸·第十二章》。

回答是："未能事人,焉能事鬼?"就是说,对现实的人尚且不能效力,哪里谈得上为彼岸的鬼神效力? 他的学生又问有关死的事,孔子的回答依然是:"未知生,焉知死?"[①]鬼神是和现实的人相对的超验对象,死则意味着现实生命的终结,二者都与人的现实存在形态相对。在孔子看来,我们应当关心的,不是那种超越的对象,不是远离现实人生的存在,而是人自身的现实存在和现实生活。总之,从"道不远人"的观念出发,儒家处处把目光引向现实的世界。

以上观念不仅存在于儒家、道家的哲学之中,而且也以某种方式体现于具有宗教性质的思想系统。以佛教而言,佛教本是来自印度的宗教,传入中国以后,佛教在中国经历了发展衍变的过程,并逐渐趋向于中国化。佛教中国化的典型形态是禅宗。作为中国化的佛教,禅宗的重要特点在于把世间与出世间联系起来。对原始佛教来说,人生追求的最高目标是成佛,后者意味着摆脱轮回,进入超越的天国。在这里,世间与出世间之间具有截然分明的界限:唯有超越世俗世界,才能来到永恒的天国。然而,在禅宗看来,世间和出世间并非截然相分,人如果能够在现实的人生中,由迷而悟,便可以在当下达到天国的境界。在此,世间与出世间的界限似乎已被打通。不难看到,以上看法实际上同样渗入了"日用即道"的观念:彼岸或超越的世界与现实的世界彼此相关,不存在鸿沟。这一现象从一个方面表明,中国哲学对道的理解,也内在地影响着中国的宗教观念。

概而言之,从哲学层面来看,肯定道和人的存在以及人的社会生活的联系,其内在理论趋向在于沟通形而上的世界与现实的世界,将注意的重心放在存在意义的追寻之上,而不是去虚构思辨的宇宙模式或世界图景。从价值的层面来看,它则表现为关注现实存在,远离

---

① 参见《论语·先进》。

超越的抽象之境。这既体现了道的追问之内在向度,也构成了中国哲学智慧的重要方面。

道不远人,同时也规定了道和人的实践活动无法相分。在实践过程中,道的品格具体地表现为"中"。儒家一再谈到"中道"或"中庸之道",孟子便主张"中道而立"①,荀子也肯定:"道之所善,中则可从,畸则不可为。"②道作为实践的原理,其意义首先便体现在"中"之上。这种"中"并不仅仅是量的概念。从量的概念去理解,"中"往往表现为与两端等距离的那一点,然而,中国哲学所说的"中",更多地体现为实践过程中处理、协调各种关系的一种原则。这种原则,与道本身的内涵具有内在联系。如前所述,在天道的层面,道首先表现为多样的统一。从多样的统一这一视域看,"中"就在于使统一体中的各个方面彼此协调。千差万别的事物同处于一个系统,如何恰当地定位它们,使之各得其所? 这就是"中"所要解决的问题。道同时体现于变化过程,表现为发展的原理。从过程的角度看,"中"则关乎不同衍化阶段之间如何协调的问题。以上意义上的"中",其实质的内涵集中体现于"度"的观念,中国古代哲学家虽然尚未明确地从哲学的层面运用"度"这一词,但"过犹不及"、"中道",等等,其表达的内在含义就是"度"的观念。这种"度"的意识,同时可以看作是一种实践的智慧。就其与实践过程的联系而言,道即通过"度"的观念,具体化为实践的智慧。

以"度"为内涵的实践智慧,体现于不同的方面。《中庸》曾提出了一个重要思想,即"万物并育而不相害"。这一命题既有本体论的意义,也涉及人的实践活动。从本体论上看,它意味着对象世界中的

---

① 《孟子·尽心上》。
② 《荀子·天论》。

诸种事物都各有存在根据,彼此共在于天下。换言之,对象世界的不同存在物之间具有相互并存的关系。从人的实践活动看,"万物并育而不相害"则涉及不同的个体、民族、国家之间的共处、交往问题,它以承认不同个体的差异、不同社会领域的分化为前提。个体的差异、不同社会领域的分化是一种历史演化过程中无法否认的事实,如何使分化过程中形成的不同个体、多样存在形态以非冲突的方式共处于世界之中,便成为"万物并育而不相害"所指向的实质问题,在这里,所谓"并育而不相害",便要求以"度"的中道原则,恰当地处理、协调社会共同体中方方面面的关系。这种协调方式没有一定之规,也没有一成不变的程序,它需要根据实践生活的具体形态来加以调节。这种调节作用即体现了"度"的智慧。

就个体的精神生活而言,《中庸》曾提出:"喜怒哀乐未发,谓之中;发而皆中节,谓之和。"这是从情感的角度来讲"中"与"和"的问题,"未发"是就情感尚未呈现于外而言;"发而皆中节",则指在情感流露于外时,追求"和"的境界。达到"和"需要"中节",此所谓中节即是保持情感流露、宣泄的"度"。在特定的场合,喜、怒、哀、乐都有其度,应把握适当的分寸,达到恰到好处,"过"与"不及"都是精神缺乏和谐、统一的表现。朱熹讲得更具体,在谈到喜怒等情感时,他指出:"且如喜怒,合喜三分,自家喜了四分;合怒三分,自家怒了四分,便非和矣。"[1]这里的"和"是一种协调统一的形态,它可以看作是道在精神领域的体现形式之一。在朱熹看来,应当("合")与实际情形之间的差异,便表现为情感未能保持在适当的"度"之中,而超出了"度"便是偏离了"和"。朱熹对"非和"的以上批评包含如下涵义,即

---

① 朱熹:《朱子语类》卷六十二,《朱子全书》第十六册,上海古籍出版社、安徽教育出版社,2010 年,第 2042 页。

达到精神和谐的形态以合乎"度"为前提。"度"和"中道"的观念作为一种实践智慧，其重要的涵义之一就是让事物的变化始终保持在一定的界限之中，使之不超出一定的度。

在中国哲学中，上述意义上的"中道"常常又通过"经"和"权"的关系得到展示。所谓"经"，主要是指原则的普遍性、绝对性，"权"则是对原则的变通，后者的前提是对不同境遇的具体分析。通过具体的情景分析使"经"和"权"之间得到适当协调，这也是"中道"的具体体现。孔子曾指出："君子之于天下也，无适也，无莫也，义之与比。"①"义"本来指当然，但当它与"无适"、"无莫"相联系时，便同时带有了适宜之意。面对天下各种复杂的对象和关系，人既不应当专执于某种行为模式（无适），也不应绝对地拒斥某种模式（无莫），而应根据特定境遇，选择合适的行为方式。这种"无适"和"无莫"，具体表现为在绝对地专执于某种行为模式与绝对地排斥某种模式之间保持中道，它同时也体现了与具体境遇分析相联系的实践智慧。

五

"中道"作为道的智慧在实践过程中的体现，从一个方面展示了道和人之间的关联。对中国哲学而言，道除了化为具体的实践智慧之外，还涉及人自身的成长和发展问题，后者进一步指向人的培养、人格的完善。孔子已指出："志于道，据于德，依于仁，游于艺。"②"志"意味着确定并朝向一定的目标，"道"则表现为一定的价值理想。所谓"志于道"，也就是在人格的发展过程中，始终以"道"（一定的价

---

① 《论语·里仁》。
② 《论语·述而》。

值理想)作为内在的目标。

在"道"的引导之下培养完美的人格,其具体意蕴是什么? 欲了解这一点,需联系孔子的另一看法。在谈到君子时,孔子曾指出:"君子不器。"①"君子"即完美的人格,"器"则指特定的器具。前面曾提及,中国哲学对"道"与"器"作了区分:"形而上者谓之道,形而下者谓之器。""道"具有普遍性、统一性,它超越于特定的对象;"器"则是特殊、个别的对象。具体而言,"器"在此有两重涵义:其一,指相对于人的"物"(器是"物"而非"人"),其二,作为特定之物,"器"有各自的规定性和属性,是此"器",即非彼"器",不同的"器"之间界限分明。与此相联系,所谓"君子不器",至少包含两个方面的意蕴:第一,不能把人等同于物,第二,不能把人限定在某一个方面。换言之,君子作为理想的人格,既具有人之为人(不同于物)的规定,又包含多方面的品格,而不能成为单一化、片面化的存在。这种多方面性,在中国哲学中往往被理解为"全而粹"。对理想人格的以上规定,与肯定道的统一性具有内在的关联:"道"的统一性、整体性,在某种意义上构成了理想人格多方面性的本体论根据。

从价值的层面看,理想的人格同时表现为内在的精神形态,后者同样与道存在多方面的关联。如前所述,"道"既是存在的原理和世界变化的法则,又表现为人道(价值原则、社会道德理想等);既内在于世界本身,又是指向世界的具体真理。不论处于何种形态,道都以真实性为其内在规定:作为真实的存在或对存在的真实把握,道首先呈现真的品格。与真的品格相联系,道同时又涉及善。作为人道,道体现的是人的价值理想、文化理想、社会理想,后者内在地包含着对善的追求:建立理想的社会,意味着以善为指向。在天道的层面,道

---

① 《论语·为政》。

似乎与善的追求没有直接关系,然而,从人的实践活动来看,天道同时又为人的价值创造提供了根据:天道包含存在的内在法则,人的价值创造活动则离不开这种普遍法则的引导,而价值创造本质上表现为善的追求。在这一意义上,道无疑又与善紧密相关。同时,道又和美相联系。在中国哲学看来,天地有自身之美:"天地有大美而不言,四时有明法而不议,万物有成理而不说。"①这里的天地,内含天地之道,从天道的层面来说,天地之道蕴含着美的意义。同样,在人道的层面,中国哲学也一再把人道和美联系到一起。人道之美的具体表现形式之一,便是人格之美。中国哲学常常把仁、义(礼)、勇看作是人的理想品格,而这些品格的统一,同时又被视为"道之美":

夫仁、礼、勇,道之美者也。②

可以看到,以"志于道"为前提,真、善、美之间彼此相通。真、善、美的这种统一既为人格的多方面发展提供了根据,又构成了理想人格的价值内涵:以道为指向(志于道),人格之境具体便展开为真、善、美的统一。

完美的人格不仅表现为内在的品格,而且总是形之于外并体现于外。后者不只是涉及外在的形象,而且具体地展现于行为过程。这里涉及言和行、知和行的关系。从言和行、知和行的关系看,问题又进一步关涉"道"的内涵。前面已提及,"道"的原初涵义之一是"道路",道路则与行走相联系,所谓"道,行之而成。"③道又有言说之

①　《庄子·知北游》。
②　徐干:《考伪第十一》,《中论》卷下。
③　《庄子·齐物论》。

意,并体现为真理。与之相联系,道的追寻内在地展开于言和行、知和行的互动。无论是言说,抑或真理,都有如何具体落实和践行的问题,所谓"坐而言之,起而可设,张而可施行"①。道所内含的如上涵义,同时也规定了理想人格的存在方式:人格的培养和发展过程,总是内在地指向知、言与行的关系,言行一致、知行统一,这是中国哲学所反复强调的,这种观念同时也构成了"为道"的题中之义。

（原载《云南大学学报》2010 年第 6 期）

---

① 《荀子·性恶》。

中国哲学中的人性问题

一

人性的讨论首先涉及广义之"性"及其内涵。在中国古代哲学中,"性"这一概念在某种意义上与现代哲学中的"本质"范畴处于同一序列。孟子已比较早地对性作了考察,其基本的看法是:"天下之论性也,则故而已矣。"①依此,则关于"性"的讨论,实质上展开于"故"这一层面。如所周知,"故"包含事物的根据、原因等义,从而与今天所说的"本质"概念有相通之处。在西方哲学的语境中,与"性"具有较为直接的对应性的概念,主要是 nature,后者也内含"本质"之义。从这

---

① 《孟子·离娄下》。

一意义上说,我们诚然需要注意"性"与"本质"的不同侧重点,但同时亦应关注二者的相通性,不能否认和忽视这两者作为哲学概念所涉及的相关问题。

与以上问题相涉的是"人性"与"人的本质"之间的关系。在具体的应用以及哲学讨论中,二者有时呈现不同的侧重。在某些场合,"人性"的概念与"本性"的概念相通,从而更多地与既成、已然的形态相联系,表现为人本来具有、无法分离的规定。谈到某物的本性,通常便是指该事物一旦存在便与它同在这种内在规定,人的"本性"也常被赋予类似的涵义。相对而言,人的本质这一概念,则侧重于更深层的社会意义:当马克思把人的本质理解为"社会关系的总和"时,便表现为在上述意义上具体运用这一概念。人的这种本质,并非与生俱来。人最初只是生物学上的存在,人之获得以上本质,基于广义的社会实践和社会交往过程,人的本质本身也逐渐地形成于这一过程,从而带有生成的意义。存在主义有如下名言,即存在先于本质。这一看法包含解构本质主义的意向,其逻辑的含义之一是人的本质并不是一开始就有:人首先是被抛掷到这个世界,然后通过自己的筹划、选择等过程,逐渐形成自己的本质。在此意义上,存在主义也赋予人的本质以生成性。可以看到,人性和人的本质在具体运用中存在如下差异:比较而言,人性更多地指已然性,既成性,作为既定形态,它无法选择;本质则更多地与生成过程相联系。

然而,从另一个层面来说,正如前面提到的"性"和"本质"并非截然相分一样,"人性"和"人的本质"这两个概念也有相通之处。关于人性,无论是在中国哲学的语境中,还是在西方哲学的意义上,都不仅仅是指一般意义上的本性,而是同时表示人不同于其他存在的根本之点。从中国哲学的角度来说,人性侧重的是人不同于"鸟兽"或"禽兽"之性:中国哲学讲人性,往往和人禽之辩联系在一起,这一意义上的人性所表示的,同时也是人不同于禽兽的根本特点。在西方哲学中,关于人性的理解也有类似的涵义,休谟著有《人性论》(*A Treatise of Human Nature*),从题目上看,这部著作讨论的就是人性问题,就具体内容而言,它既谈到"人的理解"(human understanding),也谈到与道德相关的情感问题(passion、sympathy 等)。无论是广义上的"理解",还是道德意义上的情感,都是人区别于一般动物或其他存在的规定之一。就此而言,休谟论人性,实际上也侧重于人不同于其他存在之点。杜威在 20 世纪曾出版《人性与行为》(*Human Nature and Conduct*)一书,其中亦以人性为重要论题,并将人性与人的行为联系起来,强调行为规则的遵循、理想的实现,都要以人性的内在自觉为前提。晚近一些哲学论说,也有类似趋向。如在《牛津哲学指南》(*The Oxford Companion to Philosophy*)中,便有一个"人性"(human nature)的条目,其解释则与人的本质("what it is essentially to be a human"[①])相联系。可以看到,无论是从中国哲学的历史来看,抑或就西方哲学的背景而言,谈论人性问题,都涉及人不同于其他存在的根本之点。从而,这一意义上的"人性"概念,与"人的本质"概念也存在相通之处:宽泛而言,人性或人的本质,都关乎人之所以为人的内在特征和内在规定。

进而言之,我们还需要区分"人的本质"或"人性"与"人的真实存在"或"人的具体存在"这样两个方面的问题。如前所述,人的本质是人区别与其他存在(包括动物)的根本之点,但是,人的真实存在或人的具体存在,却不仅包含其本质,而且还涉及人作为动物或生物所具有的各种规定性。作为真实而具体的存在,人并不是以赤裸裸的

①　Ted Honderich(Edited),*The Oxford Companion to Philosophy*,Oxford University Press,2005,p.402.

本质形态出现的,他同时还包含更广意义上的动物性、生物性。马克思曾指出:

> 吃、喝、性行为等等,固然也是真正的人的机能。但是,如果使这些机能脱离了人的其他活动,并使它们成为最后的和唯一的终极目的,那么,在这种抽象中,它们就是动物的机能。①

这里需要特别注意,马克思首先肯定吃、喝、性行为等机能是"真正的人"所具有的,也就是说,他是以真实的人("真正的人")作为理解人的背景。然而,同时,马克思又强调,以上机能如果离开了人的其他社会活动,仅仅以抽象的形式存在,便只是一种动物的机能。在这里,他既把动物的机能与真正的人联系起来,又将单纯的动物机能与人区分开来。所谓"真正的人",也可以视为具体的、现实的人。对于一个具体的、现实的人来说,动物机能当然不能加以忽略:如果无视这些机能,人便只能呈现为一种抽象的、光脱脱的本质,而不再是活生生的、有血有肉的具体存在。这样,谈到真正的人,便需要同时关注其动物性的方面,这些方面从哲学的意义上说,也就是人的存在中属感性之维的规定。然而,如果要将人跟其他存在(包括动物)区分开来,便必须联系人的本质、关注人性。在这一意义上,把吃、喝、性行为等理解为"真正的人"的机能之一与肯定人的本质是社会关系的总和,并不是完全不相关或相互对立的。可以说,前者是在把人理解为具体、真实的存在这一意义上说的,后者则突出人之为人的本质。在理解人的时候,这两个方面(一是人的本质,一是人的感性规定)都需要注意。在把人同其他动物区分开来的时候,关注的主要是人不

---

① 马克思:《1844年经济学哲学手稿》,人民出版社,1985年,第51页。

同于其他存在的根本之点(人的本质),在把握人的真实、具体存在时,则需要同时考察人的多方面规定。要而言之,人性问题、人的本质问题与人的真实存在、具体存在应当联系起来考察,对人的理解,既不能限于自然的机能,也不能仅仅停留在抽象的本质层面之上。

二

以下的讨论回到中国哲学关于人性问题的理解之上。在中国哲学中,对于人性的理解,并不是仅仅就人性而谈人性。前面已论及,中国哲学(尤其是儒家哲学)关于人性的讨论,涉及一个更为根本的问题,即"何为人"或"人是什么"?中国哲学(包括儒家哲学)当然没有以现代的形式明确地提出以上问题,但是从其实际的注重之点来看,它在理论上关切的实质上就是何为人的问题,这一点从儒家的人禽之辩中便不难看到。如前所述,儒家讨论人性问题,与人禽之辩紧密联系在一起,他们试图通过对人性的理解和规定,将人和其他动物区分开来。在儒家的性善说中,人性本善的理解便与"何为人"的问题便联系在一起。如所周知,孟子曾提出四心说:"恻隐之心,仁之端也;羞恶之心,义之端也;辞让之心,礼之端也;是非之心,智之端也。"①稍作分析便可知,"四心"在广义上都涉及道德意识,其中又有不同的侧重:恻隐之心、羞恶之心在宽泛的意义上可以理解为道德情感,辞让之心、是非之心则更多地关乎自觉的理性意识。对孟子来说,只有具备了这些基本的道德意识和理性意识,才可以称之为人。孟子还特别提到"人之所以异于禽兽者几希"②。"几希"是非常关键

① 《孟子·公孙丑上》。
② 《孟子·离娄下》。

的概念，并不是说人与动物没有什么差别，恰恰相反，它体现的是人禽之别的根本之处。按朱熹的说法，"虽曰少异，然人物之所以分，实在于此"①。这些根本之点，就是前面提到的四端，特别是其中所隐含的道德意识及理性意识。在孟子看来，正是这些基本之点，把人和其他存在区分开来。可以看到，孟子对人性的理解，与他对"人是什么"这一问题的理解紧密地联系在一起。

这里还需要讨论一个问题。从外在的方面看，孟子对人性的理解似乎存在一种"张力"：一方面，孟子肯定人皆有"四心"："恻隐之心，人皆有之；羞恶之心，人皆有之；恭敬之心，人皆有之；是非之心，人皆有之。"②另一方面，又说："无恻隐之心，非人也；无羞恶之心，非人也；无辞让之心，非人也；无是非之心非人也。"③以上两者似乎相互悖反：恻隐之心、羞恶之心等人皆有之，意味着凡是人都有恻隐等心，而"无恻隐之心，非人也"，则在逻辑上预设了可能存在人缺乏恻隐之心等情况。这里的关键在于本然和当然的区分。根据孟子的理解，从本然的层面说，人生来都具有四心（道德意识及理性意识），但是从现实存在形态来看，由于各种原因，人所具有的各种道德意识可能会失落，而一旦失去了这些规定，则人便不再成其为本来意义上的人。正是基于后一事实，孟子指出："学问之道无他，求其放心而已矣。"④求其放心的前提是心虽然本来具有，但后来失落了，德性修养的作用之一，则在于将这种本来具有、后来失落的东西再找回来。如果说，人皆有四心属本然，那么，"求其放心"的过程，便属于当然。从以上

---

① 朱熹：《四书章句集注·孟子·离娄下》，《朱子全书》第六册，上海古籍出版社、安徽教育出版社，2010年，第358页。

② 《孟子·告子上》。

③ 《孟子·公孙丑上》。

④ 《孟子·告子上》。

方面看,前面提到的孟子的那二重看法之间,便并非彼此矛盾:从本然的形态来说,人皆有恻隐、羞恶等道德意识,但是在现实的存在过程中,这种意识有可能会失落,四心一旦完全失落,人就不再是真正意义上的人了。孟子之所以特别强调"求其放心",就在于让人成为真正意义上的人。日常生活中,人们常常会批评那些完全违背道德原则、做伤天害理之事的人,甚至对其愤而怒斥:"简直不是人!"这种批评也是从当然的层面作出的。

可以注意到,对孟子而言,本然和当然之间存在着内在关联。从出发点来看,人本然地就具有道德意识和理性意识,从而,在本然意义上都是人,但是在现实存在过程中,这些已有的道德意识可能会失落,所以还需要成其"当然",所谓"求其放心"就可视为达到当然的具体途径。在孟子那里,达到当然,同时意味着回到本然。比较而言,在儒家的另一些系统,如荀子的哲学那里,本然和当然往往处于分离状态。荀子持"性恶说",认为:"人之性恶,其善者伪也。今人之性,生而有好利焉,顺是,故争夺生而辞让亡焉。生而有疾恶焉,顺是,故残贼生而忠信亡焉。生而有耳目之欲、有好声色焉,顺是,故淫乱生而礼义文理亡焉。然则,从人之性,顺人之情,必出于争夺,合于犯分乱理而归于暴。故必将有师法之化、礼义之道,然后出于辞让,合于文理,而归于治。用此观之,然则人之性恶明矣,其善者伪也。"①依此,则人的本然状态至少包含向恶的趋向,后者与"当然"显然难以相容。"当然"意味着合乎礼义规范,在荀子看来,从本然到当然,需要经过"化性起伪"的过程。"化性",也就是改造可能导向恶的本然之性,由此使人成为符合社会规范(礼义)的存在。不难注意到,对荀子而言,本然和当然彼此相悖,惟有否定本然,才能达到当然。在这方

① 《荀子·性恶》。

面,荀子与孟子显然展现了不同的思维趋向。

进一步看,按荀子的理解,本然之性并不是真正意义上的人性,只有通过"化性起伪"、改造趋向于"恶"的本然之性,才能获得真正意义上的人性。这一点,从荀子有关人性的一些论述中可以较为清楚地了解。荀子在比较人与其他存在时,曾指出:

> 水火有气而无生,草木有生而无知,禽兽有知而无义,人有气、有生、有知,亦且有义,故最为天下贵也。①

这里所说的"知"包括知觉、欲望等,前面所引关于性恶的论述中,荀子已提及,人一开始便具有各种自然的欲望,如耳目、声色之欲,等等,这些都属于广义上的"知"。在荀子看来,仅仅具有上述之"知",并不表明已成为真正意义上的人,相反,唯有从这一层面的"知"进一步提升到"义",才成其为他所确认的人。质言之,人不同于其他存在的根本之处,在于"有义"。因此,本然之性,并不是荀子所真正认定的人性,只有通过"化性起伪"而达到的、包含"义"的性,才是真正的人性。在此,关于人性的讨论上,同样与"何为人"的问题紧密地联系在一起。

儒家之外的系统,如道家,在某种意义上把人的天性理解为真实的人性。初看,道家关于人性的讨论与"何为人"的问题之间的关系似乎并不很紧密:把自然意义上的存在规定视为人性,意味着将人与自然沟通起来,而不是指向真正意义上的人。然而,如果作进一步的分析,则可看到,道家哲学系统中所说的天性,已不是纯粹意义上的自然之性,而是被赋予价值意义、被理想化了的规定。在道家看来,

---

① 《荀子·王制》。

以礼义为内容的人性意味着对天性的扭曲、戕贼,与之相关的存在,并不是人的本真形态。唯有剔除了人化的内容,回复本然的天性,才能达到人的真实存在。不难注意到,在实质的层面,道家对人性的理解,与"何为人"(什么是本真形态的人)这一问题,也存在内在关联。就本然与当然的关系言,道家也表现出以本然为当然的趋向,在这方面,道家与孟子具有相近之处。不过,二者对本然的理解又存在实质的差异:在孟子那里,本然之性包含德性内涵(表现为仁、义、礼、智之端),道家则以自然之性(天性)为本然,并将这种自然的天性与人化意义上的世俗内容加以对立,主张"无以人灭天",反对"失性于俗"。① 在这里,道家与儒家对人的不同理解,与他们对人性的不同看法,具有理论上的相关性。这一事实从另一个方面表明,在中国哲学中,人性问题与"何为人"这一更根本的问题无法相分。

三

进而言之,"何为人"与"如何成就人"在逻辑上彼此联系。事实上,由以上所述作进一步考察,便可以发现,人性的问题不仅涉及"何为人",而且关乎"如何成就完美的人"、"如何达到道德上的完善之境",后者所讨论的,也就是中国哲学所说的"成人"问题。考察中国哲学史上的人性问题,常常容易就人性理解人性,然而,从内在的理论意蕴看,中国哲学的主要特点在于把人性的讨论与追求更完善的人格紧密地联系在一起。质言之,人性的问题并非孤立存在,对人性的规定在本原的层面构成了"成人"理论的前提。

以儒家而言,人禽之辩与圣凡之别具有内在的相关性。如前文

---

① 《庄子·秋水》、《庄子·缮性》。

所一再论及,在儒家(如孟子)看来,人与禽兽的根本不同,在于人具有恻隐之心等善端,这种善端既使人区别于动物,又为人走向完美的存在形态提供了可能。圣凡之别,则涉及是否能够将以上可能转化为现实:圣之为圣,就在于能够将善端扩而充之,使人不仅区别于禽兽,而且进一步把走向完美的潜能,转化为现实的人格。唯有完成这种转换,才能既成为真正意义上的人,又达到理想的人格之境。这里可以更具体地注意到人性理论与成人学说之间的内在关联。

从以上前提考察孔子关于"性"的看法,便能获得比较具体的理解。如所周知,孔子论"性",兼及"习":"性相近也,习相远也。"①宽泛而言,"习相远"中的"习"包括两个方面,一是习俗,即广义上的社会环境,一是习行,即个人的知行活动。在孔子看来,人的本性是相近的(尽管他没有明确指出相近之性究竟是善还是恶),然而,由于后天环境、习行的不同,个人的人格便形成了差异。在孟子那里,"性相近"被引申为"性本善",按孟子的理解,正是这种本善之性,为人成就完美德性提供了可能,这种可能同时构成了人格完善的内在根据。这样,对孟子来说,完美的德性并不是外在的强加或灌输,而是以内在的可能性作为出发点。从理论上看,孟子强调性善说的根本意义就在于从人性的层面,为成就完美的人格提供内在的根据和前提。人皆可以成尧舜,其前提就是人皆有作为成圣内在根据的本善之性。这也可以从一个方面解释,为什么中国哲学不需要超越的上帝或超验的存在作为超越有限的至上之源:在中国哲学特别是孟子一系的儒家哲学看来,人自身的本性中已经包含这样一种内在根据,个体只需要把这种根据加以扩充,就可以完善自己,达到人格上的完美。

与孟子有所不同,荀子着重发挥了孔子"习相远"之说。从逻辑

---

① 《论语·阳货》。

上说,既然人性本恶,而本恶之心又不能成为走向完美人格的根据,那么,就需要通过后天的习俗(环境)与习行,"化性起伪"。荀子强调用后天的礼义,包括法律规范等的引导、约束,来改变人的本恶之性,使人由此走向完美之境。在这里,荀子的人性理论也构成了其人格完善理论(成人学说)的前提:正由于人性一开始并不具有善的趋向,后天的化性起伪、礼义教化便必不可少。化性起伪、礼义教化的具体内容,也就是孔子所说的"习",包括习行与习俗。可以看到,孟、荀在不同的方向上展开了孔子对人性的理解,并且进一步把它和人格的完善联系在一起。二者尽管出发点不同,但追求的目标却是一致的:无论是孟子,抑或荀子,都既肯定人皆可以为尧舜,也以此为成人的目标。当然,二者所确认的成人前提又存在差异:孟子强调人性本善,由此肯定人具有成就完美人格的内在根据;荀子认为人性本恶,由此突出外在礼义准则、法律规范的作用。孟子在突出成人的内在根据的同时,对孔子所说的"习相远"未能给予充分的关注;荀子则在肯定后天作用的同时,对成人的内在根据不免有所忽略,与之相应的是把人的成长看作是外在灌输、强加的过程,所谓"长迁而不返其初"①。后来秦代趋向"以吏为师、以法为教",强化外在社会规范的约束的作用,这与荀子的观念似乎也具有某种思想的联系。要而言之,从人性理论来看,孟子与荀子既各有所见,也各有所偏,而在对人性理论的不同阐发中,他们同时又展示了讨论人性问题的具体意义之所在。

(原载《哲学分析》2013 年第 1 期)

---

① 《荀子·不苟》。

中国哲学中的理性观念

作为与 reason 或 rationality 相关的概念,"理性"无疑属现代意义上的中国哲学术语:"理"与"性"尽管古已有之,但二者合用,并取得相应于 reason 或 rationality 的涵义,则是中国近代以来的事。① 然而,虽然以"理性"一词表示的哲学术语相对晚出,但这并不意味着中国哲学完全缺乏与"理性"相关的观念。宽

---

① 中国古典文献中诚然也出现过"理"与"性"的合用,如刘勰在谈到历史上不同之乐时,曾指出:"淫泆悽怆、愤厉哀思之声,非理性和情德音之乐也。"(《刘子集校》,上海古籍出版社,1985 年,第 37 页)这里便可看到"理"与"性"的连用。不过,以上语境中的"理性",不同于作为现代哲学概念的"理性",其中的"理",与条理、合序相通,这一意义上的"理性",主要指合序之性,与"和情"(和谐之情)相应。

泛而言,中国哲学中的理性既涉及以思维(不同于想象、直观、感知)等形式表现出来的能力或机能,也表现为合理的知、行方式,或者说,体现于以合理的方式展开的知与行以及由此形成的结果。古典形态的中国哲学虽然未明确地区分理性的以上向度,但其理性观念在实质的层面内含以上内涵。当然,按其本来形态,理性的不同向度并非互不相关或彼此隔绝,事实上,在具体的运用中,理性的以上二重向度往往呈现交错的形态。在中国哲学中,同样可以看到相近的情形。

一

理性首先关乎"思"。在中国哲学中,展现为"思"的理性一般与"心"相关,所谓"心之官则思"①,便表明了这一点。作为一个哲学概念,"心"与理性、情感、意志都具有相关性,从而包含多重意义。不过,当"心"与耳目之知相对而言时,其涵义则主要涉及以思维活动的形式表现出来的理性。荀子提出"心有征知":"心有征知。征知,则缘耳而知声可也,缘目而知形可也。"②心的"征知"在此被理解为耳目之知所以可能的前提,这一意义上的"心"即关乎理性。王夫之更明确地将"心"与"思"联系起来,提出"心日生思"③,"天与之心思,必竭而后睿焉"④。与"思"相涉的这种"心",更具体地呈现了理性的品格。对中国哲学而言,致知(认识)过程离不开以心之"思"为形式的

---

① 《孟子·告子上》。
② 《荀子·正名》。
③ 王夫之:《尚书引义·太甲二》,《船山全书》第二册,岳麓书社,1988年,第301页。
④ 王夫之:《续春秋左氏传博议》卷下,《船山全书》第五册,第617页。

活动:"虚以生其明,思以穷其隐,所谓致知也。"①

以上论域中的心之"思"首先与理性的形式和活动相关。中国哲学中的理性,同时涉及实质的层面,后者主要体现于"理"、"道"、"义"等普遍的内容,所谓人同此心,心同此理,即从一个方面体现了此点。孟子曾肯定"心有所同然",并对此作了具体解释:"心之所同然者何也? 谓理也,义也。"②作为"心"的相关内容,理与义既具有相通性,也有不同侧重,在两者区分的意义上,"理"侧重于必然,"义"则关乎当然。不过,在其尔后衍化中,"理"常常被赋予更广的涵义,朱熹对"理"的界说便体现了这一点:"至于天下之物,则必各有所以然之故,与其所当然之则,所谓理也。"③这里的"理"即不仅指必然,而且兼及当然,后者与"义"相通,具有普遍规范(当然之则)的意义。可以看到,理性意义上的"心"包含不同于特定感知的内容,这种内容关乎普遍的存在法则和普遍的社会规范。

以"理"、"道"为内容,与"心"相涉的理性(心之"思"更多地表现出辩证的趋向。荀子在谈到辩说时,曾指出:"辩说也者,不异实名以喻动静之道也。"④这里的辩说关乎理性的论辩和推论,"不异实名"表现为遵循形式逻辑的同一律,"动静之道"则关乎存在本身变化发展的法则。相对于形式逻辑的相对确定性、静态性,"喻动静之道"(把握存在本身变化发展的法则)更多地体现了辩证思维的特点。

王夫之进而指出:"穷理而失其和顺,则贼道而有余。"⑤"穷理"

---

① 王夫之:《尚书引义·说命中二》,《船山全书》第二册,第 312 页。

② 《孟子·告子上》。

③ 朱熹:《大学或问上》,《朱子全书》第六册,上海古籍出版社、安徽教育出版社,2010 年,第 512 页。

④ 《荀子·正名》。

⑤ 王夫之:《周易外传·说卦传》,《船山全书》第一册,第 1076 页。

表现为理性思维的过程,所谓"失其和顺",也就是仅仅抓住某一片面,而未能把握事物统一的整体,按王夫之的理解,如此便难免偏离真理("贼道")。这一看法以肯定理性的思维过程应该考察事物的不同方面为前提,其中也包含了辩证思维的观念。在中国哲学看来,理性的思维不仅不能偏于一端,而且应体现事物的变动过程:"惟豫有以知其相通之理而存之,故行于此而不碍于彼,当其变必存其通,当其通必存其变,推行之大用,合于一心之所存,此之谓神。"①"行于此而不碍于彼",意味着思维在把握事物时,应关注其不同方面(包括相互对待的方面)之间的相关性,避免截然分离的考察方式,"当其变必存其通"以及"当其通必存其变",则表明事物之"通"与"变"并非完全对立,把握统一(通)不能离开变化过程(变)。此与彼、通与变的这种辩证关系,既是理性之思(心)的对象,又构成了其具体的内容,此即所谓"合于一心之所存"。

以必然为内容的心—理,侧重于对世界的理论把握;以当然为内容的心—理,则更多地引向实践。在此意义上,中国哲学所注重的理性(与心相关、以理为内容之"思")兼涉知与行。或者说,以世界的理论把握为内容的理性与具有实践指向的理性,彼此相互联系。理性所涉内容的以上关联,与知行之间的统一,具有一致性。与之相应,中国哲学既不易接受隔绝于实践的思辨理性,也很难走向理论理性与实践理性的截然相分。

与理论层面的理性与实践层面的理性之互动相涉的,是认知与评价的关系。广义的理性既涉及认知,也关乎评价。认知以真实地认识世界与认识人自身为目标,评价则首先表现为对价值关

① 王夫之:《张子正蒙注·天道》,《船山全书》第十二册,岳麓书社,1988年,第72页。

系的把握：以人的合理需要为关注之点，评价意味着基于利与害、善与恶的判定，以确认、选择广义的价值形态（"好"或"善"）。尽管利与害、善与恶的内涵有其历史性和相对性，但在接受和肯定一定评判原则的前提下，唯有择善而去恶，才可视为理性的行为；反之，知其有害或不善而依然执意加以选择，则具有非理性的性质。

在中国哲学中，事实的认知与价值的评价往往彼此交错。对中国哲学而言，"知"既涉及"是什么"层面的事实内涵，也关乎"意味着什么"层面的价值意义。"是什么"以如其所是地把握事物本身的多样规定为指向，"意味着什么"则以事物对人所具有的价值意义为关切之点，在中国哲学中，二者构成了理性活动的相关方面。以中国哲学中的"是非"之辩而言，其中的"是非"既关乎认识论意义上的正确与错误，也涉及价值观意义上的正当与不正当。判断认识论意义上的正确与错误，以是否如其所是地把握对象为准则；确定价值观意义上的正当与不正当，则以是否合乎当然之则为依据。后期墨家以"明是非之分"为论辩的首要目的，便既意味着区分认识论意义上的正确与错误，也蕴含着分辨价值观意义上的正当与不正当。直到现在，明辨是非依然不仅涉及对事实的如实把握，而且以追求价值意义上的正当性为其题中之义。可以看到，是非之辩从认识的内容上，具体展现了认知与评价在心之"思"（理性）中的统一。

认知与评价的相关性，与知和行的互动过程相呼应。墨子在谈到如何治天下时，曾指出："圣人以治天下为事者也，必知乱之所自起，焉能治之；不知乱之所自起，则不能治。譬之如医之攻人之疾者然，必知疾之所自起，焉能攻之；不知疾之所自起，则弗能攻。治乱者何独不然？必知乱之所自起，焉能治之，不知乱之所自起，则弗能治。

圣人以治天下为事者也，不可不察乱之所自起。"①这里既关乎如何行，也涉及对"知"的理解。无论是"知乱之所自起"，抑或"知疾之所自起"，其中的"知"无疑都包含对相关领域对象的事实认知（把握"乱"、"疾"发生的原因），但它又不限于事实层面的认知，而是同时涉及价值的旨趣："知乱之所自起"，旨在"治天下"，"知疾之所自起"，则指向"攻人之疾"。以"治天下"与"治疾"（"攻人之疾"）为指向，"知"不同于仅仅认识事物的自身规定，而是内在地关乎事物对人所具有的作用和功能，对后者的把握，则同时表现为一个评价的过程。

要而言之，在中国哲学中，体现于"思"的理性，首先与"心"相涉，心之"思"既展开为具体的活动，又以理、义、道等为其内容。从思维的趋向看，中国哲学视域中的理性，更多地呈现辩证的性质。与之相联系，在这种理性形态中，认知意义上对事（物）与理的把握以及评价意义上对价值的判断和确认，构成了彼此相关的两个方面。

二

如前所述，以知、行过程的具体展开为向度，广义的理性同时指向合理性（rationality），后者关乎知与行的合理方式以及由此形成的结果。在知的层面，合理意义上的理性既表现为遵循思维的法则，也体现于注重理由和根据。墨子在谈到理性的论辩过程时，曾指出："仁人以其取舍、是非之理相告，无故从有故也，弗知从有知也，无辞必服，见善必迁。"②"无故从有故"，也就是论辩过程中的取舍基于理由和根据：接受或拒绝某种观点以是否具有理由和根据作为前提，这

---

① 《墨子·兼爱上》。
② 《墨子·非儒》。

种论辩方式不同于执着一己之见、无根据地强词夺理,呈现了理性(合理)的性质。中国哲学所推重的"以故生,以理长,以类行"①,以及更广意义上的"言之成理、持之有故",也体现了上述意义上的理性要求。

在中国哲学中,"合理"意义上的理性取向,同时与"合宜"相联系。对中国人而言,合理的言行和知行活动,必须合乎"礼",事实上,"礼"与"理"往往呈现相通性。二者同时又关乎"宜":"礼者,因人之情,缘义之理,而为之节文者也。故礼者,谓有理也。理也者,明分以谕义之意也。故礼出乎义,义出乎理。理,因乎宜者也。"②这里的"宜"不同于抽象的原则,而是表现为言与行的适当性,所谓"因乎宜",意味着合理的言与行,以适宜、适当为形式,后者又基于言说和行为发生、展开的具体条件。在此,"合理"取得了"合宜"的形态。在回溯中国文化演进的历史过程之时,人们或以"实用理性"概括中国人对理性的理解③,"实用"区别于思辨或抽象,这一概括也从一个方面折射了中国哲学中理性观念的如上特点。当然,"实用"之谓,可能引发某种歧义,在实质的意义上,中国哲学中与思辨或抽象相对的理性,可以更具体地理解为"合理"与"合宜"的统一。

以"行"(实践)的过程为背景,中国哲学所理解的理性或合理性(rationality)既涉及"理",也兼及"情"。事实上,如前所述,与理性之思相关的"心",便既包含"理",也关乎"情",以认知与评价的统一为心之"思"的内容,同样隐含了如上趋向:价值层面的评价,总是内在地渗入了情意。从词源的意义上看,"情"同时包含实在性的涵义,所

---

① 《墨子·大取》。
② 《管子·心术上》。
③ 参见李泽厚:《实用理性与乐感文化》,生活·读书·新知三联书店,2005 年。

谓"实情"、"情境"等,便体现了这一点。事实上,在中国哲学中,"情"的原始涵义亦与实在性相关。"情"的另一基本涵义,关涉人的内在情感。① 情感具有实质的价值意义:如果说,普遍的规范、原则(义)主要从形式的层面体现了理性的价值取向,那么,情感则从实质的方面展现了具体的价值意识。孟子曾指出:"君子之于物也,爱之而弗仁;于民也,仁之而弗亲。亲亲而仁民,仁民而爱物。"②这里的"仁"、"亲"、"爱",分别与不同的对象相关,并体现了不同的情感内容:"仁"作为人道之域的广义情感,首先体现于人与人(广义之"民")的相互作用过程("仁民");"亲"作为基于家庭伦理关系的情感(亲情),主要展现于亲子之间("亲亲");"爱"作为宽泛意义上的珍惜、爱护之情,则更多地基于人与物的关系(表现为人对物的珍惜之情,所谓"爱物")。在此,无论是人我之间的"亲亲"、"仁民",抑或物我关系中的"爱物",其"亲"、其"仁"、其"爱"作为实践意向都不同于单纯的理性谋划、计较,而是内在地渗入了情感的关切。同时,这里所展现的情感的多样性("亲"、"仁"、"爱"分别体现于不同的实践关系,并相应地具有不同的情感内容)、真切性,与物"情"(实际的存在形态)的特殊性、真实性,也呈现某种关联。情感的这种真切性和具体性,从一个方面体现了实质的价值内容。相应于此,"合情"意味着在实质的层面合乎一定的价值取向,与之相对的"合理",则表现为从形式的层面循乎价值原则。二者从不同的方面赋予相关实践活动以正当性,这种正当性本身又体现了价值意义上的合理性或理性化。

就主体间的交往而言,除了通过对话、讨论、相互批评等语言活

① 就词义的历史衍变而言,"情"的情感义较之"情"的实情义可能相对后起。这里所关注的主要不是"情"在词义上的前后衍化。

② 《孟子·尽心上》。

动而达到的彼此理解之外,还涉及主体之间基于情感的沟通。言说者对于聆听者不仅应当晓之以"理",而且需要动之以"情";不仅应当通过逻辑的力量论而使聆听者不能不接受其所说的内容,而且需要通过"情"的感化,使之心悦诚服。从肯定或积极的方面看,"情"往往与"悦"相联系,所谓"凡人情为可悦也"。① 情的这一特点同时为人与人之间的沟通提供了内在根据。对主体间沟通产生内在影响的这种情,在广义上包括追求真与善的真诚之情和热忱之意、愿意接受批评的恳切之心,等等。仅仅凭借逻辑的力量,往往容易使言说成为冷峻的强制,难以使人乐于接受。唯有同时渗入真情实意,才能使人既"信"又"服",达到"信—服"之境。另一方面,从听者对说者的态度看,则应当有同情理解的意向。此处所说的同情理解,既包括相信他人追求真理的诚意,也意味着从他人的视域考虑问题,包括设身处地加以思考,以把握他人的真切之意。事实上,主体间的沟通和理解,常常发端于情:"始者近情,终者近义。"②这里的"情"在宽泛的层面表现为直接、原初的内在意识,"义"则关乎理性层面的当然,在此意义上,始于"情"终于"义"同时意味着由"情"入"理"。这一看法表明,在中国哲学中,合理性(rationality)意义上的理性,以理与情的交融为其内在特点。

从物我互动和社会交往的层面看,广义的理性进而涉及人我之间的相"感"。在中国哲学中,"感"既指事物(对象)之间的相互作用,所谓"天地感而万物化生"③,又指人对世界、他人由"感"而"通",

---

① 荆门市博物馆编:《性自命出·郭店楚墓竹简》,文物出版社,1998 年,第181 页。

② 荆门市博物馆编:《性自命出·郭店楚墓竹简》,第 179 页。

③ 《易传·象传上·咸》。

所谓"感而遂通天下之故"①。这里的天下兼及他人，与之相联系的"感"既不同于对物的静观，也有别于逻辑的思辨，"通"则不仅指狭义上的"达理"，而且也包括情感层面的"通情"。具体而言，由"感"而"通"也就是在"赞天地之化育"、成己与成物的具体过程中，达到对世界和他人之情理交融的领悟与把握，这种"感"—"通"既非囿于言语之域的交往，也不限于理性的论辩，其中不仅包含知与行的实质内容，而且表现为通"情"与达"理"的统一。这一意义上的理性关乎社会交往过程中的合理性（rationality），不过，对中国哲学而言，以上视域中的理性不同于单纯的程序合理性：以通"情"达"理"（人我相感、情理交融）为形式，它所体现的，是包含实质价值内容的广义合理性（rationality）。

主体间同情理解与彼此相感的进一步引申，便是推己及人。孔子在谈到如何贯彻仁道原则时，曾指出："仁者己欲立而立人，己欲达而达人，能近取譬，可谓仁之方也。"②所谓"能近取譬"，也就是由己而推及人，其中包含二重前提：一方面，行动主体具有理性的推论能力，另一方面，主体应当对他人予以情感的关切，二者的结合，具体表现为一种情感的外推。孟子对此作了进一步发挥，并提出如下主张："老吾老，以及人之老；幼吾幼，以及人之幼。"③这里同样既涉及由己及人的理性推论，又渗入了主体间的情感沟通。单纯的逻辑推论主要表现为程序性的活动，其中并不涉及实质的内容，它固然具有理性的性质，但其中的合理性主要呈现形式的意义；基于情感沟通的外推（情感的外推）则既体现了逻辑的形式（推论），又包含价值的内容

---

① 《易传·系辞上》。
② 《论语·雍也》。
③ 《孟子·梁惠王上》。

（仁爱），由此展现的理性化，同时呈现实质的意义。对儒家而言，广义视域中的道德实践便建立在这一类的推论之上："孩提之童，无不知爱其亲者，及其长也，无不知敬其兄也。亲亲，仁也；敬长，义也。无他，达之天下也。"①亲亲、敬长是一种包含伦理内容（仁义）并具有本原性的道德情感，"达于天下"，也就是将这种包含仁义内涵的本原性情感普遍地推行于外。作为贯彻仁道等价值原则的方式，这种情感外推所体现的合理性，内在地制约着由此展开的实践活动，并赋予后者以实质意义上的理性化形态。

　　具体而言，以上论域中的"情"与"理"不仅统一于广义的理性化过程，而且其本身也具有彼此互融的特点。从情感的性质看，往往存在健全与否的区分，以人我关系而言，对他人的不幸有同情之感，这是健全的情感反应；相反，对他人的不幸遭遇感到幸灾乐祸，这种情感体验则缺乏健全的性质。形成健全的情感，便需要包括价值规范的理性原则的引导。同时，情感表达的过程还涉及适度性。《中庸》曾提出："喜怒哀乐未发，谓之中；发而皆中节，谓之和。""未发"是就情感尚未呈现于外而言；"发而皆中节"，则指在情感流露于外时，既合乎一定的价值原则（具有健全性），又保持适当的"度"，避免"过"与"不及"。情感的这种"中节"，同样需要"理"的内在引导。在以上方面，"理"与"情"无疑呈现相互渗入的关系。

　　从实践的具体过程看，"情"与"理"的互动涉及多重方面。以社会领域的实践活动而言，如果既合乎情，又依乎理，便能使这种活动趋向于合理："夫能通天下之情，不违其理，守大中之节，不失其时，以此而行，则合圣人中正之道。"②这里涉及的首先是政治活动。"天

①　《孟子·尽心上》。
②　胡瑗：《周易口义》卷十。此书由胡瑗口授，其弟子倪天隐录述。

下"包括天下之人,"天下之情"涉及天下之人心所向(包括情感趋向),"理"则是一定时代的价值原则、存在法则,"行"唯有顺乎天下之人心(包括情感趋向)、依循当然之则与必然法则,才能达到"中正"(合理)的形态。这种看法可以视为"仁民"观念的具体展开:"仁民"在实践的层面兼涉政治活动。社会领域的政治实践往往关乎变迁损益,这种活动如果不悖乎常理,则往往呈现既合于情也合于道的特点。这一意义中的合"情"合"理",已不限于主体之间的情感沟通,而是体现并渗入于现实的践行过程之中。

以上过程中的情理交融,同时体现了"心同此理"。从实质的方面看,"心同此理"既关乎普遍之则,又表现为一种共通感(common sense),这种共通感不限于康德哲学中的审美意识,而是以共同的价值趋向为其内涵。前文曾提及孟子的如下看法:"心之所同然者何也?谓理也,义也。"①以理和义为内容的这种内在的相通意识(心之所同然),便可视为以共通感形式出现的普遍价值取向。与包含"理"与"义"相联系,这一层面的"心之所同然",同时又以普遍之则为题中之义。以上两个方面相互融合,构成了"心同此理"中"理"的具体内涵。不难看到,后者以相通意识与普遍之则互融的形式,体现了"情"与"理"的统一。

在引申的意义上,上述过程所内含的"合情"与"合理",也关乎主客体关系以及与之相关的实践活动。前文提及的"仁民爱物",便包含对事物的珍惜、爱护之情:如果说,"仁民"是从人我关系或群己关系方面体现了如何对待他人或群体的实践原则,那么,"爱物"则从物我关系或天人关系上,展现了对待自然、他物的实践原则。张载的民胞物与之说,对此作了更具体的阐述:"乾称父,坤称母;予兹藐焉,乃

---

① 《孟子·告子上》。

混然中处。故天地之塞,吾其体;天地之帅,吾其性。民吾同胞,物吾与也。"①在此,张载将整个世界视为一个大家庭,其中既包含对他人的关爱之情,也体现了对他物的珍爱之意,尽管与孟子所说的"仁民爱物"一致,以上看法所涉及的情感具有不同的内涵,但这里又确实肯定了在"赞天地之化育"的践行过程中应当既合乎理(天道),又合乎情(人道)。后来理学所一再确认的"仁者与天地万物为一体",可以视为民胞物与说的引申,它所体现的观念,也与之前后相承。作为仁者的立场,万物一体无疑体现了对天地间所有存在的理性关切,而这种关切同时也渗入了内在的情感(人之情)。

可以看到,与赋予认识意义上的理性(心之"思")以认知和评价双重内容一致,中国哲学对实践过程中的合理性(rationality)也作了广义的理解,使之同时包含"情"与"理"二重涵义。以上二重趋向从不同的方面体现了中国哲学对广义理性的理解。

三

步入近代以后,中国传统哲学对理性的以上理解依然得到某种延续。在这方面,梁漱溟的看法具有一定的代表性。从中国近代哲学的衍化看,梁漱溟虽然不是唯一关注理性的哲学家,但却是对理性观念给予独特诠释的哲学家。梁漱溟对"理性"的诠释,可以视为中国传统哲学的理性观念在近代的回响。

尽管西方意义上的理性概念在梁漱溟的时代已经引入,但如后面将进一步论及的,梁漱溟并未简单地接受这种理性概念。他首先对理智与理性作了区分:"理性、理智为心思作用之两面:知的一面曰

---

① 　张载:《张载集》,中华书局,1978 年,第 62 页。

理智,情的一面曰理性。"①作为对理性的简要界说,以上看法一方面将理性与心之思联系起来,另一方面又对理性与"情"作了沟通,对理性的这一理解无疑上承了中国哲学"情"与"理"相合的传统。

就对象而言,以上区分又以"理"本身内含的不同规定为根据:"所谓理者,即有此不同,似当分别予以不同名称。前者为人情上的理,不妨简称'情理',后者为物观上的理,不妨简称'物理'。"②理智与理性都关乎"理",但此"理"又有"物理"与"情理"之别。与之相联系,二者的把握方式也有所不同:"情理,离却主观好恶即无从认识;物理,则不离主观好恶即无从认识。"③"物理"存在于事实之域,对其认识主要基于如其所是地把握,在此意义上,无涉"主观好恶";"情理"则关乎价值之域,所谓"合情"、"合理"亦源于此,与之相联系,对其把握无法离开人的意欲、情感(包括"主观好恶")。对理的以上理解,与中国传统哲学区分理之"必然"与理之"当然"具有相通性。当然,传统哲学侧重于二者之"合",作为近代哲学家的梁漱溟则更强调二者之"分",而这种"分"又旨在为突出他所理解的理性之意义提供本体论与认识论层面的根据。

在梁漱溟看来,以"知"为指向的理智,主要表现为一种认识的机能,与"情"相关的理性则关乎目的性的追求:"譬如计算数目,计算之心是理智,而求正确之心理是理性。"④目的的渗入,使理性同时包含了价值的内涵。按梁漱溟的理解,这种具有价值意义的理性,构成了人类不同于其他存在的内在特征"人类所以异于一般生物只在觅生

① 梁漱溟:《中国文化要义》上海人民出版社,2011 年,第 121 页。
② 梁漱溟:《中国文化要义》,第 123 页。
③ 梁漱溟:《中国文化要义》,第 123 页。
④ 梁漱溟:《中国文化要义》,第 121 页。

活者,乃更有向上一念,要求生活之合理也。"①这里的合理,更多地具有价值意义,可以视为价值意义上的理性化。与此相联系,理智与理性之别从实质的方面看,便涉及认知理性与价值理性的区分。

如上所述,在中国哲学的视域中,事实层面的认知与价值层面的评价往往更多地呈现交融的特点,这种看法肯定了在广义认识过程中二者的相关性,无疑不无所见。但是,按其内涵,认知与评价又有不同的侧重:从总的认识过程看,事实的认知与价值的评价诚然不可相分,但二者又各自相对独立的侧重,如果仅仅肯定其相关性而忽视其不同规定,对认识过程向不同方面的深化和展开,似乎容易构成某种限定。作为近代哲学家,梁漱溟已不自限于合而不分的视域,他对理性以及理智的如上区分,便体现了这一点。这种看法对更为深入地把握认识过程以及理性概念的内在规定和特点,显然有其积极的意义。

当然,将"理智"主要理解为"知"的机能而赋予"理性"以价值的内涵,同时又蕴含对二者的不同定位。对梁漱溟而言,尽管理智也是人所具有的规定,并且它与理性非截然相分,然而,人之为人的根本特征,却体现于理性:"以理智为人类的特征,未若以理性当之之深切著明,我故曰:人类的特征在理性。"②不难看到,在理智与理性二者之中,梁漱溟给予理性以更优先的地位,这一定位又基于对理性的价值意义的注重。在具体地解释理智与理性的不同内涵时,梁漱溟曾作了形象的说明:"譬如学校考试,学生将考题答错,是一种错误——知识上的错误。若在考试上舞弊行欺,则又是另一种错误——行为上的错误。前一错误,于学习上见出低能,应属智能问题;后一错误,

---

① 梁漱溟:《中国文化要义》,第121页。
② 梁漱溟:《中国文化要义》,第121页。

便属品性问题。智能问题于理智有关;品性问题于理性有关。"①理智与事实认知层面的对错相关,理性则涉及价值层面的正当与否。对梁漱溟而言,价值层面的正当与否,关乎人的发展目标和方向,从而具有更根本的意义。

梁漱溟对理性的内涵及其文化意义的如上理解,无疑展现了中国传统哲学的背景。事实上,按梁漱溟的理解,中国传统文化的特点,即在于注重上述意义中的理性:"惟中国古人之有见于理性也,以为'是天之所予我者',人生之意义价值在焉。⋯⋯自周孔以来二三千年,中国文化趋重在此,几乎集全力以倾注于一点。"②在这里,理性首先与"人生之意义价值"相涉,其优先于理智之处,也体现于此。然而,比较而言,在中国传统哲学中,理性的观念既包含认知内容,也蕴含价值内涵,其特点在于相关方面合而不分,梁漱溟则主要将理性与其中的价值之维联系起来,由此突出理性的价值意义或价值层面的理性。这一理论侧重的转换,与西方近代以来理性概念的东渐似乎不无关系。历史地看,梁漱溟之区分理智与理性,在某种意义上即以西方近代以来理性概念的传入为背景:对他而言,西方近代以来对理性的理解以突出认知意义为特点,这种"理性"只限于他所说的"理智",真正意义上的理性,应以价值关切为内容。尽管梁漱溟也肯定中国传统文化在认知理性的层面存在不足,但在价值理性的层面,却表现出其优势,所谓中国人"长于理性短于理智"③,便表明了这一点。就其区分认知意义上的理智与价值意义上的理性而言,梁漱溟的以上看法显然折射了西方近代的理性观念:从某种意义上说,正是基于

---

① 梁漱溟:《中国文化要义》,第 124 页。
② 梁漱溟:《中国文化要义》,第 132 页。
③ 梁漱溟:《中国文化要义》,第 262 页。

西方近代以来的理性概念,梁漱溟扬弃了中国传统哲学中理性观念认知与评价合而不分的趋向,由此展现了不同于传统的近代视域;就其推重并突出价值层面的理性而言,则以上理解又上承并浸染了中国传统哲学的理性观念。古今中西之间的这种纠葛,一方面内含着对西方近代理性概念的某种回应,另一方面也渗入了对中国传统哲学中理性观念的近代诠释,后者同时从一个侧面显现了中国近代哲学与传统哲学在理性观念上的历史关联与历史变迁。

（原载《文史哲》2014 年第 2 期）

历史中的诸子之学

诸子之学,兴起于先秦。从思想史上看,那是一个群星灿烂的时代：一大批富有创见的思想家喷涌而出,蔚为思想史之奇观。就社会身份而言,诸子属广义的"士"；从思想文化的品格看,诸子又是中国思想史上最早形成自身思想系统的思想家。在狭义上,诸子之学与先秦时代相联系,在广义上,作为创造性思想家的"诸子"以及与之相关的"诸子之学"则不限于先秦而绵延于此后中国思想的整个历史衍化过程,这一过程在今天并没有终结。

一

诸子之学的内在特点,可以从不同方面加以理解。

在历史的层面上,诸子之学首先具有思想和文化的承继性或延续性。诸子百家,尽管各有创见,但并非完全没有思想之源。历史地看,在诸子之学形成之前,《诗》、《书》、《易》等元典已出现,它们对诸子的思想具有不同意义的影响,诸子在其著述中每每引用《诗》、《书》等文献,便表明了这一点。孔子曾提到"述而不作,信而好古",其中的"述"代表了对以往历史的延续、承继。当然,这并不是说,孔子完全不"作",毋宁说,这里强调的是以"述"为"作"的前提。尽管与思想立场、观点的差异相联系,诸子对以往思想的阐发、取舍各有不同侧重,但在与前此的思想发展存在历史联系这一点上,又具有相近的趋向。

诸子之学的历史承继性,同时体现在更广的社会历史文化层面。早在汉代,班固在《汉书·艺文志》已提出"诸子出于王官"之说,认为"儒家者流,盖出于司徒之官","道家者流,盖出于史官","阴阳家者流,盖出于羲和之官","法家者流,盖出于理官","名家者流,盖出于礼官",等等。此说之源,又可追溯到刘歆的《七略》。直到近代,章太炎在《诸子学略说》中仍肯定这一看法。认为诸子中的某一学派源于历史上的某一职守,这种简单的一一对应自然未必合乎历史的事实,然而,从另一角度看,以上观点似乎又多少有见于诸子之学的兴起与以往的历史文化发展之间并非毫无关联。质言之,"诸子出于王官"之说不必拘泥于其中的具体历史结论,其意义应当从肯定诸子之学具有宽泛意义上的历史承继性这一角度去理解。

诸子之学的另一个重要的方面——在某种意义上是更为重要的方面,是它所具有的思想突破性。相对于以往对世界及相关对象的理解而言,诸子之学确实富有思想的创造性。尽管学术立场不同、思想倾向各异,但各家各派都基于对时代问题以及宇宙人生原理的不同理解,提出了自己核心的观念,并由此建构自身的思想系统。如孔子提出了"仁"的观念,并以此为宗旨,建立起一套儒学的体系;老子提出了"道"、"自然"等概念,由此形成早期的道家学说;墨家提出了"兼相爱"、"交相利"等观念,由此成为与儒家并列的另一显学,如此等等。通常以所谓"轴心时代"指称诸子所处的历史时期,这里的"轴心"隐喻,也基于诸子的思想创造。先秦时代如同西方的古希腊,是新的、创造性思想体系形成的时代,它所具有的思想原创性、突破性,使之成为后继思想发展的历史之源。从汉魏,到隋唐、宋明,直到近现代,中国思想的历史发展,总是可以不断回溯到先秦时代。

从另一角度看,诸子之学所展现的思想突破,同时也体现了思想历史发展的间断性。近人如胡适提出"诸子不出于王官论",此说既在历史层面有见于诸子与王官之间作简单对应之弊,也蕴含更广层面的意义:如果说,"诸子出于王官"之说从一个侧面触及了诸子思想的历史承继性,那么,肯定"诸子不出于王官",则意味着确认诸子之学包含对以往文化思想的突破、超越这一面。

宽泛而言,对诸子之学的思想旨趣以及内在关切的问题,可以借用后来司马迁的两句话来概括,即"究天人之际、通古今之变"。诸子之学的具体内容当然复杂而多样,但从最广的层面看,则各家都在不同意义上涉及以上两个方面。所谓"究天人之际",包括对人和自然、人与超越的对象或超验存在之间关系的理解。诸子从不同角度涉及这一类问题:事实上,天人之辩,便构成了先秦诸子论争的基本问题之一。儒家之主张仁道原则以及天命观念、墨家之重兼爱和天志、道家之强调"道法自然"和"无以人灭天",等等,都从不同方面展现了对天人之际的理解。这里既有价值观上注重自然原则与突出人道原则的分野,也有形上层面对"天"的不同规定。

"通古今之变"中的"古今"不仅仅是一时间概念,其中也包含着具体的历史、文化、政治内涵。从一定意义上说,前述"诸子出于王官"的看法也关乎这一方面的问题:"王官"包含政治、文化的历史内容,认为诸子之学与"王官"具有相关性,也表明诸子之学涉及广义的政治、文化内容。先秦时期与天人之辩相关的另一重要论题,是礼法之争,礼法问题在实质的内容方面关乎政治主张、治国原则:究竟"道之以政,齐之以刑",还是"道之以德,齐之以礼"?礼法之争同时与王霸之辩相涉:应当实行仁政、王道,还是实行霸道?诸子之间就这些问题展开了多方面的论争,其中涉及对理想的政治体制、社会形态的不同理解。这种论争在形式的层面与广义的古今问题相涉:礼制、王道,往往表现了以三代等为代表的理想(古),法治、霸道则体现了当时的形式(今)。事实上,直到近代,古今问题依然包含多方面的政治、历史内容,如作为近代思想重要论争的"古今中西"之争,其中"古今"的形式之下便包含着在历史走向、政治道路的选择方面的不同立场和取向。

在诸子之前,"究天人之际"的问题,常常与巫术活动相纠缠,后者又主要与"巫"及后来的"祝"、"宗"、"卜"等相联系:在相当长的历史时期中,"巫"或"祝"、"宗"、"卜"等被赋予沟通天人(上传下达)的功能:一方面,他们向天表达人的意愿和要求,另一方面,他们又向人传达天的意志。在此意义上,"巫"或"祝"、"宗"、"卜"等既是天人之间的桥梁和中介,又是把握天人关系的"专家"和"权威"。①

---

① 历史地看,广义的"巫"经历了从宽泛的巫术活动主持者到逐渐职业化的过程。按《国语·楚语》的追溯,历史上曾出现过所谓"家有巫史"的时期,尔后颛顼"命南正重司天以属神,命火正黎司地以属民",形成"绝地天通"的格局,这意味着沟通天地成为广义之"巫"的专职。尽管这一记叙并非严格意义上的历史描述,但其中亦折射了某种历史衍化的过程。"巫"的专职化,一方面使之成为具有"专业"性质的"权威",另一方面也让广义之"巫"本身成为某种特殊阶层,并与官方形成了一定的关联,"祝"、"宗"、"卜"等职的出现,也从一个方面体现了这一趋向。

广义之"巫"对天人关系的理解和处置,首先以"巫术"为途径和形式,巫术在总体上则包含神秘的、超自然的方面。这样,在巫师、巫术的层面,对天人关系的理解和把握,也总是相应地具有某种神秘性。就"通古今之变"而言,在诸子之前,"古今"问题所涉及的社会、政治、思想、文化等方面的内容,往往由"王官"或官方化的政治意识形态所垄断的。作为传统社会政治、文化活动重要内容的"制礼作乐",以及礼制的传承和损益、对礼乐的规定、解释,便主要由王朝的最上层所主持。这种状况,与"学在官府"的历史背景具有相关性。

然而,在诸子出现之后,以上情况便发生了变化。"究天人之际"已非广义之"巫"这一阶层的专利,"通古今之变"也不再为"王官"或具有官方性质的意识形态所垄断。作为诸子社会依托的"士"既不同于"巫",也有别于"王官",但在某些方面却"兼有"二者的身份和功能,而作为其思想代表的诸子则开始承担原来由巫师和王官所专断的"究天人"、"通古今"之事。这是一种十分重要的转换,其意义不仅仅在于天人之间的解释者、古今过程的通变者之变更,而且更在于"究天人"、"通古今"所涉及的内容与形式的实质性变化:相对于巫师借助巫术沟通、解释天人关系所呈现的神秘形态,诸子所展开的天人之辩更多地具有现实的内容和理性的形式;相对于"王官"所体现的官方化意识形态而言,诸子对古今关系形式之下所涉及的政治、文化、历史内容的阐释与理解,更多地表现为个性化、独创性的思想系统。如果说,前者涉及从超自然的、神秘化的把握世界方式向理性化的把握方式转化,那么,后者则意味着由"王官"化(官方化)的思维方式向个性化的自由思考转化。后一方面的衍化,在逻辑上伴随着从学在官府到私人讲学的历史变迁。尽管与历史的承继性以及当时具体的时代背景相联系,诸子的思想并没有完全摆脱神秘性,但较之此前的"巫师"、"王官",诸子的思想无疑具有更多的理性内容与自由的形式。事实上，先秦的百家争鸣，便既展现为一个理性思考的过程，又表现为诸子之间的自由相争和讨论。

从思想史的角度看，在诸子之学中，不仅可以看到经与史之间的相通性，而且也不难注意到经和诸子之间的相关性。先秦时期当然还没有形成经学，不过，如前所述，《易》《诗》《书》等后来成为经学领域经典的典籍却已存在。从王阳明到章学诚，都曾提出"五经皆史"或"六经皆史"之说，其中强调的是"经"与"史"之间的统一性。广而言之，除了经史之间的这种交融外，后来成为经学载体的经典及相关理论与诸子之学也呈现内在的关联。一方面，后来成为经学重要经典的《诗》《书》等文献不断为诸子们所引述，并构成他们思想的重要来源，从中可以看到后来成为经学载体的经典、文献对诸子的影响。另一方面，诸子中的一些重要人物，如孔子、孟子，其思想后来成为经学的重要内容，其著作则在后来成为经学典籍的重要构成。在中国思想的尔后历史衍化中，有所谓经、史、子、集之分，与之相关的是经学与史学、经学与诸子之学的分野。然而，从历史的源头看，后来被作为经学的思想内容与诸子之学之间，并非彼此截然隔绝。如后文将进一步讨论的，这种交融，也制约着中国思想的尔后发展。

二

诸子之学所具有的以上特点，包括历史的承继性和延续性、思想的突破性和创造性，以及诸子学与后来成为经学的思想内容之间的相容性，在中国思想的发展过程中，本身不断得到延续。在汉代，董仲舒、扬雄等人物既承继了包括先秦在内的以往思想系统（扬雄甚至在形式的层面也依循传统经典，如其《太玄》仿《周易》而作、《法言》以《论语》为效法对象），又具有思想的创造性。同时，他们也体现了经、子之间的沟通：一方面，在经学形成之后，其中的一些人物（如董仲舒）已成为重要的经学家，另一方面，他们又有自己个性化的思想系统，可以视为汉代的"诸子"。后来"董子"、"扬子"之称谓，也从一个方面体现了其思想品格与诸子的相近性。魏晋时期，诸子的思想一度呈复兴之势，除儒之外，道、墨、名家等思想都得到了多方面的阐发。王弼、何晏、嵇康、郭象等是其中的代表性人物。王弼有《周易注》，何晏有《论语集解》，郭象有《庄子注》，等等，其中既可以看到思想的历史延续，也不难发现其思想的创见。同时，在王弼、何晏那里，经学与子学之间也呈现内在的相融性，而他们本身则既是经学家，又是魏晋时代的"诸子"。隋唐时期，韩愈、柳宗元、刘禹锡等，同样体现了"述"与"作"的统一，既上承传统思想，又在新的历史条件下对传统的儒学作了进一步的阐发。就其思想品格而言，他们也可视为隋唐时代的"诸子"。宋明时期，理学基于儒学传统，又对其作了新的发展。以北宋五子而言，他们对经学都有相当深入的研究，对以往传统经典也作了种种诠释，在这一意义上，他们的思想无疑体现了历史的承继性。但同时，北宋五子又各自形成了具有创造性的思想体系，可以看作是宋代有创见的"诸子"：事实上，"五子"这一称谓，也体现了他们与诸子的思想联系。在这里，历史的承继性、思想的创造性与突破性，以及经学与子学之间的相融，同样得到了展现。

至清代，诸子之学作为研究对象进一步受到重视：清代从某种意义上再次体现了诸子学的复兴，当然，这种复兴首先表现为先秦诸子学作为研究对象得到了关注。与之相关，从主导的方面来看，尤其是在乾嘉学派那里，清代诸子之学的研究主要侧重于文献的考证、训诂、校勘等。不过，清代诸子学的研究并不仅仅限于这些方面。后来龚自珍对乾嘉学派的学术作了带有总结性的概括，在评价乾嘉学派的代表人物之一阮元的学术研究时，他便区分了阮元所涉及各种学术的领域,包括训诂、校勘、金石、史学、典章制度,等等,与此相关,他还特别注意到"性道之学",并将"性道之学"列为阮元学术研究的重要方面。所谓"性道之学",也就是关于性与天道的追问和沉思,其中涉及现代视域中具有哲学内涵的创造性思考,对"性道之学"的关切,表明即使在以诸子作为实证性研究对象的乾嘉时期,当时学人的思想依然关注思想的创造性,从而在实质的层面也同时上承了先秦诸子注重思想创造的传统。

在近现代,诸子之学进一步成为重要的研究领域。近现代诸子之学研究的重要特点,表现为把诸子之学放在现代学科背景下加以讨论。梁启超、章太炎、胡适,等等,都已开始从文学、历史、哲学等学科的角度,对诸子的典籍、思想作现代意义上的考察和阐释,诸子之学的研究则相应地取得了现代学术的形态。如前所述,自汉代到近代,诸子之学的研究与阐发,往往与经学相涉,与之相联系,诸子之学所具有的思想创造传统固然仍得到延续,但思想的这种发展又离不开经学的背景,后者作为正统化的意识形态从不同方面制约着思想的衍化。由此,诸子之学与经学的关系也呈现较为复杂的格局:一方面,在经学的发展中,诸子之学所内含的个性化创造传统并没有消失,即使是经学家,本身也常常同时是相关时代有独特思想品格的诸子;另一方面,意识形态化的经学,又每每在价值观念等层面对自由的思考形成了某种限定,所谓"思不出位",也从一个层面体现了这一点。相对于此,近代以来,随着经学的终结,思想发展(包括对诸子之学的研究),已由经(学)子(学)交融,走向二者的脱钩,后者的意义当然并不在于否定思想发展的前后承继,而是展现为摆脱经学作为正统意识形态所蕴含的以上限定。从某种意义上说,步入近代以后,特别是新文化运动之后,先秦那种自由立说、自由讨论的思想景观再度出现,近现代的思想家也在新的历史条件下继续"究天人之际、通古今之变",并在上承以往思想资源的同时,通过创造性的思考,形成不同的思想系统。

三

进入 21 世纪之后,伴随着对传统思想的不断回溯和反思,诸子之学也受到了不同层面的关注,所谓"新子学"的提出,便从一个方面体现了这一点。从前面所论可以看到,就实质的方面而言,诸子首先是有创见的思想家,诸子之学则相应地表现为个性化的、创造性的思想系统。在这一意义上,诸子之学是通过创造性思考自然形成的,而不是外在或人为地"建构"起来。与此相联系,如果以"新子学"作为学术、思想发展的目标,则这种"子学"同样非外在的人为"建构"所能形成,而应当是新的历史背景下对宇宙人生、社会历史、现实问题的创造性思考的产物。这里需要区分两种形态:其一,以历史上的诸子之学作为研究对象,其二,通过创造性的思考,形成新时代的诸子之学。前者属学术史、思想史的领域,后者则是新的思想系统本身的形成和发展。严格意义上的"新子学",主要与后一形态相联系,它意味着在新的历史条件下形成新的思想者和新的思想系统。

如前所述,诸子之学以历史的承继性和思想的创造性及突破性为其内在品格。"新子学"或新的思想系统的形成,同样涉及以上方面。这里,可以借用现代哲学家冯友兰的说法,从"照着讲"和"接着讲"两个方面来理解思想的发展。宽泛而言,"照着讲"主要侧重于历史的维度,包括从历史角度对以往经典作具体的实证性研究,诸如训诂、校勘、文献编纂、文献整理,等等。这方面的研究涉及对以往思想的回顾、反思,既应把握历史上的思想家(诸子)实际说了些什么,也应总结其中具有创造性和生命力的内容,从而为今天的思考提供重要的思想资源。

与"照着讲"相关的是"接着讲"。从思想的发展与诸子学的关联看,"接着讲"更多地近于诸子所体现的思想突破这一内在品格,它意味着延续诸子注重思想创造的传统。事实上,自近现代开始,具有创造性的思想家总是在"照着讲"的同时,又以不同方式"接着讲"。以区分"照着讲"与"接着讲"的冯友兰而言,其思想便可首先上溯到传统理学中程朱一系,从他本于传统的程朱理学这一方面看,冯友兰的思想无疑包含"照着讲"这一面。然而,他同时又吸纳西方现代新实在论的哲学,并通过融合程朱理学与新实在论而对传统理学作了独特的发展,由此形成所谓"新理学"。"新理学"之"新",便体现了"接着讲",而"新理学"本身则可视为"接着讲"的产物。广而言之,今天学术思想的发展,同样也离不开"接着讲"。

以近代以来中西思想的互动为背景,"接着讲"无法回避中西思想之间的关系。20世纪初,王国维在《〈国学丛刊〉序》中已提出:"中西二学,盛则俱盛,衰则俱衰。风气既开,互相推助。且居今日之世,讲今日之学,未有西学不兴而中学能兴者,亦未有中学不兴而西学能兴者。"这里既涉及国学研究的具体进路,也关乎更广意义上思想发展的方式。在中西之学已相遇的历史背景下,"接着讲"同时表现为中西之学的交融,从更深沉的视域看,这种交融具体展开为世界文化的建构与发展过程。就世界文化的发展而言,中国思想传统与西方的思想传统都构成了重要的资源,而世界文化的发展,则以二者的互动为其重要前提。这一意义上的"新子学",同时展现为世界文化发展过程中创造性的思想系统。相对于传统的诸子之学,以上视域中的"新子学"无疑既获得了新的内涵,也取得了新的形态。

作为思想发展的相关方面,"照着讲"与"接着讲"无法分离。任何新思想的形成,都不能从"无"开始,它总是基于前此的思想演进过程,并需要对前此思想范围而进退之。"照着讲"的意义,在于梳理以往的思想发展过程,敞开前人思想的丰富内容,由此为后继的思想提供理论之源。在此意义上,"照着讲"构成了"接着讲"的出发点。然而,仅仅停留在"照着讲",思想便容易止于过去,难以继续前行,这不仅无助于新思想的生成和发展,而且将限定以往思想的历史意义,甚而窒息其内在的生命。就此而言,在"照着讲"之后,需要继之以"接着讲"。"接着讲"的基本精神,是突破以往思想或推进以往思想,而新的思想系统的形成,则是其逻辑的结果。进而言之,从现实的过程看,"照着讲"与"接着讲"总是相互渗入:"照着讲"包含对以往思想的逻辑重构与理论阐释,这种重构与阐释之中,已内含"接着讲";"接着讲"基于已有的思想发展,其中也相应地内含"照着讲"。

今天谈"新子学",在实质的层面应当注重思想发展过程中"照着讲"与"接着讲"的统一。"照着讲"意味着思想的历史延续,"接着讲"则指向新思想的创造性发展,二者的如上统一,既在历史的层面体现了诸子之学沟通观念的承继性和思想的突破性这一特点,也在现实的维度上为形成具有个性的创造性思想系统提供了前提。

（原载《中华读书报》2013 年 5 月 8 日）

中国思想史中的"公正"观念

在中国思想史中,"公"和"正"分别具有认识论与价值观两个方面的内涵。从认识论的层面看,"公"关乎客观的视域,"正"则有合乎、一致等涵义。在价值观意义上,"公"首先与"公共性"相关,但又不完全等同于作为现代观念的"公共性",其涵义主要涉及对个体性和私人性的超越。价值观意义上的"正",既指正直、中正,又涉及正当,并同时具有约束、规范之意。"公正"连用更多地涉及价值观的意义。从价值观上说,公正总体上体现在公平、公道地对待群体中的每一成员。作为传统概念的"公正"不同于作为 Justice 的正义,但又蕴含着与正义原则加以沟通的可能。

历史地看,"公"和"正"这两个概念常被分别使用。就观念层面的一般意义而言,"公"首先与"私"相对,先秦以来的所谓公私之辩,便从一个方面体现了这一点。在公私之辩的论域中,"公"的涵义主要表现为超越个体性;"私"本身若撇开其特定的价值意蕴,则更多地涉及个体性。公私之分在这里主要表现为超越个体与关注个体之别。

作为哲学观念,"正"从否定方面来说,主要意味着不偏离一定的准则;就肯定的方面而言,则指符合于一定准则或与一定的准则一致。此所谓符合和一致,具体地看,主要便指合乎当然或合乎必然。朱熹曾指出:

苟公而不正,则其好恶必不能皆当乎理。①

在此,"正"主要被理解为"当乎理"。这里的"理"按照理学家的理解,又包括两方面的涵义,即所以然与其所当然:"至于天下之物,则必各有所以然之故,与其所当然之则,所谓理也。"②所以然即必然,所当然则指当然。"必然"(所以然)主要是指普遍的存在法则,"当然"则更多地涉及社会领域中人的行为规范(当然之则)。以"当乎理"为"正"的具体内涵,表明"正"的具体涵义在于合乎存在法则与当然之则。以上可以视为"公"和"正"所内含的一般涵义。

---

① 朱熹:《朱子语类》卷二十六,《朱子全书》第十四册,上海古籍出版社、安徽教育出版社,2010年,第933页。

② 朱熹:《大学或问上》,《朱子全书》第六册,第512页。

进一步加以分析,则"公"和"正"分别具有认识论与价值论两个方面的内涵。前文已提及,从认识论的层面看,中国思想家所讲的"公",往往关乎客观的视域,亦即所谓"公心"。荀子便要求"以公心辨"①,就是说,要从"公心"的角度出发,来辨别他人说法正确与否。这里的"公心",就是指客观的视域,其特点在于超越个人成见或已有的偏见,从普遍、客观的角度去辨析、把握对象。荀子又说,"公生明,偏生暗"。② 这里涉及的也是认识论意义上的"公",后者与"偏"相对。"偏"即偏见或片面之见,与之相对的"公"则指比较全面的视域。从认识论的意义上说,"公"而不"偏"意味从比较客观、全面的角度去考察对象,而非执着于一偏之见或某一个片面。

与"公"相联系的是"正"。如前所述,在一般意义上,"正"有合乎、一致等涵义,在认识论的视域中,"正"便意味着合乎事实。具体而言,它首先涉及名和实之间的关系:名和实之间的一致往往被理解为"正"。荀子曾对"正名"给予了相当的关注,他批评当时有些人"擅作名以乱正名"③,即杜撰一些与实不合之"名",以致把"正名"搞乱了。这里所说的"正名",就是与"实"相当之名,其特点在于与对象、事物有着确切的对应关系。例如,用"水"这个词来指水这种对象,而不是用"水"这个词来指称火,这就是"正名"。所谓"以乱正名",便是混淆了名与实之间确定的指称关系。他对名家的一些人物甚为不满,认为他们往往犯了以上错误,以致在辨析某些问题时,常常导向诡辩。诡辩的涵义之一就是将名与实之间本来具有的对应和符合关系加以混淆。

---

① 《荀子·正名》。
② 《荀子·不苟》。
③ 《荀子·正名》。

上述意义上的"正",不同于穷尽一切方面。荀子曾指出了这一点:"君子之所谓察者,非能遍察人之所察之谓也,有所正矣。"①质言之,所谓善于考察对象,并不是说事无巨细、把所有的方方面面都一览无遗地加以考察,而是指"有所正",亦即考察的角度合乎事、当乎理。合乎事是指与事实相符,当乎理则指合乎事物的内在法则和内在规定。这一层面的"正"既指名与实之间的一致,也指在考察对象的时候合乎其本来状态,其中同样包含认识论的内涵。

从价值观上看,"公"和"正"也有其独特的意义。价值观意义上的"公",首先与"公共性"相关,但又不完全等同于作为现代观念的"公共性"。如前所述,"公"的一般涵义在于超越个体性和私人性。《礼记·礼运》所谓"大道之行也,天下为公",就已内含价值观上群体、公共的指向。朱熹也特别提到,"公是个广大无私意"②。"广大无私",即蕴含公共的性质。③ 王夫之后来进而指出:"秦以私天下之心而罢侯置守,而天假其私以行其大公,存乎神者之不测,有如是夫!"④这里的"公"也与"私"相对,所谓"天假其私以行其大公",是指秦代废除分封,实行郡县制,在形式上虽表现为君主的意愿,但实质上恰恰体现了一种超越君主个体意愿的历史要求。换言之,个体的私意背后,蕴含着公共的趋向。

在价值观上,"公"同时又包含开放性、包容性之意,《老子》一书已涉及"公"的这一涵义。《老子》说:

---

① 《荀子·儒效》。

② 朱熹:《朱子语类》卷二十六,《朱子全书》第十四册,第933页。

③ 公私相对的观念,在《尚书·周官》中已出现,所谓"以公灭私,民其允怀"。但有关该书的真伪,学界尚有不同看法。

④ 王夫之:《读通鉴论》卷一,《船山全书》第十册,岳麓书社,1988年,第68页。

知常容,容乃公,公乃王①,王乃天,天乃道,道乃久,没身不殆。②

　　所谓"知常",在《老子》那里是指对普遍之道的把握,它不同于具体的知识,主要表现为对恒常之道的认识,在《老子》看来,一旦把握了"道",就将达到"公"的层面,后者表现为一种宽容开放的境界,并进一步合乎天(自然),而合乎天同时意味着合乎道。河上公在解释《老子》以上论述时便指出,《老子》所说的"公"是指无所不包容:"无所不包容,则公正无私。"③就个体而言,这里体现的是一种开放的胸怀。

　　价值观意义上的"正",首先是指正直、中正。中正意味着不偏不倚、没有偏向。朱熹曾指出了这一点:"正是个无所偏主处。"④所谓"无所偏主处",就是端正而没有偏倚。"正"的另外一个涵义则是正当。这一点在朱熹所说的"当乎理"中已经表现得十分明显:"正"即"当乎理",而合乎理的言行,也就是正当的言行。

　　进而言之,"正"又有约束、规范之意。这一点在儒家的一些经典中表达得比较明确。《大学》提出"正心"、"诚意","正心"便指对内在意念加以约束,使之归于端正。荀子更具体地指出:"今人之性恶,必将待师法然后正。"⑤"礼者,所以正身也。"⑥从逻辑上说,既然人性为恶,则唯有通过外在的礼法,才能使之正而无偏、合乎当然。这里

------

① 　王,又作全。
② 　《老子·第十六章》。
③ 　河上公:《老子道德经河上公章句·归根第十六》,中华书局,1993 年,第63 页。
④ 　朱熹:《朱子语类》卷二十六,《朱子全书》第十四册,第 933 页。
⑤ 　《荀子·性恶》。
⑥ 　《荀子·修身》。

的"正"有动词与名词二重涵义:"正身"之"正"是在动词意义上使用
的,表现为对个体的约束、规范,对荀子而言,个体不是抽象的精神或
观念,而是和他的肉体存在无法分离,从而,对人的约束,同时意味着
"正身"。"然后正"之"正"则具有名词意义,表现为一种理想的目
标、结果(归于端正的形态)。荀子又说:"率道而行,端然正己,不为
物倾侧,夫是之谓诚君子。"①在此,"正"所具有的不偏倚、中正之义
与约束之义便联系在一起,呈现了内在的统一:所谓"正己",就是指
自我约束,"不为物倾侧",则是避免有所偏斜或不端正,总起来,"正
己"也就是约束自己,使之处于正而不偏的位置之上。墨家对"正"也
有相近的理解,墨子说:

> 义者,正也。何以知义之为正也? 天下有义则治,无义则
> 乱,我以此知义之为正也。②

这里的"义"泛指当然之则,以"义"为"正",也就是以当然之则引导、
约束人,与之相应,这里的"正"也侧重于规范。

二

在中国哲学史和思想史中,"公"和"正"既被分别地加以理解和
考察,也常常联系起来合而用之。事实上,在荀子那里,"公"和"正"
就已经开始被连用,并合称为"公正"。

"公"、"正"的合称,也涉及某些认识论的涵义。在谈到论辩时,

---

① 《荀子·非十二子》。
② 《墨子·天志下》。

荀子便提出了如下看法："贵公正而贱鄙争,是士君子之辨说也。"①就是说,在论辩说理的过程中,要注重公正,而轻视、鄙夷那种仅仅争强斗胜的言辞之争或强词夺理的辩说。具体而言,这里的公正就是指言说过程中要对事与理有所把握,所说的内容既要合乎实情又要当乎常理,而不仅仅是以言辞相胜。上述视域中的"公正"无疑包含认识论层面的涵义。

不过,就主要方面而言,"公"、"正"连用更多地涉及价值观的意义。从价值观上说,"公"、"正"连用,总体上在于公平、公道地对待群体中的每一成员。换言之,每个个体作为群体中的一员,应该得到公平、公正的对待。这里具体包含两个方面的涵义。首先,它体现了一种群体的视域,即从群体的角度定位个体,将个体看作是群体中的一员。同时,它又肯定个体作为群体中的一员,应该得到公道公平的对待,而不能对其不公。

上述意义中的公道、公平涉及评判的标准问题。什么可以视为公平,何者可以看作公道?尽管以往的思想家在这方面往往缺乏现代语境层面的清晰阐发,但是,从其论述中依然可以注意到一些总体上的理解。如果用日常语言来表述,这里的公道、公平首先体现为合乎所谓天理良心。在一定的场合当中,怎样公正地对待某一个个体,没有具体的、划一的标准,而到底应该怎样做才算公正,就看是否合乎天理良心。直到现在,遇到严重的不公正之事,中国人还会说:"天理何在?"这里的"天理"不同于超验的原则,而更多地与人的内在意识、观念相联系,所谓人同此心、心同此理。从实质的方面看,天理良心也就是一种共通感,这种共通感有别于康德哲学中的审美意识,而更多地以共同的价值意识为其内涵。孟子曾说:"口之于味也,有同

---

① 《荀子·正名》。

耆焉;耳之于声也,有同听焉;目之于色也,有同美焉。至于心,独无所同然乎? 心之所同然者何也? 谓理也,义也。圣人先得我心之所同然耳。故理义之悦我心,犹刍豢之悦我口。"①人在口味、听觉、视觉上有共同的趋向,同样,心也是如此。按孟子的理解,心的共同指向(心之所同然)就是理和义。以理和义为内容的这种内在的相通意识,在某种意义上即表现为以共通感形式出现的普遍价值取向,后者同时构成了所谓天理良心的具体内涵。可以看到,这一意义上的公正标准,具有某种抽象的、形而上的色彩。更为具体的评判标准,则是所谓"礼":如何可以算作是公平公道地对待人? 在具体的社会领域,这里的评判标准就在于是否合乎礼:凡按照"礼"的标准去对待个体,便意味着体现了公平、公正、公道。在此,礼既规定了"度量分界"(荀子),也构成了评判公正与否的准则。

"公"、"正"合称在价值观上的第二重涵义,是合乎规范、正当而有序。正当有序,更多体现为政治领域中的一种运行方式。具体而言,又可以分为自上而下和自下而上两种形态。从前一方面(自上而下)看,"上公正,则下易直矣"②,就是说,如果在上者(君主)做到公正,那么在下者(臣民)就会"易直",从而容易约束。从后一方面(自下而上)看:"群臣公正而无私,不隐贤,不进不肖。然则人主奚劳于选贤?"③群臣(在下的臣民)在推举人的时候如果能够做到公正无私,那么,最高的君主就可以无为而治。这里所谈到的公正,首先涉及的便是社会政治领域的运行方式,它同时包含着正当而有序的要求。可以看到,这一论域中的公正,更多地与秩序相关。无论是君主

① 《孟子·告子上》。
② 《荀子·正论》。
③ 《韩非子·难三》。

治理臣民,还是臣民参与政治活动(包括推举各种人选),如果能够按照统一、普遍的标准去做,那么,整个过程就会被认为是正当而有序。

以上视域中的"公正",常常又与"私"相对立,这一点体现于中国哲学的很多表述之中。儒家系统的荀子要求"公正无私"①,道家传统中的河上公同样也肯定"公正无私",在这些提法中,公正往往与无私相联系。换言之,在他们看来,"公正"总是与"私"相对而言。从逻辑上看,将公正与私加以区分,可能包含着对个体利益、个体权利的忽视:私往往与个体利益相联系,要求"公正"而"无私",便可能在注重公正的形式下,导致对个体利益的某种忽视。

三

以上主要从概念的层面,对"公"、"正"的不同涵义,以及"公正"这一观念的具体涵义作了大致梳理。作为中国传统思想概念的"公正"常常被用于比较西方思想语境中的"正义"(justice),然而,二者究竟具有何种思想关联? 对这一问题的思考和分析,同时涉及公正观念的现代意义。

从实质的内涵来看,作为普遍价值原则的正义(justice)并不是中国固有的概念。虽然从汉字来说,"正"和"义"这两个字古已有之,但二者的合用与西方哲学中的正义(justice)涵义并不完全相同。这里显然不能望文生义:看到古代文献上有"正"、"义"两个字,就简单地将其等同于"正义"(justice)。作为 justice 的正义,其核心的内涵是对权利的注重。从亚里士多德、柏拉图开始一直到罗尔斯,在讨论正义时,几乎都体现了这一点。柏拉图曾把正义理解为"让每一个人得

---

① 《荀子·成相》。

到最适合他的回报"①,这一看法的实质涵义便是得其应得。亚里士多德将"相同者应给予同等对待"("equals ought to have equality")视为正义的题中之义②,而同等对待的具体涵义,则首先体现在根据应得来分配(得其应得)。③ 以上看法在不同的意义上都蕴含着对个体权利的关注。

对权利的注重,以肯定个体的自主性原则为前提。这里所说的个体自主包括选择和确定自身多方面的发展目标、通过正当地运用自身的能力(包括体力、智力)以实现不同的目标,等等,这些方面具体地表现为个体自由发展的权利。罗尔斯以个体间的自由平等为正义的第一原则,诺齐克以自我所有为正义的出发点,也从不同的角度注意到了这一点,尽管二者在如何理解个体权利上存在分歧,但在肯定个体具有自由发展的权利这一方面,又有相通之处。早期的启蒙思想家如洛克等,在某种意义上亦以此为注重之点。个人的自由发展权利既涉及经济、政治等领域,也包括文化、教育等方面。

要而言之,正义以权利作为其核心的方面,而权利又首先是同个体权利联系在一起。从逻辑和历史的层面看,过分地突出个体权利,往往可能会导致个体之间的紧张:在社会之中,每个人自身固有的能力、禀赋、背景各不相同,如果任其发展,常常会由差异而导致各种对立、相斥。为了解决这一问题,罗尔斯提出了所谓差异原则,强调社会和经济的不平等只有在以下条件下才是正当的,即在该社会系统

---

① Plato, *Republic*, 332/c, *The Collected Dialogue of Plato*, Edited by Edith Hamilton and Huntington Cairns, Princeton University Press, 1961, p.581.

② 参见 Aristotle, *Politics*, 1282b30, *The Basic Works of Aristotle*, Random House, 1941, p.1193。

③ 参见 Aristotle, *Nicomachean Ethics*, 1131a25, *The Basic Works of Aristotle*, p.1006。

中处于最不利地位的人能获得可能限度中的最大利益,同时它又能够保证机会的均等。罗尔斯试图以此对正义原则可能导致的后果作一限定。

从以上背景出发考察中国传统的公正观念,便可以注意到其特定的意义。首先,如前所述,作为价值观的传统公正观念包含着某种对个体权利的忽视。从价值观念的现代转换这一角度加以考察,则传统公正观中对个体权利的这种忽视无疑需要扬弃。然而,同时又需要吸纳传统公正观中注重个体与社会群体关联的观念。前面提到,传统公正观的前提之一就是将个体置于群体中来考察,视个体为群体中的一员,并相应地对群体中的个体给予公平、公道的对待。这种将个体和群体联系起来的观念,在今天来看依然有其积极的方面。

同时,前面已提及,中国人的公正观念中包含着协调、秩序的观念。判断是否公正,往往以“礼”作为权衡标准,而“礼”的核心就是协调、秩序以及和谐。特别值得注意的是,中国传统思想将“礼”的作用与和谐联系起来,强调“礼之用,和为贵”。谈传统思想中的公正观念时,需要充分关注并吸纳其中注重协调、秩序以及和谐的思想。正义以肯定个体权利为实质的内容,其前提则是承认个体的自主发展,从逻辑上说,后者若过于强化,往往会导致某种社会秩序、协调以及和谐方面的偏失。关于这一点,我们可以联系 19、20 世纪的社会变迁。早期的启蒙思想家在自然法、天赋人权等预设之下,将个人的自由、个体的权利提到了突出地位[1],洛克所肯定的个人权利,便包括生存的权利、享有自由的权利以及财产权等。这种权利观念的核心之一,

----

[1]　登特列夫已指出了自然法与权利观念的联系,认为自然法理论实质上“是有关权利的一套理论”(参见登特列夫:《自然法:法律哲学导论》,李日章等译,新星出版社,2008 年,第 68 页)。

是个人的自由发展,后来的市场经济则从一个方面为这种权利的具体落实,提供了现实的空间。然而,市场经济固然在形式上构成了个人自由驰骋的疆域,但由于前文提及的个体差异及社会的限定,形式上的个人自由在历史过程中所导致的是实质的不公正。此外,如此发展的另一个逻辑后果就是社会的极度分化,由此往往导致社会不同成员之间的紧张甚至对抗,从而难以达到社会的内在和谐。19、20世纪的工人运动和更广意义上的社会主义运动,可以看作是对这种权利观念及其后果的历史回应。从理论的层面看,中国传统公正观中所注重的秩序、协调以及和谐观念,对于抑制这种可能的后果,无疑提供了积极的视域。

引申而言,谈正义之时,需要在个体自主这一原则之外,加上人性平等的原则。这里的人性,是指人的价值本质,所谓人性平等,也就是承认和肯定人在价值层面的平等性。中国的儒家已较早地注意到这一点。孟子提出性善之说,而人性皆善则意味着从人性上看,人与人之间并无本质的差异。由此出发,孟子进而强调"圣人与我同类"①,"尧舜与人同耳"②。这里的着重之点在于从"同"的角度理解人与人(包括圣人与普通人)之间的关系。如果扬弃其对人的抽象理解,则不难看到,这种看法也在某种意义上渗入了人性平等的观念。就其现实形态而言,个体之间诚然有天赋、能力、社会背景等方面的差异,但人本身即是目的,在自身即目的这一价值的层面,人与人本质上是相互平等的。对个体来说,人在价值层面的这种平等性,为其平等地获得和接受发展资源提供了内在根据;从社会的层面看,这种平等性则构成了社会公正地分配个体发展所需资源的前提:每一个

---

① 《孟子·告子上》。
② 《孟子·离娄下》。

体不管能力如何、出身背景怎样,作为人,都有其内在的价值,都应该获得生存发展的基本生活资源和社会资源。中国人以天理良心为公正的内在权衡标准,在某种意义上也隐含着对以上方面的肯定。从个体自主和人性平等两重原理出发,便既要承认每个人充分发展的权利,也应肯定个人获取生存发展基本资源的权利。不难看到,这里蕴含着正义原则与中国传统公正观念沟通的可能,通过这种沟通,一方面,传统公正观念中不适合现代需要的方面将得到扬弃;另一方面,其中内含的具有历史价值的观念在重新阐释之后,则有助于克服正义原则的某种片面性。

（原载《天津社会科学》2011 年第 5 期）

形上原理与价值原则
——《老子》哲学中的道与自然

在《老子》的哲学系统中,天道观意义上的形上原理与人道观视域中的价值原则呈现内在的相关性。就天道观而言,《老子》以道为第一原理。作为存在的终极根据,道非人格化或目的性的存在,而是以自然为其本真形态,所谓"道法自然"便表明了这一点。天道观上的法自然,在人道观中进一步具体化为价值层面的自然原则。以"道"与"自然"为核心的观念,以上思维进路既体现了天道观与人道观的一致,也展示了形上原理与价值原则的互融。

一

《老子》一书开宗明义,便提出了"道"的概念:

道可道,非常道。名可名,非常名。①

这里首先值得注意的是"可道"之道与"常道"的区分。从原始的语义层面看,"道"至少包含两方面的涵义。其一为言说,其二为道路。与前一层面的涵义一致,《老子》中的"可道"者亦表示可言说者。与"道"的原始涵义相关的道路则一方面坚实而有根基,另一方面又趋向某一目标,后者在引申的意义上具有引导的意义,这一视域中的"道"与《论语》中"道之以政","道之以德"②之"道",具有相通之处,包含引导、规范的意义。与"道"的如上内涵相联系,"可道"一方面指可以言说者,另一方面又指可以引导、规范日常行为者,而"道可道,非常道"则相应地意味着:可以言说并引导我们日常行为者,不同于作为终极原理的"常道"。

"常道"之"常"首先包含恒久之意,事实上,在《帛书老子》中"常道"便直接表述为"恒道",它表明,"常"与"恒"并不截然相分。同时,从词源看,"常"又与"裳"相联系,后者意谓人所穿下裙。下裙对人有遮隐作用,就此言,"常"的原始涵义涉及遮掩、遮隐。③ 与之相关,"常道"之"常"也兼有遮盖的意义。遮盖从另外一个角度看,意味着隐而不显:被遮蔽表明未显现出来。《老子》作者是不是有意地借用了"常"("裳")的隐喻意义,现在已不易推断,但是从语词的原始涵义看,它又确乎涉及隐而不显之义。就天道的层面而言,隐而不显意味着超越感官(无法以感官加以把握)、不同于外在(显现于外)的

---

① 《老子·第一章》。

② 《论语·为政》。

③ 《说文解字》:"常,下裙也。"段玉裁对此作了如下注解:"《释名》曰:上曰衣,下曰裳。裳,障也,以自障蔽也。"(参见段玉裁:《说文解字注》,上海古籍出版社,1981年,第358页。)

现象。总起来说，"常道"不仅无法言说并区别于日常的规范，而且呈现超越现象（隐而不显）的品格，后者与恒久（恒常）具有一致性：显现于外的现象常常处于变迁之中，缺乏稳定、恒久的性质，隐而不显的内在形态则包含稳定性和恒常性。

作为恒久的存在，道构成了万物的本源："是谓天地根。"①《老子》通过不可说之常道和可说之道、经验领域的规范与终极原则等的区分，把道提升为普遍的、终极性的原理，以此来说明整个世界。由此，"道"也成为形上之域的第一原理。从现代哲学的视域看，第一原理的具体内涵包括世界统一原理和发展原理。如所周知，在早期中国哲学的衍化中，首先出现的是阴阳学说和五行学说，五行在天道观上与经验层面的质料（金木水火土）相关，以此来说明世界的构成，便难以与经验层面的质料完全分离开来。相对于原始的阴阳五行说，以道这一终极原理来解释世界，显然在理论思维方面提升了一层。

对世界的理解同时涉及"观"和存在的关系："故常无，欲以观其妙；常有，欲以观其徼。"②这里的"观"值得特别注意。存在的显现和不显现（隐）都和"观"关联在一起："显"意味着可"观"（处于可"观"之域），"隐"则无法"观"（外在于可"观"之域）。这一看法的背后隐

---

① 《老子·第六章》。

② 《老子·第一章》。又，此句的断句可以有两种形式：以"无"、"有"为断或以"无欲"、"有欲"为断。这种不同的断句形式，又与本章前二句（"无，名天地之始；有，名万物之母"）相关。后者在断句上历来有分歧，王弼等以"无名"、"有名"为断，王安石则以"无，所以名天地之始；有，所以名万物之母"解释此句，亦即以"无"、"有"为断。（参见容肇祖辑：《王安石老子注辑本》，中华书局，1979年。）从内容上看，二者的涵义事实上具有相通性："无名"即无法以经验领域的名言加以表示者，"无"则意谓无具体规定者，二者所指实为一（道），"有名"与"有"的分别亦类此。从文句结构上看，如前句以"无"、"有"为断，则本句（"常无，欲以观其妙；常有，欲以观其徼"）亦以"无"、"有"为断更为适宜。

含着如下重要见解,即对世界的理解不能离开人自身的存在:"观"是以人观之,无论是以"无"(道)观之,还是以"有"(德)观之,都是人在"观",世界隐而不显或显现于外,都和人的"观"相联系,可见(显)和不可见(隐)也都是相对于人的"观"而言:只有对人之"观"来说才会有"隐"与"显"这类差别。离开人的"观",便不存在显(可见)和隐(不可见)的问题:本然的存在没有"显"或"隐"的区分,正是引入了人的"观",才有隐现之别。这一观点表明:人正是在自身存在的过程(包括"观"的过程)中敞开和理解这个世界。

从更内在的层面看,道所蕴含的引导意义,同时意味着道不仅仅是存在层面的形上原理,而且具有价值层面的规范性。如上所述,在《老子》哲学中,道既是天道,又关乎人道,天道侧重于形而上的原理,人道则关乎价值原则。对《老子》而言,道作为存在的最高根据,以自身为终极的原因,与之相联系,基于道的世界的发展,从根本上说表现为自己运动:它既非表现为有意识、有目的的过程,也非源于外力的推动,所谓"道法自然"。后者构成了"自然"的本来之义。就天道观而言,"自然"的原始涵义与"使然"相对,意谓"自己如此",而非"使之如此"。"使之如此"("使然")意味着为内在目的或外在力量所推动。在价值观上,"自然"进而与人为相对,它既关乎人,也涉及对象。与前者(人自身)相关,肯定"自然",便表现为对内在天性(人的本性)的注重;与后者(对象)相关,推崇自然,则表现为对外在天地(自然对象)尊重。在《老子》哲学中,天道观意义上的道法自然与人道观意义上的合乎自然,具有内在的相关性,自然原则作为价值取向的体现,则同时包含着对人的天性与外在天地(自然对象)的双重关注。

历史地看,儒家所注重的,首先是德性的涵养、提升与礼义规范的引导。以仁义等为内容的德性,不同于本然意义上的天性,礼义等规范的引导,则旨在使人由"野"(前文明的存在形态)而"文"(文明的形态),二者在不同的层面都表现为对自然(天)的超越。从天人关系看,由本然的存在形态走向文明的存在形态,无疑有积极的价值意义,然而,对礼义规范的过度强化,也容易使规范衍化为外在的强制,而德性若成为与天性对立的内在规定,则可能导致人性的异化。相对于此,《老子》对自然原则的注重,无疑有助于避免由于仁道原则过于强化可能带来的负面后果。不过,从注重自然原则出发,《老子》又将仁义等社会规范与道视为相互对立的两个方面,所谓"大道废,有仁义。智慧出,有大伪。六亲不和,有孝慈;国家昏乱,有忠臣"①。按《老子》的理解,天道观意义上的"道"处于统一的形态,并超越于分化;善恶等现象的出现,则意味着人道观领域中价值的分化,后者同时表现为对道的偏离。由此,《老子》进一步对文明的发展形态以及与之相关的规范持质疑、消解的态度:"绝仁弃义,民复孝慈。"②就社会的演进而言,规范的过度强化固然容易引向对人的外在强制,并导致人性的异化,但缺乏社会规范的制约,则一方面难以使人自身的行为获得合理的引导,另一方面,往往容易导致社会的无序化,后者不

① 《老子·第十八章》。

② 《老子·第十九章》。又,与此句相关之句在郭店竹简的《老子》残篇中表述为"绝智弃辩,民利百倍;绝巧弃利,盗贼亡有;绝伪弃虑,民复孝慈",与通行本的主要差异在于没有提及"仁义"。然而,从哲学的层面看,两种表述在涵义上并没有根本的区别。"仁义"可以作广义或狭义的理解,从狭义上说,它们与儒家提倡的伦理原则相一致,从广义上看,则可以泛指一般的社会规范系统;与之相应,对仁义的批评,既针对儒家的伦理原则,也涉及一般的规范系统。对《老子》而言,世俗之智及社会规范系统(包括儒家的伦理原则)之所以应当疏离,主要在于它容易偏离本然之性而导致伪善之举,郭店竹简的《老子》提到"绝智弃辩"、"绝巧弃利"、"绝伪弃虑",也体现了类似的思路,它的实质涵义在于将背离自然视为引发各种社会负面现象的内在根源。

仅无法保证人自身脱离本然的形态而走向文明的形态,而且也很难使人真正达到合乎内在人性的存在形态。从这方面看,《老子》所主张的自然原则,无疑又包含内在的偏向。

二

在《老子》哲学中,自然原则既关乎人自身的存在,又涉及人与天地(对象世界)的关系。在天道观上,《老子》肯定道以统一为其本然形态,并强调道法自然。统一与分化相对,法自然则不仅以天道观为其内涵,而且包含人道观的意义。从人道观上看,法自然意味着在人自身的活动中尊重对象世界的内在法则。以人道观意义上的法自然为视域,《老子》更多地强调在人与自然的互动中,应合乎对象自身的法则,所谓"为无为"①便体现了这一点。"为无为"中的前一个"为"指人的广义活动,包括对天地等外在对象的作用,后面的"无为"则涉及"为"的方式,指不以人的意图、目的干预、悖离对象的法则。总起来,作为自然原则在人道领域的体现,"为无为"表现为一种独特之"为":以"无为"的方式去"为"。从行为的方式看,这里表现为对合法则性的注重;从行为的趋向看,其中又包含对天人(人与自然)统一性的确认。事实上,就人与对象的关系而言,《老子》所注重的,主要不是人通过超越自然而与之相分,而是保持或维护人与自然之间的统一。如不少论者所肯定的,上述视域中的自然原则对于协调人与自然的关系,避免由于人的过度作用而导致天与人的失衡,确乎具有积极的意义。

然而,由注重自然,《老子》又在某种意义上将本然的存在形态加

---

① 《老子·第三章》。

以理想化。就天道观而言,作为本原的未分化之道,被视为终极的存在根据。在《老子》看来,以分化的方式存在的万物,最后乃是以回归统一之道为其指向:"致虚极,守静笃。万物并作,吾以观复。夫物芸芸,各复归其根。归根曰静,静曰复命,复命曰常。"①"复"的直接含义涉及回归、回复。按《老子》之见,千差万别的万物如果寻找其源,便可追溯到"道"这一终极根据。从人道观看,未经人的作用的存在形态也具有本原的意义,这种本然的存在相对于文明的发展形态而言,具有更为理想的性质。因此,《老子》趋向于回到前文明的存在形态:

　　绝圣弃智,民利百倍。绝仁弃义,民复孝慈。绝巧弃利,盗贼无有。②

圣与智、仁与义、巧与利分别涉及思想观念、社会规范、器技之巧,对《老子》来说,所有这一切都是文明发展之后形成的,它们对人类的生存更多地呈现负面的意义,唯有摒弃了这些文明的价值形态,才能恢复淳厚的社会风尚,使人更好地生存。

　　从以上前提出发,《老子》进一步提出了小国寡民的社会理想:"小国寡民,使有什佰之器而不用;使人重死而不远徙,虽有舟舆,无所乘之;虽有甲兵,无所陈之。使人复结绳而用之。甘其食,美其服,安其居,乐其俗。邻国相望,鸡狗之声相闻,民至老死,不相往来。"③什佰之器包括广义的工具,结绳而用与文字的运用相对,舟舆属水陆交通的载体,甲兵则是军事装备,它们从不同方面展示了文明发展的

---

① 《老子·第十六章》。
② 《老子·第十九章》。
③ 《老子·第八十章》。

具体成果。与之相对,小国寡民则是前文明的社会形态,以小国寡民为理想的社会形态,意味着远离文明的成果,从文明社会的存在方式回到前文明的存在。较之文明的社会形态中人对自然的超越,小国寡民更多地体现了人与自然的合一。

历史地看,文明在其演进过程中,每每面临某种二律背反:一方面,它表现了社会的进步和发展,另一方面,这种发展和进步又往往伴随着负面的后果:财富的增长,常常引发贪欲,知识的进步,同时也为恶的图谋提供了资源,对自然的变革,则可能导致天人之间的失衡,如此等等。《老子》注意到如上历史现象,无疑体现了其理论的睿智,但同时,由强调文明进步的负面效应,《老子》对文明的发展本身予以质疑与责难,这似乎又走向了另一片面。事实上,从历史的视域看,文明演进过程中的负面结果,惟有通过文明的进一步发展来解决,以质疑文明本身为立场,并试图回归前文明的形态,似乎缺乏历史的意识。

就天人关系而言,肯定二者的统一,显然有其积极意义。然而,天人关系本身应从历史的层面加以理解。二者可以呈现为本然的统一,也可以表现为经过分化之后达到的统一。历史地看,当人作用于自然的能力还十分有限时,人与自然的统一,往往表现为原始层面上的统一,其特点在于未经分化的过程而达到合一,这种统一的形态用后来庄子的话来描述,也就是"同与禽兽居,族与万物并"①。随着人对自然作用的深化和发展,人不断走出自然,天(自然)与人之间也相应地由原始的合一,逐渐走向了分化。当然,天人之间无法仅仅停留于分化、分离的形态,事实上,以天与人的互动为背景,人与自然在分化之后又需要不断地重建统一。这样,天人之间的统一便呈现二种

---

① 《庄子·马蹄》。

形态：其一,分化之前的原始的、本然的统一,其二,经过分化之后所重建的统一。在天与人的互动中,人总是在走出自然的同时,又不断在更高的层面重建与自然的统一,后者在深层的意义上体现了历史的进步。《老子》固然有见于天人合一的正面意义,但这种合一主要被理解为前分化形态下的统一,对经过分化而达到的更高层面的统一,却未能给予充分的关注。后者构成了其理解天人关系的另一内在限度。

与天人关系的如上理解相应,《老子》对天与人的价值意义也作了界定。如前所述,在天道观上,《老子》以万物尚未分化为道的本然形态,这样,以道观之,万物混而为一,并不存在差异。天道观上的这一观念体现于人道观,便赋予自然原则以相关的价值内涵,后者在《老子》的如下论述中得到了具体的论述:"天地不仁,以万物为刍狗;圣人不仁,以百姓为刍狗。"①"天地不仁"与"圣人不仁"既具有天道观的意义,也包含人道观的内涵:从天道观上看,世间万物皆如一,其间并无本体论上的差异;就人道观而言,以自然原则为视域,人并不存在相对于物的特殊性和价值上的优先性。正因如此,区别于自然的文明形态,也并不具有令人向往与追求的价值,相反,作为本然存在形态的自然,倒是更值得维护与回归。这里既可以看到以道观之的形上原理与道法自然的价值原则之间的联系,也不难注意到《老子》将自然理想化,并推崇天(自然)与人原始合一的内在理论根源。

三

天道与人道之间的统一,在理解天与人如何"在"这一问题上,也

---

① 《老子·第五章》。

得到了体现。从以下论述中，便可看到这一点：

> 天长地久。天地所以能长且久者，以其不自生，故能长生。
> 是以圣人后其身而身先，外其身而身存。非以其无私邪？故能
> 成其私。①

这一论述的前一部分涉及天道方面的问题，后一部分则与人道领域
的问题相关。从总体上看，尽管二者所指向的具体对象、领域有所不
同，但都关乎如何"在"的问题：一是世界怎样存在，一是人自身如何
存在。这里的"天地"本身有不同的涵义，它既指"天"和"地"，也泛
指一般的自然、万物。事实上，在中国哲学中，"天地万物"常常合在
一起讲，表示总体上的对象世界。与之相联系，"天长地久"，也隐喻
了对象世界存在的永恒性。世界何以达到永恒的形态？这就关涉其
存在的方式问题，而"以其不自生，故能长生"则可以视为对这一问题
的回答。"自生"表现为目的性的活动，意味着有意（有目的）地追求
永恒，所谓"不自生"，则是非意而为之，不是有目的地去追求永恒
和长久。在《老子》看来，惟其如此，天地反而能够达到长久、永恒。
以上是就天道的角度（世界之"在"）的层面而言。

从人道的角度看，这里涉及人应该如何在的问题。天地之"在"
是从实然形态上说，人的存在则关乎当然的问题：即人应当如何
"在"。在以上论述中，《老子》首先以圣人作为对象来具体表述人应
当具有的存在方式。"圣人后其身而身先"，这里的"先"、"后"并不
仅仅是就时间关系而言，而是可以宽泛地理解为社会生活中有利的
或不利的方面。"后其身"，意味着非有目的地追求某种有利的地位，

---

① 《老子·第七章》。

倒反而能够获得一种有利的存在形态（"身先"）。"外其身而身存"也包含类似的涵义：非刻意地关切自身，结果反而能使自身达到一种比较安定的存在形态。

由此，《老子》引出了结论性的看法："非以其无私邪？故能成其私。""私"在中国哲学中，常常与"个体"相关，与"公"相对，"公"有其普遍的维度，涉及群体和他人，"私"则主要与自我、个体以及自我、个体的利益相联系，在引申的意义上，它也表示个体化的目的。"无私"，也就是非刻意地追求、关切个体自身的利益，"成其私"则是成就自身利益。可以注意到，一方面，《老子》在这里并没用绝对地排斥"私"，也没有完全否定对人具有正面价值意义（有利）的存在形态：如前所述，所谓"身先"、"身存"、"私"可以宽泛理解为对自我的生存具有正面的、积极意义的方面或存在形态。这里的关键是：以什么样的方式去达到这样一种具有正面的、积极意义的存在形态？这就涉及前面提到的如何"在"的问题。

在《老子》那里，上述问题的解决首先以扬弃目的性为前提。从天道的角度来看，天地按自身的法则运行，既不受外在目的的支配，也不为内在目的所驱使。惟其如此，故能够达到永恒长久的存在形态。同样，就人道的领域而言，圣人正因非刻意地追求自身利益，反而能够达到具有正面意义的存在形态，后者具体表现为"身先"、"身存"、"成其私"，它与天道意义上的"天长地久"彼此呼应。作为存在的形态，"天长地久"首先表现为现实的结果，"不自生"则关乎与"如何在"相联系的动机、目的。按照《老子》的理解，不应当把目的性的追求，引入天地的运行之中。与之相应，就人的存在而言，"身先"、"身存"、"成其私"等存在形态固然不能否定，但是，它们不应作为目的性的追求而进入动机的层面。只有在动机层面上扬弃了目的性追求，才能够达到积极的存在形态。

《老子》的以上看法体现了超越目的性的取向。从价值观上说，这与自然原则具有一致性：事实上，在《老子》那里，肯定自然原则和扬弃目的性，表现为同一过程的两个侧面。以自然作为价值原则，在逻辑上要求扬弃人的活动中的目的性追求，这种观念在相当意义上也构成了道家前后一致的价值倾向。在道家的另外一位代表人物庄子那里，仍可看到强调自然原则与消解目的性之间的关联。庄子在天人之辩上主张"无以人灭天"，其中所突出的同样是自然原则。由此，他进一步指出："无为为之之谓天。"①所谓"无为为之"，首先相对于目的性的追求而言，其特点在于非有意而为；以"无为为之"为"天"的内涵，相应地包含扬弃目的性之意。与之相联系，对庄子而言，理想的行为方式便是"动不知所为，行不知所之"②，亦即无任何行为的目的与意向，这里包含以自然原则扬弃目的性的要求。在这方面，老庄无疑前后相承。从现实的形态看，人作用于对象的活动总是包含行动目的与存在法则两个方面，实践活动的展开，也相应地涉及合目的性与合法则性，前者体现了人的价值追求，后者则关乎这种追求与存在法则之间的关系。道家要求以自然原则扬弃目的性，首先体现了避免以合目的性否定合法则性的取向，后者对于人的行动与实践的合理展开无疑具有不可忽视的意义。当然，过分地强调消解目的性，在逻辑上可能导致悬置价值理想的追求。在这方面，《老子》的思想似乎也内含着自身的限度。

要而言之，天道观上的"天长地久"为人道观上"人应当如何在"提供了本体论的前提。对《老子》而言，从天道的层面看，世界本身是一种自然而然、不包含任何目的性的过程，自然的这种存在方式，构

---

① 《庄子·天地》。
② 《庄子·庚桑楚》。

成了人在社会领域中存在的依据。天道观上的形上原理与人道观上的价值原则,再次呈现了相关性。

四

如何抑制或消除社会的纷争、保持社会的秩序,是《老子》哲学关注的另一重要问题,《老子》所推崇的自然原则,也与之相涉。《老子》首先考察了纷争形成的根源。在《老子》看来,对象的价值化或价值对象的确立,必然引发各种价值欲求,欲求的进一步发展,则导致争名夺利。既然价值的确立构成了纷争之源,那么,避免争乱,便需要从消除价值确认和价值追求这一源头入手。按《老子》的理解,导致欲求的价值形态首先表现为"名"与"利",消除纷争也与之相关:

> 不尚贤,使民不争,不贵难得之货,使民不为盗,不见可欲,使民心不乱。①

这里的"贤"可以视为德性的象征,贤德从古至今,一直是名誉、声望的社会符号;"难得之货"则是物质之利的象征。不以"贤"为贤,不以"难得之货"为贵,意味着否定对象的价值化、消除对象的价值性质。当"贤"不再是崇尚的对象、"难得之货"不复被视为贵重之物时,对这类名利对象的追求也就失去了意义。

从更根本的层面看,无论是名的崇尚还是利的追求,归根到底都与人的欲望相联系,如果从根源上消除人对名利的欲望,那么,以名利作为追求目标这种现象也不会再出现。正是基于这一看法,《老

---

① 《老子·第三章》。

子》强调"不见可欲,使民心不乱"。不见可欲,亦即不让可欲的对象显现,或者使可欲的对象隐去。从主体的方面来说,这里涉及人的各种欲望形成之源,从社会领域、从对象的角度来说,问题则指向是否存在引起欲望的对象。在"可欲"和"欲"之间,如果可欲的对象不断呈现,或者对象一再地被赋予各种价值规定,那么,主体的欲望就会被激发起来。对《老子》来说,比较好的方式就是把可能引起欲望的对象尽量加以消除,这样就会使人的欲望失去对象性的根源。要而言之,所谓"不见可欲,使民心不乱",也就是消除可能产生欲望的各种对象,从本源上使欲望无从生成,由此让民心归于宁静,使社会中导致争乱的土壤不复存在。

《老子》的如上看法,可以视为其自然原则的进一步展开。按《老子》的理解,文明演进过程当中常常出现负面的现象,以道德形式出现的名(尚贤往往和道德相联系),以难得之货形式呈现的各种物质之利,都会驱使人们追逐与之相关的名和利。这种看法既从一个方面表现了避免社会纷争和无序的意愿,又内在地蕴含某些较为消极的价值取向。欲望如果不加以适当调节、引导,固然容易导致纷争等负面的现象。然而,首先,从社会的层面看,欲望的负面后果,并非完全不可控制。事实上,通过体制、规范等制约,社会能够限定欲望的无序追求,儒家的礼,便以制约人的欲求为其重要的历史功能,荀子已指出了这一点,在谈到礼的起源与作用时,荀子指出:"礼起于何也? 曰:人生而有欲,欲而不得,则不能无求,求而无度量分界,则不能无争,争则乱,乱则穷。先王恶其乱也,故制礼义以分之,以养人之欲,给人以求。使欲必不穷乎物,物必不屈于欲,两者相持而长,是礼之所以起也。"[1]这里所说的"度量分界",即指事物存在和变化的一

---

① 《荀子·礼论》。

定界限或范围。在社会领域的不同时期,生存资源的分配都有其"度",对已有资源的索求如果超出此"度",则社会便会无序化,而资源的分配又以社会成员各安其位为前提。礼的意义就在于将不同的社会成员安置于一定的"分界"之中,使之都按其特定之位索求和获取资源,彼此互不越位,由此保证社会的有序和稳定。礼的这种作用,同时表现为对欲求的限定和制约。

进而言之,欲本身并非仅仅呈现负面的意义。按其本来形态,欲所指向的是尚未存在或尚未拥有的对象,它意味着不满足于已有的存在形态而试图达到尚未存在的理想之境,后者往往可以成为创造性活动的推动力。历史地看,人的价值创造之内在动因,常常来自其内在的欲求。黑格尔曾指出:"假如没有热情,世界上一切伟大的事业都不会成功。"①黑格尔在这里所说的热情包括人的欲望,对黑格尔而言,与欲相联系的这种情,常常构成了历史演进的杠杆。《老子》作者在要求消除欲求和争夺之源的同时,也可能导致抑制人的价值创造以及价值创造的内在动力。

从逻辑之维看,《老子》在价值观上的如上思想,似乎存在内在的悖论:一方面,它以自然作为价值原则,这一原则如果贯彻到底,便需要消解、扬弃与自然相对的文化、价值观念;另一方面,自然原则又内含价值的取向:将自然加以理想化,便意味着赋予自然以价值的优先性。事实上,自然原则本身便体现了与儒家的仁道原则相对的价值观念。质言之,自然原则若彻底化,便要求消解一切价值原则、摒弃一切价值追求,然而,自然原则本身又表现为一种特定的价值原则,其中体现了与儒家、法家、墨家等相异的价值取向,这既是《老子》所

① 黑格尔:《历史哲学》,王造时译,上海书店出版社,1999 年,第 24 页。

蕴含的悖论,也是更广意义上道家哲学所内含的问题。以上趋向同时从一个方面突显了《老子》哲学的复杂性:一方面,其天道观上的形上原理与人道观上的价值原则之间存在理论上的相关性,另一方面,作为天道观引申的价值观又包含内在的逻辑张力。

(原载《江汉论坛》2013 年第 5 期)

宋明理学的内在论题及其哲学意蕴①

宋明理学作为一代思潮，有其自身的概念系统及论题。从哲学的层面说，在"理"和"气"、"心"和"理"、"心"和"性"、以及"道心"和"人心"、"气质之性"和"天地之性"等概念之后，理学既讨论何物存在或何为世界的本原这样一些天道之域的形而上问题，又追问"何为人""何为理想人格"以及"应当做什么""应当如何做"等人道之域的问题。在更一般的层面上，其关切之点进一步指向"当然"与"实然""必然""自然"之间的关系。后者既涉及中国哲学所讨论的天道与人道的关系，又在普遍的哲学论域中体现了本

_____

① 本文系作者 2011 年 3 月在上海中欧国际工商学院的演讲记录。

体论、伦理学与价值论的相互交融。

一

宋明理学在中国思想的演化过程中占有重要的一页。它的重要性不仅仅在于其内容，而且体现于其延续的历史时期。如所周知，中国思想史上曾出现过一系列重要的思潮，包括先秦诸子学、两汉经学、魏晋玄学、隋唐佛学，以及宋明理学。在这些思潮之中，宋明理学历时最久，前后差不多有近七百年的时间，跨越了宋、元、明等朝代，由此，也可从一个侧面窥见其在中国思想史、哲学史的地位和重要性。

就一般的意义而言，理学以心性和天道为讨论的对象。从先秦开始，儒家便不断地追问性与天道。这里的"性"首先与人的存在相联系，在引申的意义上，它同时涉及对人生意义的关切、精神世界的理解等问题；天道则主要是关涉世界之"在"，包括天地万物的发生及其存在的根据，等等。理学家也从理论的层面，对这些问题作了比较细致的考察。要而言之，理学在哲学上所指向的，是宇宙人生、性与天道的最一般原理。

从历史的角度看，理学的发生并非无本无源，其形成、演化与此前中国思想的发展紧密相关：它既基于以往学术发展积累起来的成果，同时又对这些思想成果作出了新的阐发。关于理学与以往思想的关系，如一般所论，需要注意儒、释、道三者之间的互动。首先是儒学。理学往往又被称为新儒学（neo-Confucianism），这一称谓已体现了理学与以往的儒学的理论联系。事实上，我们确实可以看到新儒学对以往的儒学思想尤其是先秦儒学的自觉继承、多重发挥。另外两个方面则是释（佛教）和道（包括道家和道教）。理学对佛教和道家、道教的态度具有两重性：一方面，从形式之维看，理学家站在捍卫儒学的立场上,对佛教和道教的批评、抨击不遗余力,在这种批评中,理学同时也阐发、强化了儒家的某些原理和观念;另一方面,它又多方面的吸取了佛教和道家、道教的思想,并由此使儒学本身得到了丰富和发展。前面提到理学的中心问题关乎心性和天道,事实上,传统儒学很早就开始讨论这些问题,佛教和道家、道教同样以独特的方式涉及以上两个方面。在各种宗教中,佛教可能是对精神活动、心理现象分析得较为细致的一个学派。道家与道教则从一开始就对天道以及自然、宇宙的本源和发展衍化、道和万物的关系,作了不同层面的考察。理学对佛道的这些思想,在不同的程度上都有所吸取。这种吸纳,同时也为理学多方面地深化儒学提供了理论资源。

总之,一方面,在佛学兴盛之后,如何重新振兴儒学构成了当时认同儒学的士人所面临的重要问题,在一定意义上可以说,理学承担了这一历史使命。与之相联系,理学的兴起也可以看作是儒学的复兴。另一方面,理学对佛教和道家、道教既批评,又吸纳,相拒而又相融,在此意义上,理学的特点之一又确乎表现为儒释道的融合。

二

作为一代思潮,理学内部又有不同的学派和人物,学派的区分则与具体问题的探讨紧密联系在一起。约略而言,这些具体的问题可以区分为如下几个方面。

首先是理和气的关系。"理"这一概念虽然在先秦时代就已经出现,但作为一个哲学范畴被集中地加以讨论则是在宋明时期。对"理"的讨论又与"气"相联系。从现代的观念看,"理"近于一般原则、本质或形式,"气"则关乎构成世界的质料。在自然观的层面,理与气关系的讨论,主要涉及二者究竟谁更根本:是事物的形式、本质对事物更具有本原意义,还是事物的质料对世界的构成更为重要？这两者是否有先后关系？这些问题涉及对世界的理解。与上述问题的讨论相联系,在理学中区分出两大派别:一个是以气为本原的学派,另一个则是以理为第一原理的学派。气学中的代表性人物主要是张载,注重理的哲学家则有二程(程颢和程颐)和朱熹等。理气关系的讨论,同时又与道器关系的论辩相联系。如上所述,理气关系中的"气"主要被理解为构成世界的质料,道器关系中的"器"则首先呈现为经验领域的特定事物,与之相应,道器之辩关乎形上之域与形下之域、普遍原理与经验对象之间的关系。从更宽泛的层面看,理气关系与道器关系的辨析,同时涉及一般与个别、普遍与特殊等关系。

理不仅与外部世界、天道相联系,而且也与内在心性相关联,由此便产生了心与理的关系问题。心更多地涉及个体的精神活动、心理现象、意识观念。与意识活动及其结果相联系,心总是离不开一个一个具体的人,并落实在不同的个体之上:所谓心、精神、意识,总是发生于特定的个体,这样的个体又是有血有肉的具体存在。与之相对,理指向一般的本质、原理、规范,这种原理具有普遍性,并非仅限于个体:一般的原则、规范,并不仅仅对特定个人有制约作用,而是超越于个人。超越于个人的普遍原则(理)与内在于个体的精神、意识(心)这两者之间究竟具有什么样的关系？一般的原则以何种方式制约个体？这都属心和理的关系所要讨论的问题。与以上问题相关的两个不同学派分别是心学与狭义上的理学。心学以心立说,对个体的存在也更为注重。在某种意义上,心学注意到了普遍原则、规范只有落实并内化于每一个人,才能实际地起作用。理学则更关注原则的普遍性,强调原则本身不可违背,每一个体都应该遵循这种普遍原则。这里不难注意到,理学可以作广义和狭义的理解:从广义上看,理学泛指宋明时期主流思潮,包括注重气、注重心与注重理等不同学派;狭义上的理学,则是在理气(道器)、心与理等关系上以理(道)为第一原理,认为理和道更具有本原性的学派。

心和理的问题与心和性的问题紧密相关:心和理的定位在理论上涉及心和性的关系。理学论域中的"性",主要以理为具体内容,它规定了人的本质:对理学家而言,人之为人的本质,便来自于理。一般来说,在心和性这两者中,持心学立场者较为注重个体之心,以理为第一原理者则更注重性。性与理合一,体现了普遍的本质,心则更多地涉及个体性的规定。心性之辩与心理之别彼此关联,构成了理学的重要内容。进而言之,心性层面的讨论还关乎"气质之性"和"天地之性"的区分。"气质之性"体现的首先是人在生物学意义上的感性规定;"天地之性"则更多地呈现了道德意义,是人作为道德主体所具有的本质。"气质之性"和"天地之性"关系的讨论,关乎"何为人"这一更为根本的问题。

与心性相联系的尚有人心和道心的辨析。人心主要是指人的自然欲望,如饥而欲食、渴而欲饮之类。道心则体现于精神性或理性的追求,如希望成就完美的德性、成圣的意向,等等。人心和道心、自然的欲望和崇高的道德追求之间的关系应该如何理解?这是人心和道心之辩所涉及的问题。相应于人心道心之辩的是"理"和"欲"之间的关系。谈到理学,一般便会联想到"天理"与"人欲"之辩,对"理"、"欲"关系的讨论确实构成了理学中重要的方面。这里的"欲"指人的感性或自然欲望,"理"则表现为理性的要求。"理"、"欲"关系所涉及的是人的自然欲望和人的理性追求之间如何定位的问题。从总体上看,在"理"与"欲"的关系上,理学家对"道心"和"理"往往给予更多的关注。相形之下,与肯定个体之心相联系,心学的立场则为承诺人心与"欲"提供了某种理论空间。

在理学之中,理与气、心与理,以及心性、理欲等问题的讨论,同时又与知行之辩相联系。无论在天道层面,抑或人道之域,都涉及对"理"与"道"的把握,所谓穷理、格物、致知,等等,都关乎这一方面的问题。另一方面,心与理、心与性、理与欲的辨析,又指向人自身的成就(所谓成人或成圣),而完美的人格则既表现为内在的德性,又体现于外在的德行。由此,便发生了知行的关系问题:如何穷理、致知?道德认识是否需要基于道德践行?如何从知善走向行善?这些问题构成了知行之辩的具体内容。

三

以上是理学的主要论题。"理"和"气"("道"和"器")、"心"和"理"、"心"与"性"、"道心"与"人心"、"知"与"行"等都是理学所运用的语言和概念。那么,在这些语言、概念之后,究竟包含一些什么样的哲学问题?换言之,以理学的话语、概念所表达的以上论题,究竟具有什么哲学内涵?这无疑需要作进一步的分析。

首先是"理""气"("道""器")关系。"理""气"("道""器")关系所涉及的是对世界的理解问题,包括何物存在、如何存在。具体而言,世界的本源、根据是什么?物质的质料与普遍的法则之间到底呈现一种什么样的关系?特定对象和一般法则之间的关系应当如何理解?等等。"气"与"器"总是与具体的事物相联系,而"理"与"道"则表现为普遍的法则,普遍的法则究竟内在于具体的对象之中,还是超越于具体的个体?这些问题是人们在理解世界时无法回避的,在中国传统哲学中,它们属"天道"之域。以何物存在、如何存在为追问的内容,这些问题同时具有形而上的性质。

与理气之辩相联系的是"心"和"性"、"心"和"理"的关系。理气关系首先指向天道,相对于此,"心"和"性"、"心"和"理"更多地与人的存在相联系,属人道之域。作为天道之域论题的"理""气"之辩主要讨论人之外的世界或宇宙,"心"和"性"、"心"和"理"的探讨则意味着从外部的世界回到人自身。如前所述,"天道"观念关注的是外部世界,其问题首先是何物存在,"人道"作为与人相联系的问题,则首先追问何为人("什么是人")。不同的学派、不同的人物都追问"何为人"的问题。在先秦时代,儒家便严于"人禽之辩",后者所涉及的也就是人与动物(禽兽)的区分问题:究竟是什么将人与禽兽区分开来? 人作为人到底以什么作为其根本规定? 这些问题在理学之中进一步与心与性、心与理的关系相联系。人应该被理解为"理"的化身或天理的人格化,还是应该被理解为一个一个具体的、有血有肉的个体? 这是理学所关注的问题之一。事实上,如前文已论及的,理学所讨论的心性问题、心和理的关系问题以及关于"气质之性"和"天地之性"的关系问题,都与"何为人"这一更本原的问题相联系。如果从哲学的层面去概括以上问题,则这里涉及的便是人究竟仅仅内含理性的本质还是同时具有感性的规定? 人是抽象的存在还是具体的存在? 关于心理、心性的问题都与之相联系。

与人是什么(何为人)相联系的是人应当成为什么(何为理想人格)。人是什么(何为人)首先涉及实然,其问题主要在于:从实然的角度来看,人到底是何种存在? 人应当成为什么(何为理想人格)则关乎"应然"的问题。如上所述,从实然层面看,人或者可以被视为"理"的化身,或者可以被理解为有血有肉的具体个体。然而,人的存在不能停留、满足于这一事实的层面之上,人还需要追求自己的理想。那么,理想的人(也就是我们应当努力实现的人格),到底具有什么样的内涵? 在中国哲学尤其是儒家哲学中,以上问题主要与理想人格问题相联系。从内在的逻辑关系看,何为人与何为理想的人格这两个问题并非完全不相涉:对何为人的理解,内在地制约着对理想人格的规定。从人是理的化身这一前提出发,理想人格往往被规定为醇儒,其内在人格完全由普遍的天理所构成,不能有丝毫人欲、感性的观念掺杂其间;从人是包含感性规定的具体存在这一观念出发,则要求在实现天理、追求德性的同时,给人的感性规定以适当的地位,也就是说,在追求理想人格的同时,应承认感性规定存在的"合法性"。

何为人与何为应然之人(理想人格)的讨论,常常引向德性与德行的关系。事实上,在理学中,心性等问题的讨论,总是与"德性"与"德行"相联系。"德性"关乎内在人格,"德行"则表现为道德行为。如何理解道德行为? 这一问题具体涉及"自觉"和"自愿"的关系问题。道德行为无疑应当遵循普遍之理,然而,如果仅仅遵循普遍之理、无条件地执行天理的命令,则这种行为固然是自觉的,但却不一定合乎人的内在意愿。在自觉地理解、接受天理的要求或普遍的原则之外,是否还要考虑个人自身的意愿? 道德行为究竟仅仅是自觉的行为,还是同时也应是自愿的? 在这一问题上,存在着各种争论。相对而言,以理为第一原理的理学家,更注重行为的自觉之维,以心说理的哲学家,则肯定行为应同时具有自愿的性质。可以看到,在心与性、心与理的辨析之后,具体地涉及道德行为的性质及特点问题。

成就德行与成就德性无法相分。如何成就德性的问题在中国哲学中具体指向"成人之道",后者所关涉的是成就人格的方式、途径。如何理解成就人格的方式、途径? 这一问题与理学家关于知与行以及"尊德性"与"道问学"的讨论相联系。概略而言,知与行诚然也被赋予较广的内涵,但在理学的论域中,它首先涉及道德认识与道德实践的关系。关于知行的先后、知行相分与相合等问题的讨论,往往体现了对德性成就的方式以及德行展开过程的不同理解。与之相关,"尊德性"所关注的是外部的规范如何转化为个体的内在德性、品格,亦即化普遍的规范、原则、知识为个体的内在意识，由此逐渐形成完美的德性、达到理想的人格之境。"道问学"则更多地以成就知识为入手工夫，亦即通过格外在之物、穷天下之理，不断地理解天下万物之所以然，并把握社会的伦理规范，由此走向理想人格。前者侧重于外在规范的内化，后者则赋予理性之知的积累以某种优先性。这两种进路体现了不同的方向，理学家中不同的人物、不同的学派在这个问题上往往各有侧重，表现了相异的立场。

四

从更一般的角度看，理学论域中的以上问题，同时指向"当然"与"实然"、"必然"、"自然"之间的关系。"当然"、"实然"、"必然"、"自然"作为哲学观念，包含多方面的理论内涵。理学家对理气、心性等问题的讨论，也从不同侧面涉及以上观念所包含的哲学问题。

所谓"当然"，属规范性的概念，其中包含应该如何的规定，如"应该做什么"，"应该如何做"，等等。"应该做什么"与当然之则相关，其背后是责任或义务，"应该如何做"则涉及行为的方式、途径。"应该做什么"所包含的义务、责任，与个体在社会之中所处的关系、所承担的角色相联系，一定的社会关系往往从本体论的层面规定了相关个体的责任与义务。这种责任与义务在抽象化、形式化之后，又进一步取得"当然之则"的形态，后者也就是普遍的规范，它规定相关的个体应当做什么、应当如何做。理学所讨论的"理"，在很多方面涉及"当然"，其中包含着对人的责任和义务的规定，在形式的层面，"理"又表现为一般的原则、规范。不同学派的理学家对这一论域中的"理"，每每又有多样的理解，后者关乎当然与实然、必然、自然之间关系的不同定位。

当然作为普遍的规范,是否有其现实的根据? 这一问题涉及当然与"实然"的关系。当然之则在广义上为社会秩序提供了某种担保,无论是规则本身还是规则所担保的秩序,在中国哲学中都属人道之域。对中国哲学而言,人道与天道无法相分,人道意义上的当然之则、人伦秩序与天道意义上的存在之序,也非完全彼此悬隔。理学中注重"气"的学派,对以上层面的人道与天道的联系,给予了更多的关注。注重气的张载便认为,气的聚散,并非杂而无序,其间包含内在的条理:

> 天地之气,虽聚散、攻取百涂,然其为理也顺而不妄。气之为物,散入无形,适得吾体;聚为有象,不失吾常。①

"顺而不妄"意味着有法则可循。天道之域的这种有序性,同样体现于人道之域:"生有先后,所以为天序;小大、高下相并而相形焉,是谓天秩。天之生物也有序,物之既形也有秩,知序然后经正,知秩然后礼行。"②天序与天秩,属自然之序(实然);"经"与"礼",则涉及社会之序(当然),按张载的理解,经之正、礼之行,以"知序"和"知秩"为根据,这一观点的前提,便是天道(自然之序)与人道(社会之序)的联系。在这里,天道的考察具体地引向并体现于人道。尽管对"当然"与"实然"的以上沟通具有某种思辨的意味,但就其肯定"当然"具有现实的根据,这一思维趋向仍有其意义。从这一方面看,理学中的"气"论,其意义不仅仅在于从天道观的层面注意到理气不可分,而且也包含着对应然世界与实然世界加以沟通的意向。

---

① 张载:《张载集》,中华书局,1978 年,第 7 页。
② 张载:《张载集》,第 19 页。

"当然"既与"实然"相关,又涉及"必然",这种"必然"更多地体现于"理"之上。"气"主要呈现为一种实际的存在:现实世界都由作为实际质料的"气"所构成。"理"从天道的层面来看,则是内在于世界的普遍法则,这种普遍的法则具有必然的性质,无法违背。理学中注重"理"的哲学家,如二程与朱熹,往往把作为"当然"的责任、义务,以及人应当遵循的行为准则、规范同时理解为必然,并强调这种准则、规范的根据就在于"理"。从逻辑上说,"理"作为天道意义上的法则具有必然的品格,从而,将当然之则视为"理",也意味着以"当然"为"必然"。这一思维趋向与理气关系上以理为第一原理、心性关系上强调性体的主导性具有理论上的一致性:突出理的至上性,内在地包含着强调"必然"的理论趋向。

　　"当然"作为行为的准则,与人的规范系统相联系,从具体的实践领域看,规范的形成总是既基于现实的存在(实然),又以现实存在所包含的法则(必然)为根据,对象世界与社会领域都存在必然的法则,规范系统一方面体现了人的价值目的、价值理想,另一方面又以对必然之道的把握为前提;与"必然"相冲突,便难以成为具有实际引导和约束意义的规范。二程与朱熹肯定"当然"与"必然"的相关性,无疑有鉴于此。然而,"当然"同时又与人的目的、需要相联系,并包含某种约定的性质。就规范的形成而言,某一实践领域的规范何时出现、以何种形式呈现,往往具有或然的性质,其中并不包含必然性。同时,规范的作用过程,总是涉及人的选择,人既可以遵循某种规范,也可以违反或打破这种规范;这种选择涉及人的内在意愿。与之相对,作为必然的法则(包括自然法则),却不存在打破与否的问题。规范与法则的以上差异,决定了不能将"当然"等同于"必然"。

　　以"当然"为"必然"的逻辑结果,首先是赋予"当然"以命定的性质。在对"理之当然"与"理之所以然"作进一步界说时,朱熹便指出:

理之所当然者,所谓民之秉彝、百姓所日用者也,圣人之为礼乐刑政,皆所以使民由之也。其所以然则莫不原于天命之性。①

"秉彝"含有天赋、命定之意,以理之所当然为"民之秉彝",意味着将当然规定为天赋之命,当朱熹强调"所以然则莫不原于天命之性"时,便进一步突出了这一点:所以然与所当然彼此相通,"理之所以然"本于天命之性,同时也表明"理之当然"来自天所命之性。"当然"与"性""命"的这种联系,使循乎"当然"成为先天的规定,而"当然"本身也似乎由此被视为某种具有宿命性质的外在命令。

与理学中的以上趋向相异,理学中注重心体的哲学家更多地将"当然"与"自然"联系起来。这方面比较具有代表性的哲学家是王阳明。从本体论上看,气所体现的是实然和本然,张载以气为本源,首先突出了实然的世界和本然的存在;理则不同于经验领域的实然而更多地展示了必然,朱熹在从经验层面肯定理气不可分的同时又强调理为生物之本,其关注之点主要指向了形上意义上的必然。相对于此,王阳明着重在心物关系中建构意义世界,后者既不同于气所体现的本然存在,也有别于与理相联系的超验必然。在心与物的互为体用中,一方面,天道层面的存在与人道层面的存在以更内在的形式融合为一,另一方面,理的至上性、绝对性开始受到抑制:存在的意义不再由超验之理规定,而是由心(人的意识)所赋予。同时,在王阳明那里,心或心体具有二重性:它既包含作为当然的理,又内在于个体,后者不仅仅表现为特定的存在,而且与现实之"身"、情与意等相联

---

① 朱熹:《论语或问》卷八,《朱子全书》第六册,上海古籍出版社、安徽教育出版社,2010年,第763页。

系。身作为生命存在(血肉之躯),包含自然的规定;情与意既有人化的内容,又同时涉及天性(自然的趋向)。与之相应,由心体建构意义世界,同时蕴含着当然与自然的沟通。

从"当然"与"自然"的关系看,首先需要将"自然"和自发区分开来。与"当然"相关的这种"自然"不同于自发,它乃是经过理性的自觉了解之后,逐渐内化、沉淀于人的内在意识,久而久之、自然而然地化为人的习惯。这一意义上的自然,也可以视为人的第二天性。对心学而言,作为当然的责任、义务、规范不应仅仅理解为外在命令,如果把它们完全看作是外在命令,那么,这些义务及规范与个体之间就会呈现对峙的关系:外在的规范对个体来说纯然是异己的东西,个体和外在社会要求之间则由此呈现紧张关系。"当然"与"自然"的沟通在这里意味着将这种外在的规范、原则逐渐内化到个体意识,使之成为个体自觉自愿的要求,由此,在行动过程中自然而然地按照这种规范的要求去做,它近于通常所说的"习惯成自然"。

可以看到,在理学的演进中,不同的学派对"当然"的理解,往往有不同的特点。比较而言,气学这一学派比较多地注重"当然"和"实然"的联系,将"当然"的根据主要追溯到天道意义上的"实然",由此在应然世界与实然世界之间建立起某种关联。狭义的理学学派则更多地将"当然"和"必然"联系在一起,把作为当然的规范视为外在的命令,由此表现出化"当然"为"必然"的趋向。在心学这一学派中,"当然"则往往被引向"自然",其关注之点也相应地侧重于外在的规范和要求如何能够逐渐地内化于个体、融合到自我,并进而化为个体自身的内在要求,由此达到不思不勉、从容中道之境。

从哲学的层面说,在"理"和"气"("道"和"器")、"心"与"理"、"心"与"性"以及"道心"与"人心"、"气质之性"与"天地之性"、"知"与"行"等概念之后,理学既讨论"何物存在"以及"何为存在的根据"

这样一些天道之域的形而上问题,又追问"何为人"、"何为理想人格"以及"应当做什么"、"应当如何做"等人道之域的问题。在更一般的层面上,其关切之点进一步指向"当然"与"实然"、"必然"、"自然"之间的关系。后者既涉及天道与人道的关系,又在哲学的论域体现了本体论、伦理学与价值论的相互交融。考察理学,既应从其本身的概念、命题入手,又需要透过这些概念,进一步揭示、把握其背后所涉及的理论问题。

(原载《学海》2012 年第 1 期)

分析哲学与中国哲学

　　分析哲学与中国哲学常常被视为两种迥然相异的哲学趋向。然而，就中国哲学的研究而言，分析哲学并不仅仅是一种异己的存在或无法相容的思想形态。无论是从回顾和考察中国哲学的历史看，抑或从当代中国哲学的建构着眼，具体地把握分析哲学与中国哲学的关系都有其不可忽视的意义。

一

　　分析哲学与广义的哲学分析既相互区别，又难以截然分离。哲学的分析在西方哲学中有悠久的传统，宽泛而言，西方哲学中的这种分析传统可以追溯至古希腊。苏格拉底、柏拉图的对话以及亚里士多德的哲学论辩,都不同程度地涉及哲学分析。亚里士多德著有《范畴篇》、《前分析篇》和《后分析篇》等,这些论著都直接关乎逻辑分析问题;从更广的视域看,它们对形而上学、伦理学等问题的讨论都渗入了哲学的分析。在西方哲学的尔后演进中,自休谟、莱布尼茨、斯宾诺莎到康德,分析性的思与辨绵绵不绝,形成了十分悠长的传统。不过,在讨论分析哲学与中国哲学的关系时,其中涉及的"分析哲学",主要指20世纪初在西方所形成的一代哲学思潮或哲学流派,以弗雷格、罗素、摩尔、维特根斯坦等为代表人物,在以后的衍化过程中,分析哲学思潮还包括维也纳学派,以赖尔、奥斯汀等为代表的牛津日常语言哲学,以及蒯因、戴维森等哲学系统。在更宽泛的意义上,罗尔斯的工作也属于广义的分析哲学流派。

作为特定的哲学流派,分析哲学包含几个重要的方面。首先,就对象而言,与所谓"语言学转向"相呼应,分析哲学所指向的,主要是我们在谈论、思考世界和人自身时所运用的语言。一方面,分析哲学并未完全撇开存在,而是希望通过语言分析这一方式来把握存在,在此意义上,它并未离开哲学的论域;另一方面,与以往的哲学不同,分析哲学所试图把握的,主要是语言中的存在。就其以语言为对象而言,分析哲学的以上趋向可以借用蒯因所说的"语义上行"(semantic ascent)加以概括。所谓"语义上行",也就是由考察对象转向考察关于对象的语言表述,亦即将哲学的对象主要集中于语言层面。从哲学讨论如何达到普遍性、确定性的观念来看,分析哲学以语言为对象的讨论方式,有其值得注意之处。与直接指向物理对象不同,这种思考侧重于将语言与语言之外的对象相区分。一般而言,如果简单地或直接地把物理对象作为考察的目标,可能导致两重趋向。一是把物理对象实体化,而实体化的背后往往暗含着某种超验的、思辨的进路,在传统哲学中,这一趋向表现于形形色色的自然哲学或其他各种形态的思辨形而上学之中。以物理对象为考察对象的第二个可能，是哲学研究与经验科学的某种趋同。历史地看，哲学在其早期的形态中曾包罗万象，呈现为所谓科学之母，各门学科都隐含于其中。当哲学以科学的方式指向物理现象时，逻辑上便包含某种将哲学科学化的可能，在早期的实证论那里，便多少表现出这一趋向。同时，分析哲学注重语言和心理的区分。从逻辑上看，以心理过程作为反省对象，往往容易引向个别化、特殊化的体验，仅仅停留于此，则难以超越经验之域、达到普遍、确定的内涵。概而论之，就消极的方面而言，以语言作为对象，既旨在克服超验和思辨的进路，避免将哲学等同于经验科学，也意味着超越哲学研究中的心理化进路；从积极的方面来看，以语言为研究的对象，则表现了通过向语言的还原，在语言的层面寻求哲学思考的普遍性和确定性的意向：相对于物理现象和心理现象的差异性、分殊性，语言表现为一种可以用相近方式加以处理、以相同尺度加以衡量的对象，对分析哲学而言，后者似乎从一个方面为达到普遍性和确定性提供了可能。

与指向语言相联系的是逻辑分析：以语言为对象，以逻辑分析为方法，这两者在分析哲学中紧密结合，难以分离。逻辑分析主要包括两个方面。一是概念的辨析、界定：在分析哲学之域，概念的提出都需经过严格的界定，其涵义要求明确而清晰；二是观点的论证：提出论点必须经过严密论证，不允许独断地"颁布"某个结论。借用中国哲学的表述，这种"论证"可概括为两方面：一是"言之成理"，即在讨论、论证过程中要合乎规范、合乎逻辑；二是"持之有故"，即提出论点必须有根据。从积极的方面说，分析哲学的以上进路对于概念的清晰化、思考论证过程的严密化，等等，确实有其不可忽视的意义。从消极方面看，这一研究的方式既有助于拒斥独断论的趋向，也可使哲学思考避免流于个人的感想或感受。哲学之思本质上不同于偶然、随意的感想,它需要论证。未经论证的感想往往表现为个人化或私人性的意识。在个体感想和私人观念的层面,哲学一方面容易流于神秘的体验(哲学史上,带有神秘主义性质的观念往往将哲学思考融于私人体验,而未能将观点的展开和严密的逻辑论证结合起来);另一方面也可能被等同于常识:常识每每不言自明、无需论证,它既不需要去思考"何以如此",也无须追问"根据何在"。哲学固然并非完全隔绝于常识,但同时需要通过理论的追问、论证,扬弃常识。

上述层面的逻辑分析,同时展开为一个"讲道理"或"说理"的过程,事实上,正是"讲道理",构成了逻辑分析的实质意义之所在。当分析哲学将逻辑分析作为处理语言的主要方式时,同时也意味着把"讲道理"这一意识和观念运用到哲学之中:无论概念辨析,抑或观点论证,都是一个"讲道理"的过程。前面提到的"言之成理"、"持之有故",也以"讲道理"为其内涵。如前所述,哲学的观念不同于偶然的私人体验或常识性的感想,亦不同于独断的教条,哲学的观念需要经过论证,而论证过程即是"讲道理"的过程。哲学的观念同时需要面向他人或学术共同体,也就是说,它应走向公共领域,让共同体的成员进行批评、讨论、驳难。提出某个论点要别人接受,必须说出理由,而说出理由也就是"讲道理"。不难看到,逻辑分析的实质指向在于,使哲学的思与辨同时成为"讲道理"的过程。

相应于以上两个方面,分析哲学内在地包含着对意义的追寻和追问。概念的辨析、逻辑的论证过程,同时也展开为意义的辨析、意义的追问过程。在分析哲学那里,狭义上的意义主要涉及语言,关于语言的意义理论,各家各派说法众多,如"指称论"、"使用论",等等。广义的意义关切则渗入于分析哲学对哲学问题和概念的辨析、理解之中。意义是一个颇为复杂的问题,它本身也可以成为讨论的对象,20 世纪 20 年代,奥格登与理查兹所著《意义的意义》(*Meaning of*

Meaning）一书,便专门讨论意义的问题。就一般层面而言,意义可区分为两方面。从理解、认知的维度看,意义既涉及形式,也关乎实质。在形式的层面,意义必须合乎逻辑,金岳霖曾指出,同一律是"意义可能底最基本的条件"。同一律要求概念具有确定的涵义,在一定的论域中,某一概念即表示某种涵义,不能随意转换。广而言之,矛盾律、排中律都是意义所以可能的形式条件。在实质的方面,此论域中的意义主要关联事实的认知:以理解为指向,意义总是包含认知的内容。上述意义上的"意义",具体表现为"可理解":当我们说"某个观念有意义"时,同时便指它是"可理解"的,反之,不可理解的就没有意义。例如,"白昼比水更重",这句话即无意义,因为它无法理解。从形式方面看,它之所以无法理解、没有意义,主要在于不合乎逻辑:按照墨家"异类不比"的原则,"白昼"与"水"是不同类的对象,前者涉及时间,后者指涉物质,将两个不同类的对象放在一起比较,便违背了"异类不比"的原则;从实质方面来看,以上陈述之所以没有意义,则在于它没有提供任何可认知的事实内容。

除了理解—认知之维,意义又与人的目的相联系,具有价值的内涵。在后一意义上,所谓"有意义"主要是指:相对于实现某种目的而言,相关的人、物或观念有积极的作用。若对于实现某种目的没有什么价值,则它们便没有意义。以否定的方式来说,"螳臂当车"是无谓之举,它常被用以嘲笑人不自量力、试图阻止历史的某种演进趋势。就原始涵义而言,"螳臂当车"何以无意义?原因就在于:对于"当车"这一目的,区区"螳臂"没有任何作用。这一语境中的"意义",便是就价值层面而言,在此论域,所谓有意义即表明有价值,无意义则意味着无价值。广而言之,通常所说的"荒谬",也指价值层面的无意义,这一层面的意义首先涉及人的存在,"荒谬"意味着人生没有任何积极的价值目的或目标,从而缺乏意义。

就总体而言,在以上两重维度的意义中,分析哲学所侧重的主要是前一层面(理解—认知层面)的意义。对目的—价值这一层面的意义,关注则相对较少。分析哲学固然也论及价值问题,但其所讨论的主要不是现实的价值关系。以广义的"好"(good)而言,分析哲学所关心的是"好"这个词或概念表示什么意义,而不是"什么是现实生活中好的事物",同样,关于"善"(morally good),他们所感兴趣的也是"善"这一概念究竟包含什么意义,或者说,当我们以"善"来指称某种行为时,其中的"善"表达什么涵义,对于"什么是善的现实形态"、"如何行善"这一类问题,分析哲学往往加以悬置。可以看到,分析哲学的以上趋向蕴含着意义追寻的单向度性。

要而言之,作为一代思潮,分析哲学在总体上包含以语言为对象、以逻辑分析为主要方式、以理解—认知层面的意义为主要关注之点的三重维度;以上三个方面,同时也构成了分析哲学之为分析哲学的内在规定。与之相联系,分析哲学具体地呈现以下特点。

首先是注重"划界"。从内在逻辑来看,这与前面提到的关注概念的辨析、概念的清晰性以及论证的严密性相一致:清晰即意味着概念与概念之间界限清楚,涵义不能含混、纠缠。作为一种思维方式,"划界"可追溯至作为分析哲学理论源头之一的康德哲学,康德哲学的特点之一便是划界:"现象"与"物自体","感性"、"知性"与"理性","纯粹理性"与"实践理性",等等,彼此界限都很清楚。这种倾向似乎对分析哲学也有影响。在分析哲学那里,划界不仅体现于概念之间涵义的区分,而且表现在语言和语言之外的世界之间的相分,后者在某种意义上类似康德所作的"现象"和"物自体"的划界。划界导致的后果之一,就是往往很难把握对象或世界的整体性:"界"把事物分割为不同的方面,而对象在被区分之前,本身却具有整体的品格。在划界的视野下,作为整体的世界常常难以达到。当然,分析哲学中也有所谓"整体论"（holism），但此所谓"整体论"并不关心整个世界或作为整体的现实存在如何把握的问题，其关切之点主要指向在语言论辩之域如何理解、把握语言的相关方面，例如怎样将一个词的意义放在前后相关的语境之中，而不是孤立地就单个语词来理解其意义。从一定的语境或语词、语句关联中来理解语义，这种观点常常被称为"语言的整体论"。从其主要方面来看，这一意义上的"整体论"，并未跳出语言的论域。

与划界相应的是理想化的进路。分析哲学往往以理想化的方式来处理哲学问题，这一方式具体地体现于分析哲学家经常使用的所谓"思想实验"中。分析哲学非常热衷于使用各种思想实验，这一方式往往表现为"设想"（suppose）各种情景，这种设想也就是假定某种理想情境或联想条件。比较著名的有普特南（Hilary Putnam）所谓"缸中之脑"，即设想脑和人的身躯分离开来，被置于能维持其存在的缸中，并同时获得各种信息，此时大脑无法知道自己是在颅中还是缸中，从而，对虚妄和真实也难以判断。在伦理学、政治哲学的论域中，同样可以看到"思想实验"的方式或者理想化的处理方式，著名的例子如罗尔斯《正义论》中所提出的"无知之幕"。"无知之幕"即是设想在讨论正义问题之前，所有参与讨论的人对自己在未来社会中的各种可能情景，如年龄、性别、社会地位、贫富等都一无所知。罗尔斯试图在这种假定的情景之下，讨论人们在正义问题上可能达到怎样的共识，这一设定便带有很明显的"思想实验"特征。在这方面，罗尔斯的讨论与分析哲学在其他领域所作的语言分析并无实质的不同。理想化或"思想实验"的处理方式，其重要特点是把情景从现实环境中抽取出来，如"缸中之脑"将人脑从现实的躯体中加以抽离，"无知之幕"则将人从具体、现实的社会关系中分离出来，如此等等。由此出发来讨论、考察问题，具有明显的抽象化特点。哲学研究无疑需要抽象，但若仅仅停留于抽象，则往往无法达到真实、具体的存在。

划界和理想化的方式相结合，在逻辑上导向形式化的处理方式，后者构成分析哲学的第三个特点。"形式化"表现为语言与实际世界（存在）的分离，亦即过滤掉实际世界，仅仅在语言这一层面谈论存在，或者仅仅分析语言这一思想表达形式。诚然，在分析哲学后期，也有不少关于存在问题的讨论，并提出各种形态的本体论或形而上学的观念。然而，需要注意的是，当分析哲学讨论存在并试图建立一种形而上学时，它所关注的重心往往不是存在本身，而是人们在谈论或表达存在时所运用的语言以及这种语言所具有的涵义。在斯特劳森的 *Individuals* 一书中，这一点便表现得很明显。斯特劳森在该书中区分了"修正的形而上学"和"描述的形而上学"，在他看来，真正合理的进路是对形而上学作描述的研究。所谓"描述的形而上学"，顾名思义，其特点不是研究存在本身，而是讨论我们在研究存在时所使用的概念之意义。这一辨析活动便体现了形式化的趋向。在蒯因所谓"本体论承诺"中，存在基本上也是就语义层面而言，对于物理的或现实层面的"存在是什么"、"何物存在"等问题，分析哲学的立场是存而不论。

从另一重意义看，"形式化"意味着语言与心理过程的分离。如前面所提到的，分析哲学将哲学讨论的对象限定在语言层面上，这同时包含了区分语言与心理过程之意。分析哲学非常注重这种区分，很多分析哲学家都一再试图回避对心理活动过程的研究、把握。分析哲学之中固然也有"心的哲学"（philosophy of mind）这一类分支，但其关注重心，仍不外乎对涉及心理或意识现象的语言作逻辑的分析。在分析哲学家看来，实际的心理或意识过程缺乏明晰的形式和确定的内容，无法以逻辑的方式加以把握，由此，他们一再要求在讨论中消解心理问题。达米特更直截了当地提出"从心灵驱逐思想"，其内在的意向即分离心理与思想。如前所述,哲学的研究确实不能仅仅停留于个体的体验,但将哲学的考察(包括语言的分析)与实际的心理、意识过程完全加以分离,则走向了另一极端。总之,一方面是语言与实际世界之间的分离,用早期维特根斯坦的话来说就是"我的语言的界限意味着我的世界的界限",另一方面(内在的方面)则是语言的分析过程和人的实际心理过程的区分。这两重区分从不同方面表现出形式化的追求,由此导致的结果之一是形式层面的探讨与实际世界(存在)的把握之间的某种分离。

与以上几个方面相伴随的,是技术化、知识化的趋向。如前所述,分析哲学以逻辑分析为主要方法,这种方法后来被不断地精致化、系统化,逐渐形成了某种技术性的品格。从早期形态来看,这种技术性的特点表现为借用人工语言或现代数理逻辑的方式来讨论哲学问题,数理逻辑是一个非常专门的领域,它虽有不同的系统,但在高度技术化这一点上彼此相通。与之相应,当关注之点集中于这一层面时,哲学本身也开始被赋予技术性的特点。分析哲学的重点后来转向日常语言的分析,这一层面的分析固然不再以数理逻辑为必要的工具,但技术化的趋向依然可以看到。日常语言分析做得好的一些哲学家,往往具有较好的语言学训练,这种训练不仅涉及语言科学,而且同时包括人文知识的积累,如日常语言学派中的重要代表人物奥斯汀就具有非常好的语言和古典学素养,他之所以在语言分析方面得心应手、技巧娴熟,与这种知识背景不无关系。可以说,在人工语言与日常语言的分析层面,哲学都不同程度地与技术化的趋向相关联。

技术化的背后往往是知识化的趋向:技术化的走向与知识化的追求很难分离。当哲学研究逐渐导向技术化的时候,哲学关注的重心也逐渐转向知识形态,与之相应,哲学本身也每每被知识化。哲学的知识化与哲学作为智慧的追求这一本来形态之间显然有相当的距离。随着知识化趋向的发展,哲学往往容易游离于作为智慧之思的本然形态。

二

相对于分析哲学的以上形态,中国哲学无疑有自身的特点。从形式的层面看,中国哲学首先呈现为既成性与生成性的统一。一方面,中国哲学在历史的演进中已经取得既成形态,我们现在所研究的中国哲学(从先秦到现代),便是已形成了确定内容的对象。在此意义上,中国哲学具有已完成的品格,呈现为一种既成的历史形态。另一方面,在成为历史中的对象之前,中国哲学首先展开为一定时代的哲学家对其所处时代哲学问题的思考,后者所涉及的,本质上是哲学的理论。这种理论的思考,表现为一个在历史中不断延续的过程,取得历史形态的哲学史对象,本身便是在这一过程中逐渐形成的。在此意义上,中国哲学又表现出生成性的特点:随着哲学思考在不同时代的延续,哲学的理论也不断生成;每一时代的哲学家既以以往的哲学思考结果为出发点,又为以后的哲学思考提供新的起点。这种哲学的思考一方面是一定时代中形成的哲学理论,另一方面又在历史的衍变中成为后起的哲学家研究的对象,从而取得既成形态。在历史的衍化中,哲学家总是在新的起点上对他们所遇到的哲学问题进行新的理论思考,从而使中国哲学在新的历史阶段中得到新的延续。与这一过程相应,中国哲学在总体上表现为既成性与生成性的交融。在既成性与生成性统一的背后,更具实质意义的是历史和理论之统一:在此层面,中国哲学既表现为哲学的历史,也展开为哲学的理论。

宽泛地说,作为一种智慧的沉思,中国哲学主要展开于对"性与天道"的不断追问,从理论层面看,这种追问和沉思具体表现为对形上智慧的追求,后者同样包含意义的探寻。就意义的追寻而言,中国哲学更多地关注于意义的价值之维,当然,这并不是说,中国哲学完全忽略认知—理解层面上的意义,但相对而言,其注意的重心更多地体现于前者。

中国哲学内含的以上两重基本品格(既成性与生成性的统一,哲学的历史与哲学的理论之统一),构成了考察中国哲学与分析哲学之间关系的前提。相应于中国哲学的上述特点,中国哲学与分析哲学之间的关系具体展开为两个维度,即历史的维度与理论的维度。前者主要涉及分析哲学和作为历史形态(既成形态)的中国哲学的关系;后者则指向分析哲学和作为哲学理论(处于延续过程、具有生成性)的中国哲学的关系。

从历史的形态看,中国哲学在总体上更关注实质的体系,对于形式的体系则不像西方哲学那么注重。当然,这并不意味着中国哲学完全没有体系,但它相对而言更侧重于实质的体系。与此相联系,作为既成形态的中国哲学,往往不十分注意对其概念、范畴的严密界定和辨析,这当然不是说中国哲学中的概念、范畴没有确定的内涵,而是指中国哲学家在运用它们时,并不总是将形式层面的概念界定和辨析作为关注的重心。同时,中国哲学在展开自身论证的过程中,常常更多地注重实质的系统性。诚然,任何一个具有创造性的中国哲学家都有自己的宗旨或核心的观念,其整个哲学系统都是围绕这些宗旨或核心概念而展开,但在展开这一系统时,他们往往并不注重从形式方面来加以推论或推绎。当然,中国哲学本身也有注重分析的方面,如荀子提出"辨合"、"符验"的观念,"辨"即有辨析、分辨的意义,朱熹主张"铢分毫析",也要求对问题进行细致的分析。在此意义上,不能说中国哲学中没有分析之维,不过,从总体上看,中国哲学并不以对概念的界定与辨析、对理论体系作形式上的建构为主要的关注之点。

中国哲学的以上特点,决定了今天在回顾、考察历史上的中国哲学时,需要借助于分析哲学的研究方式,以此推进我们对作为历史形态的中国哲学的研究。具体而言,应特别关注以下几个方面。首先是对中国哲学史中不同概念的辨析。如前所述,中国哲学中的概念并非没有确定的内涵,但这些概念的丰富涵义往往没有在形式层面得到梳理、辨析。对今天的中国哲学研究来说,如何在概念的层面上对以往的中国哲学内涵进行细致的分梳、界定,是无法回避的工作,而在这方面,分析哲学注重逻辑分析的进路,无疑需要我们高度重视。对研究者而言,如果适当接受分析哲学的训练,无疑有助于推进对中国哲学的理解;就研究过程而言,如果适当地引入逻辑分析的方法,也将深化对中国哲学的考察。

与概念辨析相联系的是理论内涵的揭示。作为注重实质体系的理论系统,中国哲学包含着丰富的理论内涵,每个重要哲学家的观念中都具有自己的独特思想和理论洞见。如何把传统哲学中已有的深刻内涵揭示出来,这是哲学史研究需要认真思考的问题。在这方面,我们同样需要注重严密的逻辑分析。以先秦哲学的研究而言,先秦儒家曾提出"仁"、"礼"的概念,这些概念可从不同的角度、层面加以考察。从伦理学的角度看,这里涉及实质与形式的关系。"仁"更多地包含实质层面的意义,其基本之点是对人的存在价值的肯定,即承认人之为人的内在价值。相对而言,"礼"则较多地从形式化的方面(包括如何行动,如何评价,等等),体现了具有规范意义的要求:从日常生活中如何行事,到道德实践过程如何展开等,"礼"相对于"仁"而言,确乎更多地包含了形式层面的规定。这两个方面,一个侧重于形式层面的规范和要求,一个侧重于实质层面的内在价值,二者在儒家哲学中彼此交融。不难看到,在伦理学上,"仁"、"礼"统一的意义之一,就在于将形式层面的"礼"和实质层面的"仁"结合起来。但这一思想在儒家的系统中主要以隐含的方式存在,其具体内容未得到明确、直接的表述。今天我们研究儒家的思想,便需要用逻辑分析的方法,将"仁"和"礼"的关系中所隐含的以上内涵,加以揭示和阐明。这种揭示和阐明的过程,同时也是敞开传统哲学中所包含的普遍、恒久意义的过程,其中总是渗入了逻辑的分析。

在哲学史的研究中,逻辑分析内在地关联着逻辑的重构。如前所述,中国哲学主要表现为实质的体系,这一体系并非以形式演绎的方式展开,而是以内在隐含的方式体现出来。然而,今天研究中国传统哲学,显然不能仅仅停留在传统哲学那种隐含的形态之上。《论语》一书,从形式上看似乎是由一些不相关联的对话所构成,然而,其中又内在地包含着实质联系,我们在研究孔子思想时,便需要发现、揭示这种关联,考察作为核心观念的"仁"与"知"、"礼"、"义"之间的内在关系,等等,亦即以逻辑重构的方式,将隐含其中的概念之间、命题之间以及前后的论证关系再现出来。事实上,中国哲学史的研究工作无法略去这一逻辑重构工作,否则我们就可能只是复述前人的观点,或仅仅将古代汉语翻译成现代汉语。在进行逻辑重构时,分析哲学注重论证、辨析的方式同样具有重要的借鉴意义。

要而言之,今天研究中国古典哲学,需要运用分析哲学的方式,通过概念的辨析、理论内涵的揭示、逻辑关系的重构,来具体把握以往哲学的理论系统和内涵。以上述方式回溯、考察中国哲学,同时也意味着赋予中国哲学以现代的形态,后者不仅使之能够进入现代意义上的学术研究过程,而且也为其成为更广视域(世界哲学视域)中学术讨论的对象提供了前提。

以上所涉及的,主要是分析哲学对于研究作为历史形态(既成形态)的中国哲学所具有的意义。如前文所论,中国哲学同时展开为一个生成过程,包含生成性。从生成的角度看,今天中国哲学的研究可看作是以往中国哲学的延续,而并非与之完全脱节。中国哲学的当代延续所指向的,同时是中国哲学的当代建构,广义的中国哲学研究以哲学的建构为其题中应有之义。中国哲学在当代的延续与中国哲学的当代建构,实质上是同一过程的两个方面。

从中国哲学的建构或中国哲学在当代的延续这一角度看,中国哲学与分析哲学的关系进一步展现出另一重维度。首先是逻辑分析与形上智慧的互动。前文一再提到,分析哲学的重要特点之一在于注重逻辑分析,而哲学按其本义则无法离开对智慧的追求——智慧的沉思是"哲学"的本原向度,今天中国哲学的建构同样无法离开这一路向。如何将逻辑分析与形上智慧结合起来? 这是需要考虑的重要问题。一方面,智慧的沉思应经过逻辑的洗礼,另一方面,逻辑分析不能仅仅停留在形式的层面,而需要有智慧的内涵。简而言之,我们既要追求经过逻辑分析的智慧,又要接纳包含智慧的逻辑分析。表面看来,逻辑分析与智慧沉思似乎彼此相斥:分析注重"分",趋向于划界,关注局部的、分别的研究;智慧则要求"合",注重对整体的把握,而在当代中国哲学的建构中,以上张力应当加以化解。让智慧之思经受逻辑的分析、赋予逻辑分析以智慧的内涵,其实质的意义便是扬弃以上的张力。作为当代中国哲学建构的代表性成果之一,冯契先生的"智慧说"在一定意义上便体现了逻辑分析与智慧沉思的统一。冯契先生在"智慧"这一题目下,展开了其广义的认识论。"广义认识论"一方面处处包含逻辑的分析,每一概念的提出都经过严密的界说,每一论点都诉诸逻辑的论证;另一方面,又并非停留于形式层面的逻辑辨析,而是以认识世界与认识自己、从知识到智慧的飞跃等为其指向。换言之,它所体现的是以"讲道理"的方式展开智慧的沉思。

分析哲学与中国哲学的关系背后，同时涉及两种不同的哲学传统。如前所述，分析哲学与西方注重分析的哲学传统相联系，这一传统历史悠久，可以上溯到古希腊时代；中国哲学以"性与天道"的追问为指向，同样展开为一个悠长的智慧传统。在建构当代中国哲学的过程中，我们面对的便是以上不同传统。通过逻辑分析等方式梳理以往哲学传统中的概念，揭示那些对今天的哲学研究仍然不可或缺并可以借鉴的内容，这是哲学建构的重要方面。总之，当代中国哲学的建构不能局限于单一的进路，它需要关注不同的哲学传统，运用多元的哲学智慧，具有世界哲学的视野，而分析哲学既从一个方面体现了西方哲学的传统，又为梳理、把握传统的哲学资源提供了重要的方法。

进而言之，在中国哲学的当代建构中，我们既要走出语言的界限，回到存在本身，又要引入分析的方式，避免陷入单纯的体悟、体验或独断的思辨之中。这一过程不仅涉及蒯因所说的"语义上行"，而且也关乎反向的"语义下行"。"语义上行"是从对象到语言，从对存在本身的把握转向关于存在的语言，其特点在于以语言分析作为把握存在的途径；"语义下行"则要求从语言走向对象，回到存在本身。如前文所述，单向的语义上行往往呈现技术化、知识化的趋向，回到存在本身则同时意味着回归智慧。这样，以"语义上行"与"语义下行"的互动为内容，分析哲学与中国哲学的关系亦表现为知识与智慧之间的某种交融。

"语义上行"与"语义下行"的互动，在不同的层面指向意义之域。如前所述，意义具体表现为两个方面，一是认知—理解层面的意义，一是目的—价值层面的意义。相对而言，分析哲学更多地侧重于前者，而中国哲学则较多地关注于后者。在建构当代中国哲学的过程中,应当扬弃意义追问的单向度性,对意义的以上两方面都充分地加以重视。具体而言,二者的统一、融合,体现于"是什么"、"意味着什么"、"应当成为什么"的追问之中。"是什么"涉及认知—理解层面的意义,"意味着什么"侧重于存在所隐含的价值意义,"应当成为什么"则进一步引导我们从有关"世界实际上是什么"的思考转向"世界应该是什么"的关切。

从哲学层面看,我们不仅应当理解世界实际如何,而且应该思考世界应当如何,后者意味着从解释世界进一步走向变革世界。在中国哲学的视域中,以上三个方面的追问具体地展开于"成己"与"成物"的过程中。"成己"主要关涉认识人自身和改变人自身,"成物"则指向认识世界与改变世界,二者构成了广义的知行过程。事实上,作为哲学问题,意义本身只有在进入广义的知行领域之后才会发生,知行领域之外,既没有认知—理解层面的意义,也不存在目的—价值层面的意义。意义因人而起,并总是发生和展现于人的知行过程。这里所说的"知行",在中国哲学中即以"成己"与"成物"的统一为实质的内容。意义的发生与追问最终落实于"成己"与"成物"的过程中,在当代中国哲学的建构中,同样不应悬置"成己"与"成物"的问题。就分析哲学与中国哲学的关系而言,在"成己"、"成物"的过程中理解"意义",也就是在更广的视野之下回归存在、追寻智慧。

（本文原载《中国哲学史》2009 年第 4 期）

现象学：哲学进路及其意义

  作为 20 世纪的显学之一，现象学在其演进过程中既经历了诸种变化和分化，也受到不同形式的关注。然而，从理论上看，现象学的哲学内涵是什么？它究竟试图解决什么样的问题、达到何种哲学的目标？相对于现代其他哲学流派或以往的哲学系统而言，其哲学进路的独特性主要体现在何处？对这些问题，今天似乎仍然需要思考。罗蒂曾就此表达过如下看法，大意是：对于胡塞尔的现象学在哲学上的意义究竟是什么，他（罗蒂）不是很清楚。这当然不是说，罗蒂对一般所了解的胡塞尔现象学的观念、方法，完全一无所知。事实上，他在这方面有自己的非常独特的理解。他的疑惑主要是：现象学作为哲学，其意义究竟何在？

  宽泛而言，对现象学的考察可以有两种方式：一种是"专家式"的,另一种是"非专家式"的。与之相联系,在讨论的过程中,既可以关注现象学的本然形态或实际形态,也可以指向其逻辑上可能衍化的形态。以胡塞尔的现象学而言,胡塞尔具体提出了什么概念和命题? 这些概念和命题后来经历了怎么样的变化或发展? 这些问题涉及现象学的本然形态或实际形态。从可能形态或逻辑形态来说,则可以不限于胡塞尔本身的一些具体言说,在逻辑推论或逻辑重构的意义上,考察其哲学内涵。以下的分析,主要侧重于逻辑的进路。

一

从早期开始,胡塞尔已提出一个目标,即希望使哲学达到严格意义上的科学形态。在 1911 年的《哲学作为严格科学》一文中,他便集中讨论了这一问题。提出这样一个目标可能和胡塞尔早期的学术训练有关,如所周知,他是学数学出身的(其博士论文讨论的便是微积分方面的问题),数学作为一种学科,以注重严密性、精确性为其特点。另外,这也多少与当时思想背景相关联。19 世纪末、20 世纪初,正是实证主义方兴未艾之时。从哲学进路看,实证主义在某种意义上也追求哲学的科学化,并以类似科学之域的实证性作为哲学区别于传统神学、形而上学的特点。这一思想背景,对胡塞尔的思路也应产生影响:尽管与对待心理主义的立场相近,他对实证主义也有所批评,但胡塞尔之所以提出哲学作为严格意义的科学这样的问题,与以上背景不能说毫无关系。

达到作为严格科学的哲学这一目标,可以有不同的进路。比较而言,从早期胡塞尔的工作来看,现象学的进路更多地侧重于从考察意识入手。稍作分析,便不难看出其中的内在脉络。胡塞尔一开始以反心理主义的姿态出现,这一立场本来似乎应该与专注于意识保持一定的距离,然而,他的进路却恰恰是从意识分析入手,由此进而试图达到作为严格科学的哲学。这是一种饶有趣味的现象。这一思路的实质,在于从意识的考察研究入手来为哲学寻找一个确定的基础或直接的本原。如一些学人已注意到的,在这方面,胡塞尔与笛卡尔有某些相通之处。笛卡尔一方面追求确定性,另一方面又以普遍的怀疑作为确定性追求的出发点,通过对已有观念的普遍怀疑,确认唯有"怀疑"本身无可怀疑,以此达到一个最确定的开端,所谓"我思故我在",便是其逻辑结论。这一进路从总体上看是试图从意识之中去寻找一个最稳固、最直接、最具有明证性的基础。胡塞尔从意识分析入手,通过悬置对存在的判断以及本质的还原、先验的还原,最后达到一种纯粹的意识或纯粹的自我,这一思路与笛卡尔不无相似之处。

当然,胡塞尔的"意识"又不同于笛卡尔的"我思"。二者的差异主要在于,胡塞尔突出了意识的意向性特征,相形之下,笛卡尔以心与物的二分为出发点,心既然平行并外在于物,则意识与对象的联系在逻辑上便难以建立。与之相应,在笛卡尔那里,意识的对象指向性无法得到充分强调。现象学对意向性的关注,有助于走出封闭的意识之域:意向性的特点之一在于非限定于自我的意识,而是指向对象。如后面还将提到的,指向对象意味着意识与存在相涉,正是后者决定了意识在经过还原而达到纯粹形态之后,能够为哲学提供最原初、确定的基点:纯粹的意识作为意识同样具有意向性的特点,这一点也规定了它与存在的相关性。

概而言之,胡塞尔的"纯粹意识"包含多重特点。一方面,尽管纯粹意识经过还原已超越了直接性,但就意识所内含的意向性而言,被还原的意识本身仍具有存在的指向,在此意义上,纯粹意识并没有离开广义的存在。但另一方面,作为本质还原与先验还原的产物,纯粹意识又不同于呈现于经验中的存在。同时,纯粹意识一方面与意识之域中的意向、还原等过程相联系,从而涉及广义的"意识",另一方面又超越了经验层面的个体意识:经验不具有现象学意义上的明见性,它渗入了个体的心理,从而需要通过还原以获得净化。这样,纯粹意识既涉及存在,又非经验中的存在;既与人的意识相关,又非个体经验。这里不仅包含沟通存在与意识的趋向,而且在肯定理解世界的过程与人自身存在具有相关性的同时,又试图超越个体意识。后者(超越个体意识)使胡塞尔的哲学进路多少有别于后来的海德格尔。

对胡塞尔而言,"纯粹意识"或"纯粹自我"既具有明证性,又呈现直接性:它没有中介,不可再加以追溯,从而表现为最原始的基点。在此基础上,胡塞尔希望建立一种类似严格科学的哲学,以上大致可理解为胡塞尔现象学的目标和入手方式。不难看到,正如康德试图以先天性、形式化担保认识的普遍、必然性一样,胡塞尔的现象学力图以纯粹性、明见性担保哲学的严格科学性。从形式上看,胡塞尔一方面以"反心理主义"为出发点,另一方面又试图从意识之中寻找确定的基础,这二者似乎存在一定的张力,然而,从以上的分析中,我们可以对此获得某种理解:如上所述,胡塞尔区分了经验层面的意识与纯粹的意识,经验层面的意识缺乏明证性、确定性,从而与追求严格科学的进路格格不入,"反心理主义"所拒斥的正是这种经验层面的意识。纯粹意识作为本质还原、先验还原的产物,对胡塞尔而言已具有确定性、明证性,从而合乎"严格科学"的要求。这样,以追求哲学成为严格科学为前提,"反心理主义"与确认纯粹意识在胡塞尔那里便可以并行而不悖。

二

以上讨论的,主要是现象学的哲学进路。从理论的层面看,现象学究竟具有何种哲学意义? 探讨这一问题,需要联系哲学的历史演进,包括 19 世纪末、20 世纪初以来现代哲学衍化的历史格局。从以上背景来考察,则现象学至少有两个方面值得注意。首先,相对于传统的形而上学而言,现象学对世界、对存在的理解,有其自身的特点,后者主要表现在: 它乃是从人自身之"在"出发,去把握世界。这里需要作一分疏。从一个侧面来说,与后来的海德格尔不同,现象学的奠基者胡塞尔要求悬置对存在的判断,其哲学在出发点上不谈或不是大谈存在问题。但是,如前面已提及的,在实质的意义上,胡塞尔依然追求对世界的理解,他之试图为哲学提供一个严格科学意义上的基础,本身便可以视为理解存在的一种努力。更为重要的是,胡塞尔以严格的科学形态为目标,而科学是人自身把握世界的方式,就此而言,他事实上将存在的理论(哲学层面对世界的理解)与把握存在的方式(理解世界的方式)联系起来,而把握存在(世界)的方式则与人自身的存在过程无法分离。同时,以意识分析为下手工夫,也与人自身的存在密切相关。这种观念和进路与传统的形而上学颇相异趣:传统形而上学的重要特点之一,在于用思辨的方法把握存在,由此追溯宇宙之砖、世界最原初的开端,最后或者还原到观念形态,如心、感知,或者还原到特定的质料形态,如原子,"气",等等,与之相辅相成的另外一种途径,则是追求无所不涵、"其大无外"意义上的大全。这些方式的共同特点是离开人自身的知行过程,思辨地构造某种宇宙的模式、存在的图景。以严格科学为目标,现象学与上述传统意义上的形而上学显然不同: 它乃是从人自身存在入手,由此出发,去理解世界(存在)。

以哲学史为背景,以上进路似乎也体现了康德的某种影响。如所周知,康德在哲学史曾开启了所谓"哥白尼式"的革命,这一革命的特点之一在于将关注重点从对象转向主体,以人自身的存在作为理解对象的出发点。尽管康德的这一转化首先侧重于认识论的领域,但其意义却不限于认识过程。事实上,它也为更广意义上理解存在本身提供了一种视域。胡塞尔之联系人自身的存在,去寻找理解世界的确定基础,而不是在人的存在之外去追溯世界的超验本原,从逻辑上看与康德所实现的以上转换亦有前后相承之处。

如果说,在胡塞尔那里,现象学的以上哲学进路还隐而不显,那么,到了后来的海德格尔那里,这一趋向就表现得比较明显。海德格尔和胡塞尔在某些方面呈现差异,如胡塞尔悬置对存在的判断,海德格尔则大谈存在。但是,从内在的思想脉络以及思想的实质演进来看,这两者仍具有前后相承性。海德格尔自己也说,他早期运用了很多现象学的观念,事实上,现象学确实构成了他的重要研究视野和哲学背景。他对其自身哲学思考与传统形而上学之间的不同进路和特点,有更自觉、更清楚的意识。在《存在与时间》中,海德格尔就明确提出了基础本体论(fundamental ontology),以此作为一切本体论的基础。基础本体论最重要的特点,就在于以"此在"(Dasein)作为研究的出发点。如果具体分析它与各种传统思辨观念的差异,则"此在"的重要之点就在于与人的存在尤其是个体的存在紧密相关。在这一意义上,从胡塞尔以人本身的意识现象入手去寻找哲学的根基,到海德格尔的基础本体论明确提出以"此在"作为研究存在的出发点、以此拒斥传统意义上的形而上学,其间无疑有内在的一脉相承之处。这一事实也表明,相对于传统的形而上学,广义上的现象学运动在哲学上的重要意义之一,就在于它提供了理解存在的不同进路:从离开人自身的知行过程去构造存在,到联系人自身的知行过程(人自身的存在过程)去把握存在。这一进路值得关注,它在某种意义上可以视为形而上学的转向。

进而言之,现象学的哲学意义,同时涉及现代哲学的演进。以 19 世纪末、20 世纪初以来现代哲学的衍化过程为背景,广义上的现象学运动的另一重意义,在于它关注意识以及意识的作用。自 19 世纪末、20 世纪初以来,哲学的主要流派大致包括现象学和分析哲学。分析哲学就其主导趋向而言,以语言为关注重心。这样,在现代哲学中,大致形成了如下分野:一个哲学流派(分析哲学)指向语言,另一个哲学流派(现象学)则注目于意识。哈贝马斯后来曾区分了两种哲学形态:一种是语言分析哲学,主要体现于从弗雷格到后期维特根斯坦的衍化过程,基本上以语言的分析为主要进路;另一种就是意识哲学,他把现象学作为意识哲学中的重要代表。

分析哲学以语言作为重要的关注点,当然有它重要的哲学意义。澄清哲学的问题,辨析哲学的概念,对以往关于存在、关于世界的讨论过程中所运用的语言涵义作必要的梳理和分辨,揭示哲学争论与语言运用中意义的模糊之间的关系,等等,无疑有助于哲学思维的清晰化。但是,这样的工作在分析哲学发展过程中也逐渐形成了自身的局限。在分析哲学看来,如果我们把哲学讨论过程中运用的语言重新梳理、辨析一番,很多问题就可以迎刃而解,在这一意义上,哲学研究的工作是清扫性、治疗性的。由此,分析哲学往往将哲学研究限制在语言的界限之内,并逐渐与语言界限之外的存在相隔绝。在分析哲学中,语言和语言之外的世界的关系,类似康德所说的现象和物自身的关系:对康德而言,认识无法超越现象;对分析哲学而言,哲学研究不能超出语言之域。这样,在某种意义上,哲学的研究便被封闭在语言的牢笼之中。这一进路带来很多的问题,对真实世界的理解也由此受到种种限制。

与分析哲学的以上趋向不同,现象学将意识作为关注中心:如前所述,现象学在哲学上更多地侧重于意识的考察。从意向性到本质的还原、先验的还原,再到纯粹意识、纯粹自我,等等,这些哲学的研究都与意识考察相联系。尽管以近代哲学的演进为背景,意识的关注常常被视为应加以超越的进路:根据这种理解,意识哲学似乎是一种前现代的哲学形态。事实上,哲学领域中的问题常常古老而常新,与广义之"心"相关的意识、心理,乃是不同时代的哲学都无法回避的问题。从对世界以及人自身的现实把握过程来看,心物、身心、言意等关系无疑都需要面对,而意识、心理本身在这一过程中具有不可忽视的作用。分析哲学注重语言,然而,语言活动与意识活动本身又存在交错性、交融性。离开语言,意识活动固然无法深化、发展,但语言的运用以及语言意义的实现,也难以离开心理、意识的过程。在类的层面,语言意义的实现与集体意向相涉:以某种语言指称相关对象,唯有基于集体意向(获得一定共同体的认同)才可能,在个体之域,语言意义的把握同样离不开个体的意向活动。就认知过程而言,其展开过程也离不开心理、意识过程。在伦理学、道德哲学中,规范、原则固然不可或缺,但道德情感、意愿、体验,同样具有重要的意义,后者亦属意识之域。广而言之,类的历史经验、社会地积累起来的文化成果,也需要通过个体的意识活动才能获得现实意义:类的历史经验和文化成果,既有形式的结构,也与实质的意识活动相联系;形式的结构"活"在实质的意识活动之中。与之相联系,只有融入个体意识活动,为个体所理解和接受,文化成果和类的历史经验才能获得生命。从中国哲学的视域看,意识、心理的作用,同时涉及本体与工夫的关系。这里的本体,是指人的心理、意识结构,这种结构不是空洞的形式,而是包含认识的内容;工夫则主要指人的现实的知行过程。一方面,心无本体,工夫所至即是本体;另一方面,无本体则无工夫。前者表明,本体(心理、意识结构)形成于工夫(现实的知行过程),后者则意味着,工夫(现实的知行过程)的展开需要以本体(心理、意识结构)为内在根据。现象学对意识、心理的关注,在逻辑上无疑有助于更深入地把握本体与工夫的关系。

相形之下,分析哲学发展到后来,在强化语言、逻辑等方面多少有些走过头了。一些哲学家拒绝将语言的运用与心理、意识联系起来,并在相当意义上表现出逻辑行为主义的特点。后期维特根斯坦便不愿意承认内在的心理过程。尽管他对私人语言的拒斥有其意义,但由此表现出的消解内在心理过程的趋向,则显然存在问题。他认为遵循规则主要是一种外在的行为,与内在的意识无关,由此可能导向忽视遵循规则的过程与主体内在意识活动之间的关联。就思维过程而言,他试图解构意识主体,并用"It is thinking"来代替"I am thinking"。分析哲学对心理、意识的隔绝,无疑将制约对世界的真实认识。从这样的哲学背景来看,现象学运动对意识、心理过程的关注,显然有助于克服分析哲学的内在局限,并由此推进对世界的真实理解。这里似乎存在某种历史的悖论:现象学以反心理主义为出发点,但最后却通过注重心理、意识而从一个方面体现了它的内在哲学价值。

对语言的逻辑分析与对心理、意识过程的关注,都不可偏废。忽略语言的分析,概念的辨析、命题的讨论就失去了前提,主体之间可以相互讨论、批评的文本也难以形成;无视内在的心理、意识过程,则将导致认识过程、道德实践的抽象化,并使之失去现实的生命。分析哲学在某种意义上流于形式化、技术化,与忽视现实的意识、心理过程不无关系。从这一背景看,现象学或广义的现象学运动对意识的引入无疑有其重要的意义。在分析哲学内部,某些人物在对分析哲学本身进行反思的过程中,也开始逐渐认识到分析哲学自身的限制。

蒯因后来提出自然主义认识论,便开始注意到心理、意识的作用,在他看来,认识论应当是自然科学的一个分支,尤其是心理学的一章。塞尔(John Searle)在谈到语言哲学和心的哲学(philosophy of mind)时,曾认为语言哲学的研究离不开心的哲学,对语言的理解需要联系意识和心理过程,这些看法也注意到言与心的关系(顺便指出,相形之下,海德格尔后期在关注语言的同时,又多少表现出陷入语言迷宫的趋向,从现象学运动与分析哲学的衍化看,这在某种意义上似乎是一种倒退)。分析哲学后期的上述思考与现象学可以说是殊途而同归,但比较而言,现象学更早、更自觉地将意识方面的问题提了出来,这在哲学史中确实具有重要意义。每一种哲学系统、流派都有其内在特点,在整个哲学史的衍化过程中,其意义也与它所具有的这种特点联系在一起。如前所述,分析哲学的特点在于它对语言的分析,其贡献、其局限都与此相联系;现象学的特点则在于其对意识、心理的关注,其意义(包括贡献与局限)也与之相关。我们把握一个学派的哲学意义,都应从其内在的规定、特点出发,而不能仅仅着眼于边缘性的东西。

除了以上两个方面,就胡塞尔的哲学工作而言,现象学还有一些值得注意之点。在主张进行现象学还原的同时,胡塞尔又提出本质直观与范畴直观。在他看来,直观之中不仅可以知觉到特定的现象(如某物之红色),而且也可以知觉到普遍的方面(如体现于特定之物中一般的红色),当我们以"红"指称这种规定时,此"红"属一般的概念(或范畴),这种可以用范畴(或一般概念)表示的规定,便包含普遍的内容,这样,与我们在知觉中运用一般概念相关,知觉中也包含普遍的内容。换言之,逻辑层面的概念、范畴可以渗透到"红"的意识之中。这一观点的重要之处,在于对心理的东西和逻辑的东西作了沟通,避免仅仅陷入单向的个体意识。从另一方面看,本质直观与范畴直观同时表现出沟通感性与知性的趋向,而这种沟通在逻辑上又以肯定现象与物自身的统一为前提:事实上,尽管如后面还要提到的,现象学赋予事物本身以现象学的内涵,但在其本质直观或范畴直观中,现象与事物自身并非彼此分离。对现象与事物自身的这种理解,与康德似乎有所不同。当然,从认识论与本体论统一的视域看,与"事"和"理"的区分相应,一般规定和本质规定在内涵上有所不同:在直观的层面上,一般规定更多地表现为相似性、相同点,这些规定在总体上属"事"之域;本质规定则与"理"、"道"相关。"事"与"理"既相联系,但又属不同的层面,后者决定了对一般规定的把握不能等同于对本质的把握。就此而言,我们固然可以在一定条件下谈范畴直观,但以之为本质直观,则需要作进一步分疏。

在逻辑的层面上,仅仅关注意识,往往容易导致所谓"主体哲学"(subjective philosophy)。哈贝马斯在评论当代哲学流派时,便一方面把现象学称作意识哲学,另一方面又把意识哲学称作"主体哲学"。单纯地关注主体,往往会使主体之间的沟通、交流、讨论难以落实,并容易比较多地突出主观性。胡塞尔也注意到了这个问题,他在后期提出了"生活世界"的概念,与此相关的则是主体间关系的引入,这对克服单纯地注意主观性可能导致的偏向,似乎有所限制。当然,主体性和主体间性如何内在地沟通起来,在胡塞尔本身的系统中恐怕没有得到真正的解决。他意识到了问题,并试图通过引入生活世界、主体间关系等观念以克服仅仅注重意识可能带来的问题,但意识、主体性与生活世界、主体间性如何具体统一,对他而言仍是一个难题。尽管胡塞尔区分先验的纯粹自我与经验性的个体,但从逻辑层面来看,通过本质还原、先验还原最后达到的纯粹意识仍然更多地与主体性相关。这种与纯粹意识相关的主体性如何与生活世界中的主体间性沟通、融合起来?胡塞尔似乎没有为我们提供清晰而令人满意的解决方案。不过，无论如何，从方向上来看，他在后期注意到单纯讲主体性可能带来的问题，这仍具有重要意义。

可以看到，胡塞尔的现象学不同于传统形而上学，尽管胡塞尔要求悬置人的存在，但从内在的哲学进路来说，他又始终联系人的存在过程来寻找把握、理解世界的基础。同时，胡塞尔对意识的关注不仅包含某些理论洞见，而且对分析哲学仅仅注意语言之域也具有纠偏的意义。在关注意识的同时，胡塞尔又有鉴于心理和逻辑的联系，并注意到主体和主体间的沟通，尽管其中很多问题究竟该如何解决，对他来说还存在理论上的困难，但他毕竟已开始涉及这些问题。从哲学史的衍化看，这样的工作在理论上无疑具有某种建设性。

三

从现象学与其他哲学流派、哲学思潮或哲学趋向的关联看，尚可注意到另一些颇有意味的思想现象。现象学本身一些观念的意义，也可通过考察这种关联得到进一步的澄明。

首先可以关注的是现象学与实证主义的关系。一方面，如前所言，实证主义构成了现象学兴起的某种思想背景，另一方面，这两个学派又展现广义的"同时代性"。作为宽泛意义上同一时代的不同学派，两者既有相通之处，又存在相异之点。前者（相通之处）包括：两者都表现出对传统形而上学的质疑，并试图与传统形而上学拉开距离；与质疑传统形而上相辅相成的，是哲学的科学化趋向；在哲学的具体进路上，两者都疏离超验的实体而关注意识之域：实证主义注重感知、经验，现象学则把意向性放在突出位置。然而，在呈现相通性的同时，两者又有重要的差异，实证主义基本上限于经验，并以经验为其终极之点，现象学则要求通过层层还原，进一步从经验之域的意识回到"纯粹意识"。同时,实证论后来表现出对物理学的重视,如卡尔纳普便试图以物理语言来统一科学,而现象学则始终以不同的方式关注意识、心理。对心理与物理的不同侧重,也构成了后来现象学与实证论的重要差异。此外,实证主义与分析哲学在尔后的演进中呈现某种合流、重叠的趋向,与之相关,后来的实证主义(如逻辑实证主义或逻辑经验主义)对语言分析也给予了较多的兴趣,相形之下,现象学即使在后来突出身体等方面,也依然没有放弃对意识的关注,如后来的知觉现象学(梅洛·庞蒂)尽管表现出对"身"的注重,但此"身"与"心"(如"知觉")仍密切相关。

就现象学与分析哲学的关系而言,如前所述,一个注重意识、心理,一个注重语言、逻辑。但另一方面,两者也有相通的地方。分析哲学在具体研究中常常运用思想实验(thought experiment)的方法,其特点在于从逻辑上设定某种情景,考察在这种情景之下,某些概念、命题可能具有什么意义。例如普特南就提出过所谓"孪生地球"(twin earths)的思想实验,即设想宇宙中存在着类似地球的行星,但这两种星球所具有的某些事物在构成上却有所不同。如地球上称之为水的东西的化学成分是 H_2O,而孪生地球上的人称之为水的东西的化学成分却可能是 XYZ。这样,尽管孪生地球上居民的内部心理状态与地球上的人相近,但当孪生地球上居民说出"水"这一词语时,他们所指的是成分为 XYZ 的物质,而地球上的人说出"水"这一词语时,指的却是成分为 H_2O 的物质。这一逻辑分析的结果表明,意义并非仅仅取决于言说者的内部心理状态,而是至少部分地取决于外部世界的事实。普特南以此对以人的内部状态为意义之源的意义理论提出质疑。从方法论上看,思想实验的特点是在理想化的条件下考察对象。现象学也有类似趋向,它所说的悬置对存在的判断,也是一种理想化的考察方式。所谓悬置对存在的判断,并不是完全否定外部对象的真实存在,而是在进行哲学的研究时,先把存在的问题搁置起来,放进括号里面,不加以讨论,在此前提下,进一步展开本质的还原和先验的还原,以达到纯粹意识。这种方式也具有理想化的特点。当然,在分析哲学那里,与思想实验相关的是逻辑分析,在现象学中,理想化的方式之后,是对纯粹意识、纯粹自我的研究。可以看到,尽管分析哲学与现象学的哲学进路有差异,但在某些思维方式上,仍存在相通之处。从中也不难注意到当代哲学不同流派之间错综复杂的关系。

宽泛地说,除了胡塞尔的现象学,还存在广义的"现象学"形态,在胡塞尔之前,有黑格尔的"精神现象学",在胡塞尔之后,则有现象学"后学"的不同分化和发展。黑格尔的精神现象学与胡塞尔的现象学当然具有不同的内涵和理论旨趣,从技术性或专家式研究的角度来看,这两种"现象学"确乎存在相当的差异。然而,至少在从意识现象的分析入手这一点上,二者又呈现某些相关性。就形式而言,黑格尔的精神现象学似乎非常抽象、思辨,但是在抽象性和思辨性的背后,却可以看到某些具体的内容。在《精神现象学》中,黑格尔从意识谈起,首先考察感性的确定性,经过知性、理智,进一步指向自我意识、理性。在分析意识的衍化过程的同时,黑格尔也涉及了诸种现实的社会关系,众所周知的所谓"主奴关系",便是其中之一。由"主奴关系",引发出现代政治哲学中讨论很热烈的"承认"问题,法兰克福学派第三代中的一些人物,如霍耐特,便对"承认"问题作了多方面考察。在政治、文化领域,"承认"意味着对特定族群、对文化多样化的关注,其中涉及现代社会发展的不少具体问题,而在黑格尔的精神现象学中,这一问题已被提出。由此可以看到,在黑格尔的精神现象学的抽象形式之后,蕴含着现实的问题和关切。

比较而言,在胡塞尔那里,其思路从整体上看更多地呈现出抽象的形态。他所热衷于讨论的"还原",便意味着把多样的关联、具体的东西抽取掉,由此还原到纯粹的、无中介的、直接的形态。这里包括很多的"略去",所谓"悬置"、"加括号",都是以抽象化为特点。但是,从现象学运动的角度看,随着后来现象学的进一步发展,我们又可以注意到不同形式上对抽象性的扬弃。以海德格尔而言,从胡塞尔的悬置对存在的判断到海德格尔的关注存在,便呈现重要的变化。海德格尔所关注的,首先是个体的具体生存过程,尽管他所说的"此在"仍具有抽象性、思辨性,但相对于纯粹意识,个体的生存,包括生存过程中的共在以及烦、畏等各种心理体验,无疑较为具体。到了解释学,情况有了进一步的变化。尽管海德格尔已涉及解释的历史性以及本体论维度,但总体而言,海德格尔的进路,包括他对个体生存过程中各种心理体验的考察,从原则上看仍与现象学意义上的意识分析具有切近关系。在伽达默尔的解释学那里,文本、理解的历史性及本体论性质,得到了更多的关注,它从另一个方面体现了对纯粹意识之抽象性的扬弃。进而言之,如前面已提到的,在法国现象学的某些人物(如梅洛·庞蒂)那里,哲学的关注进一步指向知觉、身体,从某种意义上说,它表现为从先验到经验的回归。类似的趋向也可以从马克斯·舍勒那里看到。舍勒对人的具体情感,如怨恨、爱,等等,作了非常细致、深入的考察,尽管其中并未摆脱思辨性,但相对于纯粹意识而言,显然更为丰满、具体。另外,他关注价值,批评康德伦理学的形式主义,由此走向价值伦理学。相对于纯粹意识而言,价值更多地呈现实质的意义。胡塞尔本人后来的思想也折射出以上趋向:他在后期所提出的"生活世界"概念,与他的后学对现象学抽象性的扬弃,多少呈现出一致性,并形成了某种逻辑上的"呼应":从严格的时间之维看,现象学后学的某些发展、分化是在胡塞尔之后展开的,但在逻辑上,胡塞尔后期的若干思想,却具有呼应现象学后来发展的意义。要而言之，从"精神现象学"在抽象形态之后包含具体（黑格尔），到走向纯粹、抽象形态的现象学（胡塞尔），再到以不同的形式扬弃抽象性（胡塞尔的后学以及后期的胡塞尔），广义现象学的以上衍化过程，本身也是一种值得注意的哲学现象。

自胡塞尔始，现象学便提出了一个著名口号，即"面向事物本身"或"回到事物本身"。这既涉及现象学的方法，也关乎其目标。如何理解这一口号的涵义？首先，需要澄明这里所说的"事物本身"所指究竟为何。从逻辑的层面看，所谓"事物本身"，显然不是我们现在一般所谈论的特定事物或现象，不是经验领域中耳之所闻、目之所见的对象，如果胡塞尔仅仅在上述意义上主张"回到事物本身"，那么，这与素朴实在论"以物观物"的观念便没有多大的区别：历史地看，经验主义、朴素实在论的认识论观念如洛克的白板说，在这方面已经说了很多，限定于此，很难有什么新意。理解胡塞尔所说的"事物本身"，需要联系他一再强调的明证性、直接性等方面：作为现象学的范畴，"事物本身"超越经验的现象，表现为无中介的、纯粹的、直接的本原。对胡塞尔而言，经过悬置、还原之后，被抽取掉各种具体规定的存在形态，便带有以上特点。不难看到，在这一意义上，他所认同的"事物本身"和他所说的"纯粹意识"，实质上具有相通性。在现象学看来，只有这样一种直接的、无中介的、具有明证性的"事物本身"，才能为我们考察世界、理解存在提供确定的基础，并构成我们讨论的本题或正题。面向或回到上述论域的"事物本身"，与胡塞尔追求"严格意义科学"的哲学这一进路前后一致，也正是在这里，才显示了"回到事物本身"这一口号独特的现象学意义。

与"事物本身"相关的是"面向"或"回到"。如何理解"面向"或"回到"事物本身？现象学的研究者通常喜欢将"面向"或"回到"到事物本身，与"让事物自身显现"联系起来，根据这种理解，所谓"面向"或"回到事物本身",便表现为事物自身的一种"显现"。这种所谓"让事物自身显现",常常被视为现象学的方法,其特点之一是消除主体的任何干预或作用,让事物本身如其所是地显现出来。这里恐怕需要做必要的分疏。从实质的方面看,此处涉及对意向性的理解。关注和突显意向性,是现象学的重要特点。意向性本身包含对象的指向性,从现象学角度看,这里应该包含两个层次,即还原前的意向性和还原后的意向性。还原前的意向性也就是我们日常经验中意之所向:日常经验中所有的思、恨、怒、爱、欲望,等等,都有某种指向性,而它们所指向的对象,则都不超出经验之域。这种意向性显然并不是胡塞尔他所要突出的:仅仅限定于这种意向,便只能停留在现象和经验的层面之上,很难达到严格科学的、具有确定性和明证性的基础。对现象学而言,只有在经过还原之后,才能达到前面提到的纯粹意识,这种还原过程在某种意义上意味着悬置还原前的意向性,并将其中的意之所向加以暂时的搁置。从逻辑上说,纯粹意识一方面并没有离开存在,另一方面又悬置了经验层面的意之所向问题:如果依然指向某个特定对象,则这种意识就不纯粹,无法达到明证、直接、无中介、最本原的层面。顺便指出,在实质的意义上区分还原前的意向与还原后的意向,可能也是胡塞尔的意向性理论不同于布伦坦诺的意向性理论的特点之一。

从把握和理解对象这个角度看,现象学的方法论内涵更多地涉及意义的赋予。事实上,胡塞尔本人一再提到意义赋予和意义构造问题。同时,对胡塞尔而言,重要的并不是经验领域中事物自己的显现,而是事物"在意识中"的显示,后者乃是通过意义赋予或意义构造而获得的。现象学之为现象学,其特点并不是强调经验层面的事物自身如其所是地显现自己:仅仅讲事物自己显示自己,便无法与素朴实在论(如洛克的白板说)区别开来。现象学在方法论上的真正特点,在于强调把握事物的过程同时是一个意义赋予的过程,现象学在方法论上的所见与所蔽,亦与之相关。这一哲学趋向与现象学批评心理主义的立场也具有一致性:按现象学的理解,心理主义的问题之一,是将概念仅仅理解为对经验的抽象,从现象学的角度看,心理主义的这一观念显然忽视了基于先验意识的意识赋予,从而未越出经验主义之域。在现象学那里,意义赋予并不是基于还原前的意向性:如前所述,在本质还原与先验还原之前,意向性具有经验层面的对象指向性,与之相关的意识也没有超出经验之域。经过还原而达到的纯粹意识,则不同于经验层面的意识,而意义的赋予,在逻辑上主要基于这种还原后所达到的纯粹意识。对现象学而言,所谓"回到事物本身",既以通过还原而达到纯粹意识为逻辑前提,又离不开基于纯粹意识的意义赋予。换言之,"回到事物本身"并不是仅仅让事物被动地显示自己,而是在经过还原之后,主体积极地赋予意义的过程。在这里,"回到事物本身"与"赋予事物以意义",表现为同一过程的两个方面。

注重意义的赋予,与现象学本身的内在进路具有相关性。在悬置对存在的判断、通过还原而达到纯粹意识之后,现象学似乎已获得了它所追求的严格基础,然而,如何由悬置对存在的判断回到存在本身并进一步说明多样的世界?从现象学的逻辑进路看,意义赋予便是可能的方式:就现象学的内在逻辑而言,现象的多样呈现,同时也是主体对现象的意义赋予或意义构造过程,而主体则由此可以达到对世界的理解。当然,在这一过程中,现象学所关注的并不是具体的经验内容,而是与本质直观相关的先验形式:现象学视域中的意义赋予与本质直观具有实质的相通性,其出发点和目标都不同于经验现象。对现象学而言,所谓呈现或显现,乃是基于意义的赋予和意义的构造,这种呈现或显现完全不同于经验层面的直接呈现。从意义的理论看,意义的生成过程既关乎对象的呈现,也离不开意义主体及其意识活动的作用,现象学强调意义的呈现以意义的赋予和意义的构造为前提,无疑注意到了后一方面,然而,对这一过程中的前一方面,则不免有所忽视。①

在现象学中,意义的赋予与所谓明见性或明证性(evidence)相联系。事实上,对胡塞尔而言,从纯粹意识到事物本身,都以明见性或明证性为其规定。按其本义,明见性或明证性具有直接性、当下性(无中介性)等特点,后者使之区别于反思、推论,等等。现象学将明见性或明证性提到突出的地位,以此为理解过程的本原性前提。然而,从认识论上看,明见性只具有十分相对的意义:在表面上似乎具有明见性的现象之后,如果作进一步的思考和追问,往往都可以发现某种问题。就认识与存在的关系而言,当下、直接的呈现与当下、直接的接受之间,具有某种一致性。一旦对某一现象或观念有了疑问,明见性便不复存在,而反思则将引发。现象学所谓明见性,诚然并不是在日常经验的层面上说,而是以所谓纯粹意识为其视域,但这种视域本身有其思辨性和抽象性。这样,一方面不宜将所谓"明见性"加以普遍化(一旦作这种普遍引申,便离开了现象学本身的论域),另一方面应充分注意其在认识论上的内在限度。

(本文原载《哲学动态》2013 年第 1 期)

---

① 参见杨国荣:《成己与成物——意义世界的生成》第一章,人民出版社,2010 年;北京大学出版社,2011 年。

附录

进路与视域
——对相关问题的回应①

一

在论及我的《道论》等著作时,张曙光教授着重提出了如何理解存在和价值的关系等问题。② 他认为,

① 本文大致包括两个部分:其一,作者对"'史与思:当代中国哲学的视域'学术研讨会暨首届《哲学分析》论坛"上与会学者若干问题的回应,该研讨会以作者关于"具体形上学"的三部著作作为讨论的对象;其二,作者对部分未与会学者在评论文章与学术通讯中相关问题的回应,前者根据录音记录而成,后者由作者另行撰述。

② 参见张曙光:《存在之思与价值之维——读杨国荣〈道论〉等论著有感》,该文系"史与思:当代中国哲学的视域"学术研讨会的论文,后收入何锡蓉主编的《具体形上学的思与辩——杨国荣哲学讨论集》(北京大学出版社,2013)。本文所引张曙光教授语,均出于该文,后面不另行注明出处。

在《道论》中，由于我"认可了'价值判断的根据'是'人的需要与对象属性的关系'，并且与'道德的基础'和'审美过程的内在意义'区别开来，这就把'价值'缩减为功利或效用了"，由此，我"无批判地、大量地引证西方实用主义的观点来说明价值问题"。这里首先需要说明的是，首先，价值判断可以从广义与狭义两个方面加以理解，广义上的价值判断包括道德领域、审美领域、终极关切，等等，狭义上的价值判断则主要与变革对象的实践过程相联系。变革对象的根本目的，在于化本然的对象为合乎人的需要的存在，从这一视域看，价值判断无疑以"人的需要与对象属性的关系"为根据，价值性质也相应地在于对象的属性是否合乎人的合理需要：凡合乎人的合理需要者，便呈现正面的价值意义，反之，其价值便具有负面性质。不难看到，这一意义上的价值，确乎与"功利或效用"相联系。然而，这并不意味着将一切价值抽象地归结为"功利或效用"。事实上，前述广义上的价值判断的意义，便包含更为丰富的内涵。我对价值判断的理解，包括广义与狭义二重维度，这一点，在我的几部著作中不难看到。

其次，张曙光教授认为我"无批判地、大量地引证西方实用主义的观点来说明价值问题"，这一看法与我的实际观点似乎存在距离。事实上，在他所提及的《道论》中，我便明确地指出："在肯定具体事物包含价值规定的同时，实用主义往往由确认事物与人的联系（事物的人化之维）而弱化乃至忽视事物的自在性或独立性。""在实用主义那里，与价值规定相关的人化之维与事物的独立性或自在性似乎呈现不相容的关系；这种看法显然难以真正达到存在的现实形态。"在同一著作中，我对新实用主义者如罗蒂仅仅注意"效用"和"适宜度"并认为与效用关系无涉即无意义这一类观点，也提出了批评。我肯定实用主义对存在的价值之维的关注，但与其基本的哲学立场却保持了理论的距离。顺便指出，张曙光教授认为，"从人自身或现象学的角度看,'价值'无非是人的'兴趣'和'追求'所在"。这一看法,或多或少回到了新实在论的观点,新实在论者培里便认为:"在一般意义上,价值附属于所有兴趣的对象。就此而言,价值的定义依存于对兴趣本身的分析,而这种兴趣主要是一般的心理学意义上的。"这种理解,似乎主要将价值纳入观念与心理之域,从而多少忽视了其现实根据。

就更宽泛的层面而言,这里涉及价值与存在的关系。后者可以从不同的层面去理解。首先,价值无法离开存在,我把价值理解为关系的范畴,如前所述,它体现于对象与人的需要之间的关系。谈到价值,确实无法离开人:离开人,价值问题就没有意义。但同时,价值也无法离开对象而存在:价值本身是事物对人所具有的意义。从这方面看,谈价值便不能不提到存在的问题。

同样重要的是,我们对具体存在的理解,也不能离开价值的维度。这里所说的是现实的、具体的存在,也就是说它是进入人的知、行过程中的对象。这种存在的真实性或现实性,不仅仅在于它具有各种物理或者化学的规定或构成,而且也在于它具有价值的规定。在这里,"是什么"与"意味着什么"这一类问题紧密相关。对于具体存在的把握,固然需要了解与"是什么"相关的属性,如化学、物理这样的事实性规定,同时,也需要把握与"意味着什么"这样的问题相关的规定。在单纯的物理规定、化学规定等形态之下,事物往往会呈现出抽象性或片面性的特点。只有把与"意味着什么"相关的价值规定引入到存在中,对象全部的、丰富内容才能得到体现。① 在这一意义上,价值是存在的题中应有之义:理解存在的现实形态和具体形态之

---

① 我曾以水为例,对此作了阐释。参见拙作《道论》第二章,华东师范大学出版社,2009 年;北京大学出版社,2011 年。

时,必须同时关注它的价值规定。

除价值问题上的质疑外,张曙光教授还认为,我"过于急切地将'评价'包括进'广义的认识过程',从而更多地思考的是认知与评价的'相关性',以及'实然'与'应然'、'事实'与'价值'、'真'与'善'、'科学'与'常识'等的'统一性'、'互融性'。而这些概念之间的异质性、异向性则被轻易地打发掉了"。这里既涉及对世界及认识过程的理解,也关乎哲学思考的方式。从现实的认识过程看,事实的认知与价值的评价难以截然相分,它们构成了人理解世界的相关方面。就存在的真实形态而言,事实与价值、实然与应然、真与善,等等,也非彼此悬隔,我们固然可以从应然、实然等不同的方面考察存在,但从存在本身看,这些方面都内在于同一现实的世界,仅仅关注其中的一个方面,便只能获得抽象的世界图景,无法达到存在的具体形态。肯定不同方面之间的相关性,并不意味着"打发掉""异质性、异向性"。从人的存在看,"可爱"与"可信"固然常常呈现张力,但健全的人生显然无法自限于价值的分裂形态,而应不断化解真与善之间的张力。

从哲学思考的进路看,这里同时牵涉技与道的关系,如前面所提到的,与知识、技术层面的进路不同,哲学对世界和人生的理解,本质上是以道观之。所谓以道观之,也就是从智慧的视域考察存在,它意味着扬弃"道术为天下裂"的存在图景,走向具体、真实的世界。张曙光教授推测我的进路"更多地继承了中国儒家思想基于世俗生活的'心性'和'温情'",事实上我可能"更多地"倾向于以道观之的哲学进路。

二

关于我的《道论》、《伦理与存在——道德哲学研究》、《成己与成物——意义世界的生成》等著作,何俊、郑宗义、彭国翔等教授所提出的看法①中涉及一个带有普遍性的问题,这一问题既关乎历史文本的诠释,也在更广的意义上指向哲学的普遍性形态与个体性或特殊性的关系。先谈后者。如我以前一再提到的,中国哲学本身是一个生成的概念,每一个时代都有其新的形态,在我们这一时代,中国哲学同样面临新的发展。不管我们愿意不愿意、主观上如何考虑,中国哲学都将取得新的形态。现代中国哲学的发展是在世界哲学这一背景下展开的,这是一个基本事实,我们的哲学思考离不开这一背景。与之相关,哲学思考的普遍性也是我们无法回避的。另一个方面,即使我们从世界哲学的角度来看,也并不排斥哲学的个体性和多样性:世界哲学并不是一种封闭的体系,也不是一家之学,它不仅在不同的民族、文化传统中有多样的形态,而且在个体(特定的哲学家及其体系)之上也千差万别。哲学作为智慧的探索,同时也是个性化的探索,不管是过去还是现在或者未来,真正的哲学思考总是表现为个性化的探索。哲学家所面对的问题也许具有普遍性,但是他们对这些问题的理解、解决,总是会呈现个性差异。要而言之,哲学的世界性和哲学的个体性、多样性,我们都要加以关注:在某种意义上,越是具有个性品格的哲学,就越是具有世界意义,这两者并行而不悖。

再看历史文本的诠释问题。宽泛而言,对历史文本的诠释可以区分为历史的诠释和理论的诠释两个方面。历史的诠释侧重于特定的历史语境,并要求在这种特定语境、历史脉络之下,对相关的论述

① 何俊、郑宗义等教授的看法提出于"史与思:当代中国哲学的视域"学术研讨会,彭国翔教授的论文《当代中国系统哲学建构的尝试》后载于何锡蓉主编的《具体形上学的思与辩——杨国荣哲学讨论集》(北京大学出版社,2013)。

加以考察。相对而言,理论的诠释更多地关注于以往文献所包含的具有普遍意义的理论内涵,这一普遍理论内涵同时也是在一定时代背景之下解读出来的。以上当然是分析性的说法,从实际的诠释过程来看,这两者往往相互交错:理论诠释不可能完全离开历史的语境和背景;同样,历史的诠释也不能仅仅是重复前人的话语或只是将其翻译成现代汉语,其中总是包含某种理论的阐释,两者在总体上呈现互动的关系。至于如何比较好地把二者协调起来,则离不开实际的诠释过程。对不同个体来说,可以有、事实上也总是有不同的侧重,因为每一个体的理论背景、个性、理论兴趣都会有差异,相应地对于历史文本的诠释也会有所不同:有的可能侧重于历史层面,有的则可能比较多地关注于理论层面。如果理论层面的诠释有其历史依据,历史层面的诠释也包含独特的解读,那么,这些不同的诠释都可以在多样的学术研究中有其一席之地,这里不必过求一律。

干春松教授在《厚与薄:以杨国荣教授关于制度与道德关系的论述为例》①一文中,对哲学研究中普遍性与特殊性的关系作了更进一步的讨论。哲学作为理解世界和理解人自身的独特理论形态,总是有其不同于其他学科的特点。宽泛而言,哲学之为哲学的品格,便构成了哲学的普遍之维。另一方面,就其现实的形态而言,每一种哲学系统,又具有独特的、个性的特点。当我们在哲学这一领域从事思与辨时,如果这种思与辨真正具有哲学的品格,那么,它总是包含哲学之为哲学的普遍内涵。需要特别强调的是,这里所说的"包含哲学之

---

① 原文载何锡蓉主编的《具体形上学的思与辨——杨国荣哲学讨论集》(北京大学出版社,2013)。本文所引干春松教授语,均出于该文,后面不另行注明出处。

为哲学的普遍内涵"既不是抽象地追求"普遍性",也不是简单地"去寻求与别的思想资源之间的一致性",而是相关研究获得哲学性质的基本前提:缺乏这些内涵,则所做研究便难以归入哲学之域。然而,如上所述,与此同时,哲学的研究则是个性化的工作,这种个性化既与研究者的不同的学术背景、思维的特点等相关,也与更广意义上研究者所处的时代、文化传统相关。不管研究者具有何种意向,后两个方面(个体与社会方面的具体性)都会赋予相关研究者以独特的个性特点。在此意义上,真正的特殊性并非生成于刻意立异或有意保留、追求某种传统,而是一种个体无法摆脱的印记。事实上,对同一哲学问题,具有不同个性特点、处于不同社会历史背景(这种背景由文化传统与时代等所构成)的研究者,总是会有不同的看法和理解。历史地看,中西哲学的不同趋向、中西哲学之中不同哲学家的个性特点,便由此形成。

广而言之,真正深入地把握特殊性,离不开对普遍性的理解:从哲学的层面看,特殊性的真正意义,在于对包含普遍性的哲学问题形成独特、独到的理解。特殊性不能简单地从同异关系方面理解,而是应当从解决普遍问题的独特视域、进路等方面去把握,也就是说,谈某种哲学系统的特殊性,便需要考察这种哲学系统在解决普遍的哲学问题方面,做出了什么样的独特贡献,只有这样,对特殊性的理解才能避免仅仅限于外在差异的描述。在此意义上,对普遍性的把握,不仅不会使特殊性的把握变"薄",而且将在实质的理论内涵上使之变"厚"。当然,对普遍性的把握,也需要基于对特殊性的具体理解:归根到底,普遍是内在于特殊中的普遍。这样,注重普遍性与关注特殊性并非彼此对峙,而是互为前提。

以上关系也在中国现代哲学的衍化中得到了确证。在现代中国哲学的演进中,真正对哲学的普遍问题、内涵有深入理解的哲学家,其对中国哲学特点的理解也往往更深厚，而仅仅限于特定的形态，则往往在实质的理论形态上显得比较"单薄"。这一点，从冯友兰与马一浮的比较中便可以窥其一二。作为受过现代意义上比较严格哲学训练的哲学家，冯友兰对哲学的普遍问题有深入的理解，这种理解，同时也深化、丰富了他对中国传统哲学的看法，并推进了运用这种资源来对普遍的哲学问题的解决，如他以中国传统哲学的"辨名析理"，来克服当代逻辑经验主义仅仅强调"辨名"而忽视"析理"的偏向、以传统的境界和人格理论扬弃 20 世纪的元伦理学，等等。在这里，对传统的深刻理解与对哲学问题的普遍把握，构成相互关联的两个方面。相形之下，马一浮的哲学确实十分"传统"，相对于现代的西方哲学，也非常"特殊"，然而，就实质的层面看，他在概念和理论上，对传统哲学的理解并没有做出多少推进，相对于冯友兰对中国传统哲学的理解，马一浮无疑在理论内涵上要"单薄"很多。以上事实表明，对普遍性的把握，不仅不会使特殊性的把握变"薄"，相反，缺乏这种把握，倒是会在实质的理论层面使之变"薄"。

这里似乎呈现出某种思想的辩证法：要真正突显中国哲学的独特品格，便必须关注普遍的哲学理论；要使中国哲学在世界哲学中的独特意义得到体现、揭示中国哲学对世界哲学可能具有的独特贡献，即需要在普遍的层面理解今天哲学所面临的问题。

三

俞宣孟、张祥龙、陈少明教授曾先后以论文、学术通信的方式，就我的《道论》、《伦理与存在——道德哲学研究》、《成己与成物——意义世界的生成》等书提出了多方面的评论。其中包含很多引人思考的问题，这里综合地作一回应。

（一）

俞宣孟教授的论文《西方哲学底本中的 Being 问题》①涉及的论域很广,与我的哲学思考相关的,则主要体现在两个方面,其一为较广意义上中西哲学的关系,其二是与存在、being 等相关的问题。这里大致从以上两个方面作一简略回应。

关于第一个方面,宣孟教授明确指出:"我感到国荣先生是以西方传统哲学为底本,试图用中国哲学的资源为西方哲学补罅堵漏。"这里涉及的实质问题,是当代哲学的思考或建构与中西哲学之间的关系。在这一方面,大体而言,我倾向于认为:今天的哲学思考,既应从哲学的问题出发,又需要以世界哲学为视域。哲学的问题往往"古老而常新","古老",表明哲学的问题有其历史的延续性;"常新",则意味着这些问题在不同的时代、不同的背景中,常常呈现多样的内涵和表现形式,对其理解以及回应,也各有差异。哲学问题的以上特点之后,同时蕴含着普遍性与个体性的关系。② 在不同时代、不同文化传统、不同历史条件下提出和思考的问题,既有其个性特点,也包含普遍的内涵。哲学问题的普遍性,与问题本身的历史持续或延续(古老)相关,其个体性则涉及问题在不同时代与背景下的不同特点(常新)。在此意义上,古老而常新并不仅仅是一个时间性的问题。与此相联系,哲学的思考需要有世界的视域。如果说,在近代以前,不同的哲学传统基本上是在相对独立的背景下形成和发展的,其间缺乏实质性的相互作用,那么,在历史真正成为世界历史之后,尤其在中

---

① 原文载何锡蓉主编的《具体形上学的思与辩——杨国荣哲学讨论集》(北京大学出版社,2013)。本文所引宣孟教授语,均出于该文,后面不另行注明出处。

② 俞宣孟教授对普遍性问题有其独特理解,这里的普遍性是就宽泛的意义而言。

西哲学彼此相遇之后,从世界的视域考察哲学的问题,便成为不应回避也无法回避的问题。就实质的层面而言,从世界的视域展开哲学思考的重要之点,就在于超越单一的哲学传统,运用多元的哲学资源来考察相关的哲学问题,而中西哲学无疑是这种多元哲学资源的重要构成。

从以上前提出发,则哲学的思考显然主要不在于基于何种传统(中国哲学传统或西方哲学传统),而在于以问题本身为指向。对问题的研究和思考当然不可避免地会受到中国哲学或西方哲学传统的影响和制约,然而,无论是中国哲学,抑或西方哲学,其意义首先在于为哲学问题本身的解决提供思想的资源。在此意义上,我一直十分赞赏王国维在 20 世纪初所提出的"学无中西"这一观点。在同样的意义上,我既不刻意地以中国哲学为"底本",也无意将西方哲学作为"底本"。我一直以为,在历史已经超越地域性而成为世界历史的背景下,单纯地以某种哲学传统为哲学研究的"底本",已经失去了历史意义。事实上,在哲学思考的过程中,我更致力于与以上趋向保持距离。

这里同时涉及当代中国哲学研究的历史特点。作为近代意义上的一种学科,哲学从学科名称("哲学"或 philosophy)到概念、命题,等等,都与西方哲学相涉。历史地看,传统的中国学术中无疑也包含具有哲学内涵的学术思想,然而,这种思想往往被涵盖于诸子学、经学,以及后来的理学、道学、心学等系统中,在蕴含于以上系统中的哲学思想从传统的学术中分离出来、其内容逐渐取得现代形态的过程中,西方哲学从概念、术语到理论框架,都对其产生了重要影响。从某种意义上说,离开以上的概念、术语、理论,作为现代学科的哲学也就不复存在。在现代中国,讨论哲学问题时总是无法避免现代的哲学概念、术语,而这些概念、术语又与西方哲学有千丝万缕的联系,这也从一个方面表现了近代以来思想衍化过程中古今中西之间的相关性。究而言之,现代汉语也充满了各种外来语,其中,来自西方的外来语(包括哲学层面的语言)又占了相当比重。当我们运用现代汉语讨论哲学问题时,总是一开口、一落笔,便与西方哲学脱不了干系。这一事实表明,不能因为运用了现代的哲学术语、概念而判定某种哲学思考以西方哲学为"底本"。

俞宣孟教授看法中的第二个方面具有更实质的意义,因为其中涉及他关于我的哲学思考以西方哲学为"底本"这一判定更具体的依据。宣孟的原话如下:"杨国荣先生取的是西方哲学的底本,我这样说的主要的依据是,他把哲学最核心的部分看作是关于存在(即Being)的学说。他认为存在问题具有'本原性','是认识论、伦理学、美学、逻辑学、方法论、价值论等哲学分支都要涉及和考察的',从存在问题入手可以把各自割裂的学科统一起来。他所谓的'本源性'在西方哲学中叫做'纯粹原理'或'第一原理',就是 ontology。他同时也意识到,现代西方哲学已经揭示出传统哲学的 ontology 是有缺陷的,为此,他动用中国哲学的资源予以修补改造,结果就是他所谓的变抽象的形而上学为具体的形而上学。"

关于 being 以及与之相关的 ontology 在西方哲学中的独特地位,如宣孟所言,很早已为学人所关注,近年对此加以考察、详论者更是甚众,宣孟本人也是其中重要一员。这些讨论对更为深入、细致地把握西方哲学的特点以及中西哲学的差异,无疑具有不可忽视的意义。不过,如我以前曾指出的,我们需要对作为中国现代哲学范畴的"本体论"与 ontology 加以区分:"作为中国现代哲学的概念,'本体论'的意义已不仅仅表现为 ontology 的译名,它在相当程度上已获得本土化的性质,其内涵既非 ontology 所能范围,又包含了 ontology 的某些涵义,既有别于中国传统哲学中的'本体'等理论,又渗入了传统哲学的相关内容";"相对于 ontology 及传统的本体理论和道器、理气、体用诸辩,它显然包含更为丰富的内容。"①与之相联系,关于 being,既应关注其源于系动词的特点,也不应忽视其中所包含的与现代汉语"存在"相关之意,我以前也曾提及此点,这里再稍作抄录:"亚里士多德已强调,在 being 的诸种涵义中,'什么'是其本源的涵义之一,而'什么'又揭示了事物的实体或某物之为某物的根本规定(which indicates the substance of the thing),②与实体或某物之为某物的根本规定相联系的上述涵义,显然已非语言学意义上的系词('是')所能范围,而指向了更丰富意义上的存在。"③广而言之,在西方,哲学之外的生活领域,其运用的系词 be 也包含现代汉语"存在"之意,如所周知,莎士比亚的剧本《哈姆雷特》中便有如下名言:"to be or not to be,that is a question",其中的 be 便包含"存在"之意。

就中国哲学而言,如众多的学人(包括宣孟)所指出的,其中确实缺乏西方语言中作为系词的 be 以及与 being 的讨论相关的 ontology。然而,作为哲学,其中也包含对广义存在的讨论。作为现代汉语词汇的"存在"无疑出现较晚,但与之相关的问题,却很早就受到关注。事实上,在中国传统哲学中"道"、"德"、"有"、"物"、"事"、"实"、"诚"等范畴中,都在不同的层面上涉及存在的问题,而在具体问题的讨论中,也总是多方面地渗入了对存在的关注。无论是形上层面的有无、道器之辩,还是名实、心物、知行、形神等问题的论析,都内在地包含与现代汉语词汇"存在"相关的方面。

---

① 杨国荣:《道论·导论》。
② 参见 Aristotle, *Metaphysics*, 1028a10, *The Basic Works of Aristotle*, p.783.
③ 杨国荣:《形而上学与哲学的内在视域》,《学术月刊》2004 年,第 12 期。

作为与知识、技艺不同的把握世界的形式，可以在宽泛的意义上将哲学理解为智慧之思。尽管与传统的中国哲学中没有出现作为现代汉语词汇的"存在"一词一样，中国传统哲学也没有在现代汉语的意义上运用"智慧"概念，然而，在"为道"与"为学"以及与之相关的道与器、道与技的区分中，已经不难在实质的层面看到对形上智慧的追寻。可以注意到，在不同于知识（为学），有别于对"技"、"器"的把握等层面，西方哲学与中国哲学呈现了某种相通性。作为广义的智慧之思，二者都既涉及对世界的看法，也关乎对人自身的理解，这种看法与理解在不同的层面与世界之"在"和人自身之"在"相联系，亦即无法离开广义的存在。

从我自己的哲学思考看，我既无意以西方哲学为底本、运用中国哲学的资源去克服其中的理论缺陷，也不试图走相反之路。前面提及，宣孟认为我"把哲学最核心的部分看作是关于存在（即 Being）的学说"，并以此作为我以西方哲学为"底本"的根据。这里首先需要说明的是，我所使用的"存在"这一概念尽管与西方哲学中的 being 相关，但并非与之完全等同。正如作为现代中国哲学范畴的"本体论"与 ontology 非相互重合一样，中国现代哲学中所运用的"存在"概念也并不是 being 的简单移植。事实上，作为现代中国哲学的范畴，"存在"既涉及 being 中超乎语言学层面的形上内容，也与道、有、实、事等中国传统哲学概念所包含的哲学内容相关，从而一方面具有普遍的内涵，另一方面又有具体、特定的形式（体现了现代中国哲学的思考与理解）。我之将时间性、历史性与存在联系起来，也从一个方面表现了"存在"与 being 之间的分别：being 作为源于系动词的范畴，更多地体现了逻辑的品格，在逻辑的这一层面，也许确实无法将时间性、历史性与之相联系，然而，作为中国现代哲学概念的"存在"，其具体性、真实性（作为具体的、真实的"有"），却需要通过时间性、历史性来得到体现。[①] 与以上分别相联系,我肯定"存在"问题的本原性,也不同于宣孟所谓西方哲学史中的"纯粹原理"或"第一原理",更有别于他所说的"ontology"。概要而言,这里的"本原性"与普遍性、现实性、真实性相关,在宽泛的意义上,它意味着:"有这个世界"(这个世界存在)是讨论"这个世界如何在"(如何存在)的前提,具体而言,认识论、伦理学、美学、逻辑学、方法论、价值论所讨论的问题,都在不同层面涉及世界之"在"与人的存在,从而,具体、真实地理解与把握这些问题,都离不开形而上的视域。不难看到,在这里,所谓"存在"的本原性,与对世界与人自身之理解的具体性、真实性,彼此一致。这一意义上的本原性,与"纯粹原理"或"第一原理",显然具有不同的涵义。事实上,在西方哲学中,对"纯粹原理"或"第一原理"的追寻,常常引向思辨的、抽象的形而上学,后者又往往偏离了真实的存在,相形之下,我更注重如何把握存在的具体性和真实性。从这方面看,我对存在本原性的理解与"纯粹原理"或"第一原理"的追寻所体现的ontology 显然展现了不同的进路。可以再重复一下,我既无意通过对西方哲学 being 概念的修正,来纠西方哲学的 ontology 之偏,也没有将中国哲学的某些观念如和、同、体、用、本、末,等等"纳入西方哲学的 ontology"的意向。我对"存在"的关注的,更侧重于具体、真实地理解人之"在"与世界之"在",在我看来,"存在"之维所以无法忽视,首先就在于它是世界与人的现实规定:悬置了这一规定,世界与人便缺乏现实性。

就哲学的视域而言,广义的存在(不仅仅是作为 ontology 核心

---

① 事实上,前面已提及,即使在西方哲学中,being 也非限于语言、逻辑的层面,如俞宣孟教授亦已注意到的,在海德格尔那里,being 就超出了语言、逻辑的层面,并相应地获得了时间的维度。

概念的 being)确乎难以回避。俞宣孟教授对人类生存予以特别的关注,认为"哲学与人类生存状态密切相关,它既是生存状态的反映,又指导着生存状态的取向",并把注重人类生存状态视为中国哲学的"底本",以此区别于将 being 作为底本的西方哲学。这里的"生存"也许不同于 being,但却与广义的"存在"无法相分:作为现代中国哲学概念的"存在"尽管不限于"生存",但"生存"无疑是其题中之义,事实上,人的生存,同时也表现为人的存在形态。从这一方面说,宣孟教授将人的生存状态提到突出地位,同时也意味着对更广意义上存在问题的承诺:人的生存本身是广义存在的一种形式。这一逻辑关系也从一个侧面表明,存在问题具有本原的意义,即使对此提出质疑的宣孟教授,也无法离开这一问题。

要而言之,哲学无法回避存在的问题。对存在的理解、表述,本身又可以有不同的方式,从西方哲学的 being,到中国哲学的有、道、德、实、诚(不诚无物)、生(生生之谓大德),直到宣孟教授近年特别关注的生存,都在不同层面、不同维度上涉及存在的问题。当然,仅仅停留在"存在"的层面,对世界之"在"(有)和人之"在"(有)的考察和理解仍然具有抽象性。这样,一方面,认识论、伦理学、美学、逻辑学、方法论、价值论所研究的对象和关系,总是内含存在之维,具体地理解这些对象和关系,也相应地以存在的关注为其题中之义;另一方面,对存在本身的真实把握,也需要通过以上问题的具体研究来实现。我对伦理学、认识论、意义世界的生成等问题的考察,也是试图体现以上的互动。

(二)

《视域融合及其他——读〈存在之维〉一书有感》是张祥龙教授在

数年前(2006年)就拙著《存在之维》①中的若干问题所撰学术通信。② 由于各种原因,当时仅仅做了简略回复,未能就其中的一些问题作学术性回应,后来随着时间的推移,回应一事渐渐耽搁,这里旧论新提,虽然仍甚为简略,但多少聊补前此的缺憾。

祥龙兄在信中首先提到了视域的问题。他特别指出:"如何在'越出'了'特定的存在视域'之后,还可以说'是人的视域'?"看来视域的融合对于《存在之维》主要是指形而上学融合了不同的哲学问题(如真、善、价值、美等哲学的'二级学科话题')的视域,所以是一种'对……视域的融合',而不就是'视域本身的融合'。而在我看来,表现在当代西方哲学中的后形而上学的基本见地是:人的(乃至所有生态的)生存视域本身,比如时间视域、语言视域,而非对视域的整合,乃是意义或存在之源。"

以上论说中所提到的视域,确实是一个重要的哲学问题。如果以中国哲学的范畴来表述,则这里涉及的实质性问题,是"以人观之"与"以道观之"的关系。我所说的"人的视域",主要与以人观之相关,祥龙兄所提出的"视域本身的融合"或"视域本身",则可能近于"以道观之"。后者既意味着超越界限,也要求从存在本身来把握存在。在理解世界之在与人自身的存在过程中,上述意义上的"视域本身的融合"或"以道观之"无疑不可或缺,可以说,离开以上前提,便难以达到世界与人自身存在的具体性、真实性。然而,从现实的层面看,"以人观之"与"以道观之"本身并非彼此相分。达到真实的存在固然离

① 《存在之维》2005年由人民出版社出版,2009年收入华东师范大学出版社出版的《杨国荣著作集》时,易名为《道论》。

② 该学术通信收入何锡蓉主编的《具体形上学的思与辩——杨国荣哲学讨论集》(北京大学出版社,2013)。本文所引张祥龙教授语,均出于该文,后面不另行注明出处。

不开"视域本身的融合"或"以道观之",但从根本上说,这种"融合"或"观"乃是人的选择,并具体表现为人把握世界的过程:归根到底,是人体现了"视域本身的融合",或人"以道观之"。换言之,正是人,基于"视域本身的融合"而不是仅仅从某种或某几种视域去理解这个世界;或者说,正是人,以"以道观之"而不是"以器观之"、"以技观之"的方式,去把握世界。在此意义上,"视域本身的融合"本身似乎依然难以离开"人的视域",正如"以道观之"从根本上说无法完全离开"以人观之"一样。

祥龙兄的评论,同时提到了对质料、五行等问题的理解,其中也包含不少洞见。祥龙指出:"第一,亚里士多德按自己的形而上学观(比如"四因说")将这些古希腊早期学说解释为'物质质料说'或'物质元素说',是否合适? 第二,将这种从概念上物质质料化了的说法套用在中国古代的五行与气上面,是否合适?"

关于亚里士多德按自己的形而上学观将"古希腊早期学说解释为'物质质料说'"是否合适,这是一个可以讨论的问题,它主要涉及对早期希腊哲学的理解,这里不作详论。我在书中提到的"质料",是一种借用,其实质的涵义与特定的物质形态相关。在这一意义上,将"五行"、"气"理解为"质料",乃是基于如下事实:在中国哲学历史衍化的一定时期,"五行"、"气"往往被视为某种特定的物质形态,而这种物质形态又被规定为存在的统一本原。相对于体用不二等形而上的观念,以"五行"、"气"理解世界,似乎仍处于"质料"或特定的物质形态的层面上。

当然,从更广的视域看,这里同时涉及如何看待五行观念发展过程中所关涉的质料与功能等关系。确实,除了以金木水火土等特定物质形态为内容的早期五行说之外,五行观念在后来的历史衍化过程中也逐渐获得了多方面的内涵,从中医所说"五藏生成"、历史变迁中的五德始终,到思孟学派与德性相关的五行说,都似乎在不同层面涉及广义的五行观念。郭店楚简《五行》便认为:"五行皆刑(形)于阙(厥)内,时行之,胃(谓)之君子。"[1]这里的"五行"即关乎仁、义、礼、智、圣五种德性。比较而言,医学中的五行观念等更侧重于五行的功能义,尽管它也涉及"五藏"等物质形态,但其在人体中的作用更多地与功能性的互动相关,具体展开为统一体中不同方面之间的相互作用。《存在之维》(《道论》)一书在提到"五行"时,主要是就《尚书》等早期文献中的五行观念而言,在这一时期的早期思想中,"五行"确乎首先涉及质料或特定物质形态的意义。当然,祥龙兄提醒我们注意五行观念的多重内涵,无疑有其积极的意义。

(三)

许苏民教授在《让具体的形上学更具体些——读杨国荣教授"〈具体的形上学〉三书》[2]一文中以充满激情的笔触,提出了"让具体的形上学更具体些"的期望。他所说的"更具体"首先包括"正视负面的人性"。不过,在我看来,对于人性,无论是从正面观之,抑或由负面视之,都无法完全摆脱抽象的预设。人性的现实形态,是在一定的社会背景和历史过程中形成的,这种社会背景和历史过程本质上不是抽象的,而是具体的,对人性的理解,也需要基于这种具体的社会背景和历史过程。确实,人的现实形态具有多样性,如苏民教授所提及的,社会之中不乏罪恶、黑暗,但正如不能抽象地预设世界的完美

---

[1] 郭店楚简《五行》,参见魏启鹏:《简帛文献〈五行〉笺证》,中华书局,2005年,第63页。

[2] 原文载何锡蓉主编的《具体形上学的思与辩——杨国荣哲学讨论集》(北京大学出版社,2013)。本文所引许苏民教授语,均出于该文,后面不另行注明出处。

性一样,也无需抽象地贬斥人的负面存在形态。以成己与成物而言,其中包含对人的认识和成就,这种认识与成就既包含积极意义上把握和肯定人存在过程中向善的可能,也包括消极意义上揭示、批判、抑制其恶的趋向,而二者都以确认人以及人存在于其中的世界之具体性为前提。就此而言,问题可能不在于是否承认存在过程中的负面之维,而是如何理解、抑制、克服存在过程中的负面形态。在这方面,对恶的义愤固然不可或缺,但具体的、历史的视域可能更为需要。

苏民教授所说的“更具体”的第二个方面,涉及“正视人的认识能力的局限性”。确实,人非全能,无法在某一时刻或时期穷尽对世界的认识。从庄子、康德到哈耶克,已从不同方面强调了这一点。然而,从认识论上看,正如不能抽象地预设人在认识方面的全能性一样,也不应抽象地为人的认识规定一个限度。康德对现象与物自身的划界,以忽视存在的具体性为前提;历史上,每一次对认识终点的判定,总是为进一步的认识所否定。从具体的、过程的视域看,既不能基于对存在的抽象分离而限定认识之界,也不应静态地给认识规定一个历史的终点。进而言之,对世界之形上层面的把握,更多地涉及智慧的视域,相对于特定的知识形态,智慧本质上以超越界限为其特点。总之,承认认识的有限性,并不意味着无法达到一定历史阶段的具体认识,事实上,后者与肯定认识的开放性、过程性具有一致性。

苏民教授所说的“更具体”的第三个方面,在于“揭示‘在’的悲剧性”。历史地看,文明的演进总是以二律背反的形式实现的:它既包含积极意义上的历史发展,也常常伴随着负面的历史后果,老子、庄子已相当敏锐地注意到这一点。然而,由此,他们往往对文明的发展及其规范(包括仁、义等)更多地持质疑、责难的态度,甚而在某种意义上表现出回归自然、消解文明的趋向。在我看来,我们无疑需要正视文明演进中“悲剧性”的一面,但同时应当避免仅仅以消极的、悲观主义或虚无主义的立场面对这些现象。广而言之,如帕斯卡尔、托尔斯泰等已洞见到的,人类社会从过去到现在,确实都往往存在真、善、美之间的张力,肯定这种张力并分析其根源,对理解存在的复杂性显然是重要的。但从价值的层面看,揭示真、善、美之间的张力、分析甚至抨击真、善、美之间的不一致,本身并不是终极性的目的。事实上,承认、指出真善美之间的冲突,归根到底是为了在不同的历史层面克服、超越这种冲突。从哲学之维考察人之"在",既需要指出其中的负面现象、悲剧之维,也需要展示其发展过程中追求理想的历史趋向。

王国维所突出的"可爱"与"可信"的张力,涉及事实与价值之间的关系,这一问题在中国现代哲学家中一再地以不同方式呈现,我在考察中国现代哲学史之时,对此也作过若干讨论。从某种意义上说,我提出"具体的形上学",也可以视为对这一问题的回应。在我看来,揭示以上张力、扬弃肤浅的乐观主义是必要的,但若停留或执着于冲突、紧张,则同样难以真实、深入地把握事实与价值等关系。人类固然无法一劳永逸地达到"可爱"与"可信"之间的统一,但却可以不断克服二者之间的分离,使事实与价值达到一定历史层面的、具体的统一。事实上,社会的演进总是以不断克服事实(真)与价值(美、善)之间的张力、达到二者在一定历史层面的统一为其内容,这种演进同时又展开为一个过程,不会终结于某一历史的终点。在哲学的层面,形上的思维以达到具体的存在为其指向,与人相涉的具体存在本身又以事实(真)与价值(美、善)的互动为题中之义,与之相联系,哲学既不能仅仅以思辨的方式展示理想的存在形态,也不应单纯地基于幽暗意识而提供否定性的存在图景:以思辨的方式展示理想的存在形态与基于幽暗意识而提供否定性的存在图景这二者在理解存在的抽象性方面事实上殊途而同归。要而言之,存在的具体性从根本上规定了把握存在进路的具体性,具体的形上学正是试图体现这一视域。

（四）

陈少明教授的论文《"形上学"如何"具体"？——杨国荣教授〈道论〉读后》①首先提出了一个很有意义的问题："形上学"如何"具体"。这里涉及的是：在形而上的层面，以何种方式达到"具体"。按少明的看法，达到"具体"似乎包括二重进路：其一，考察哲学史中特定案例，由此揭示其中的普遍内涵，其二，考察人的经验生活，以发现其中"百姓日用而不知"的意义。从实质的方面看，这里关乎两个方面，一是哲学史与哲学的理论（包括形而上学）的关系，一是经验生活与理论的关系。

在哲学史的演进中，确实形成了不少包含丰富意蕴的论题、论说。作为历史中的思想形态，其中的讨论往往体现了特定的视域，内含着不少引人深思的洞见，对这些哲学观念和哲学"公案"的考察，无疑可以从一个方面深化对哲学问题的思考。同时，人的日常经验中也往往蕴含着普遍的哲学问题，关注并研究这些日常经验，既有助于避免陷于抽象思辨，也可以丰富对世界和人的真实理解。从这些方面看，以上进路显然不可忽视。

然而，历史中的特定论辩或日常的经验尽管也包含普遍的内容，但按其本来形态，它们首先属"特殊"。具体而言，对哲学史中这些特定论题、论说的分析、梳理诚然不仅可以提供富有个性的诠释，并相应地赋予思想的考察以历史性和丰富性，而且，也有助于不同诠释模式的形成，并由此为理解哲学的历史提供多样的视角，但是，就存在

---

① 原文载何锡蓉主编的《具体形上学的思与辩——杨国荣哲学讨论集》（北京大学出版社，2013）。本文所引陈少明教授语，均出于该文，后面不另行注明出处。

的把握而言,历史中的以上特定论辩或日常的经验本身依然具有分而论之的性质,它们所理解的人和世界,常常无法避免偏于一端。以此入手,固然可以对思想的"分殊"获得历史层面的理解,但专注于此,却难以达到形而上层面的"具体"。与分门别类的知识不同,形而上学作为存在的理论所指向的,不是某种特定的思想形态或存在形态,而是具有统一性的存在图景;与形而上学的抽象形态不同,形而上学的"具体"形态既关注统一性,又注重现实性,所谓"具体性"在此意义上也可以理解为包含现实性的统一性。从思想史和哲学史的维度看,这一层面的具体性意味着扬弃历史上特定论辩或日常的经验对存在把握的不同限定,由此再现具体而真实的思想过程。

作为包含现实性的统一性,形而上学意义上的"具体性"既表现为"具体的普遍",也呈现为"普遍的具体"。关于"具体的普遍",黑格尔已作了考察,当然,始于绝对精神而又终于绝对精神的思辨进路,使黑格尔所说的"具体的普遍"仍具有抽象性。从现实的层面看,"具体的普遍"在形而上之维展开为理和事、体和用、本与末、道与器、存在与过程等之间的统一。就存在的形态而言,上述统一又表现为"普遍的具体"。

进而言之,在观念的层面,形上层面的"具体"又涉及对相关理论问题论述的系统性。哲学对存在的把握,总是通过系统的论述来展现,形而上学更离不开系统的论述。即使某些以所谓"诗化"形式展开的哲学观念或形上学,往往也包含实质意义上的系统。观念层面的这种系统性,既基于存在本身的具体性,也关乎考察存在的方式之具体性,后者不仅意味着连接把握存在的不同视域,而且也体现于对存在认识的系统性。从形而上之维看,如果仅仅限定于某种或某些思想史的现象,那么,在形式的层面便常常容易流于思想的碎片化,在实质的层面则可能导向观念的抽象性。注重历史上特定观念、论说的辨析固然可以独特地切入分殊形态的思想,显现诠释的独特性,但就思想(哲学)历史的理解而言,这种进路往往有见于黄宗羲所说的"万殊",却难以把握思想的"一本",而哲学思想的真实演进如黄宗羲所言,是一个"一本而万殊"的过程。就存在(包括人的生活世界)的理解而言,对"事"(包括多样的日常经验)的考察诚然有助于丰富对"分殊"的理解,但若仅仅"以器观之"或"以物观之",则"理一"的把握往往不易落实。从以上方面看,能否由哲学史中特定案例以及特定经验生活的考察达到形上层面的"具体",显然需要再思考。

当然,前面已提及,这并不是说,分析哲学史中特定案例以及考察特定经验生活没有意义。从道与器、形上与形下的相互沟通看,对历史中的观念、对生活中的经验,都需要给予关注。宽泛而言,哲学的建构,包括形而上层面的理论思考不能凭空展开,它既以对已往哲学思想演进过程的反省总结为前提,也植根于现实的时代,后者同时涉及对时代所面临的诸种问题的回应。在此意义上,达到形而上层面的"具体"或具体的形上学,离不开史与思的互动、道与器的交融。

少明提出的另一个问题,涉及中西哲学的关系。他认为:"这一系统(指具体的形上学——引者)的原始思路,以及基本概念框架,更多取自西方的形上学传统,而中国哲学更多是资料补充的角色。如果我们把这个系统中的中国因素抽掉,这个系统仍然可以成立。但是,把其中的西方因素抽掉的话,很可能就不成体统。"由此,他进一步提出如下问题:"我们能否同样在自己古典的思想资源中,开掘建立足以理解新的生活或不同的文化经验的形上学构架?"

关于以上问题,我在对俞宣孟教授等同仁的回应中,已多次涉及,他认为我的"思路,以及基本概念框架,更多取自西方的形上学传统",这与俞宣孟教授的以西方哲学为"底本"之说,看法大致相同,在此意义上,我对宣孟的回应,也似乎适用于少明的问题。少明问题的后一部分,也许可概括为:是否可从中国自己古典的思想资源中,开掘出不同于西方的中国形上学传统? 这一问题再次涉及哲学的普遍性与特殊性问题。

20 世纪前半叶,如所周知,金岳霖曾对"中国哲学"与"在中国的哲学"作了区分。近年以来,这一区分一再被提起。从实质的方面看,这里所涉及的是哲学的普遍性与特殊性的关系问题。在我看来,对二者加以区分是必要的,但不能由此引向在二者之间的截然划界。与注重分析哲学相联系,金岳霖的以上看法似乎多少内含划界的趋向。如果将"在中国的哲学"视为哲学的普遍性形态,那么,"中国哲学"总是同时包含着"在中国的哲学"。如我在前面回应干春松教授时已论及的,哲学的普遍的方面,也就是哲学之为哲学的基本规定,一种观念体系如果缺乏这一规定,那么,它也许可以被视为某种思想形态,但却不再是哲学。无论是"中国哲学",还是"西方哲学",作为哲学,总是包含哲学之为哲学的普遍方面。在此意义上,即使我们能够开掘出中国形上学传统,这种形而上学似乎也无法与西方形而上学传统判然相分:二者作为"形而上学",总是包含形而上学之为形而上学的普遍或相通内涵。如果试图建立纯而又纯的"中国形上学"——其中不包括普遍的内容(亦即西方的形上学作为"形而上学"也具有的规定),则这种"形而上学"可能就不再真正是哲学意义上的形而上学。

宽泛而言,考察中国哲学,首先需要注意其双重品格。一方面,作为独特的哲学形态,中国哲学具有自身的个性特点,另一方面,作为哲学,它又包含呈现普遍意义的哲学内涵。前面已论及,从不同哲学系统的关系看,这里面临"认同"和"承认"的关系。所谓"认同",主要是就特定的哲学系统(包括中国哲学)而言。对中国哲学来说,不能因为它包含自身特点而否定其具有普遍的哲学内涵。换言之,

"认同"意味着肯定特定的哲学系统是哲学共同体中的一员。所谓"承认",更多的是从中国哲学之外的哲学系统,特别是西方主流性的哲学系统来说。具体而言,应该承认在西方哲学系统之外,还存在不同的哲学系统,中国哲学便属于后者。

中国哲学作为哲学无疑有其普遍性的内容。如果我们要使古典形态的中国哲学取得现代的形态,使之成为在世界范围内、在现代学术视域中可以讨论的对象,那么,其普遍性的哲学内容便需要予以高度重视。当然,对中国哲学之为中国哲学的品格、特点,我们同样要给予充分关注。事实上,在步入世界历史的背景之下,不同的文化传统、生活境遇下的哲学家们所作出的哲学思考依然会具有个性化的特点,世界化与个性化并非相互冲突,毋宁说,世界化的思考正是通过个性化的进路而体现的。在走向世界哲学的过程中,每一哲学家所处的背景、所接受的传统,等等,都将既表现在他对问题的独特意识和思考之中,也体现于他对不同哲学资源的理解、取舍之上,其思考的结果也相应地会呈现出个性化的特点。

后形上学时代的形上之思①
——杨国荣教授访谈

　　问：2011 年 4 月，北京大学出版社出版了您的
《具体的形上学》，包括《道论》、《伦理与存在》和《成
己与成物》三种著作。美国的英文刊物 *Contemporary
Chinese Thought* 也将专辑介绍您在具体形上学方面的
工作。② 借用哈贝马斯的说法，我们正置身于一个后
形而上学的时代。在后形而上学时代，您为什么孜孜
于"具体形上学"的探索与追寻呢？

---

　　① 　本文为刘梁剑、吴闻仪对作者的学术访谈，原载《哲学分
析》2012 年第 3 期，收入本书时略有删节。
　　② 　*Contemporary Chinese Thought* 已于 2012 年夏季号
（Summer 2012，Vol. 43 No. 04）以 *Yang Guorong's Concrete
Metaphysics* 为题，出版了相关专辑。

答：如我以前一再所论，从时代背景上来说，近代以来，特别是20世纪以来，随着对作为存在理论的形而上学的质疑、拒斥，哲学似乎越来越趋向于专业化、职业化，哲学家相应地愈益成为"专家"；从哲学自身来看，哲学的各个领域之间，也渐渐界限分明甚至壁垒森严，哲学本身在相当程度上则由"道"而流为"术"、由智慧之思走向技术性的知识，由此导致了哲学的知识化与智慧的遗忘。重新关注形而上学，指向的是智慧的回归，而具体的形上学则可以视为对这种"回归"的一种探索。

问：在您看来，形上学可以区分为"抽象的形上学"与"具体的形上学"？

答：大致可这样理解。我在相关的论著中曾指出：抽象形态的形而上学往往或者注重对存在始基的还原、以观念为存在的本原、预设终极的大全，或者致力于在语言的层面建构世界图景；这一维度的共同趋向，则是对现实存在的疏离。然而，作为存在的理论，形而上学的本来使命，在于敞开和澄明存在的具体性。这是一个不断达到和回归具体的过程，它在扬弃存在的分裂的同时，也要求消除抽象思辨对存在的掩蔽。在此意义上，具体的形上学是形上学的题中应有之义。

问：您在以前的著述中曾经区分了本体论研究的两种思路。比如，发表于《哲学研究》1995年第12期的《知识与智慧——冯契先生的哲学沉思》一文指出："本体论的研究大致有两种思路。其一是在人的认识过程之外构造某种宇宙模式或世界图景，这种模式或图景往往容易陷入思辨的虚构。其二则是从认识过程出发考察存在。"冯契先生的广义认识论突出了本体论与认识论的统一。本体论研究两种思路的上述区分能否理解为对冯契哲学的一个引申？

1996 年，《心学之思》一书完稿，书的第三章"心物之辩"从朱熹与王阳明的分歧归纳出"沉思存在的二重路向"："王阳明将存在的考察限定于意义世界，与程朱从宇宙论的角度及理气的逻辑关系上对存在（being）作思辨的构造，确乎表现了不同的思路：它在某种意义上可以看作是一种本体论的转向。"1997 年，您在《哲学动态》第 4 期的一篇访谈中进一步指出："本体论的研究也许可以有两种进路。其一，本体论、认识论与逻辑学的结合，亦即在广义的认识过程中把握存在的意蕴。从康德、黑格尔到马克思，都已在不同层面上展示了这一思路，而其内在的理念则是存在（或本体）与方法的统一。""其二，本体论、伦理学与价值论的结合，亦即在人自身存在意义的追求与实现中不断敞开存在，而它所指向的，则是存在与境界的统一。这一理路较为典型地体现于中国哲学。"能不能这样认为：您对本体论研究两种进路的分疏有一个发展的过程，而这一分疏已经蕴含了后来的抽象形上学与具体形上学的区分？换个角度说，您是不是很早就开始了对具体形上学的思考？回顾具体形上学的发展历程，您觉得有哪些标志性的环节？

答：宽泛地说，关于形而上学问题、本体论问题一直是我的兴趣之一，注重存在的具体性以及把握存在方式的具体性，在我的哲学思考中也似乎一以贯之。至于究竟以怎样的进路展开，这方面的思考则有一个过程的。1995 年，我在一篇讨论冯友兰哲学思想的论文中，便以存在与境界的关系为研究视域，该文后来发表于《中国社会科学》时，题目即为《存在与境界》。至于具体形上学的初步提出，大概在上世纪九十年代末吧。1999 年出版的《科学的形上之维》一书，最后一章的标题即为《回归具体的存在》，与之相关的内容则在 1998 年已发表于《中国社会科学》，后又收入我的文集《史与思》。

问：2002 年《伦理与存在》的出版是不是可以视为您的工作重心由哲学史考察转向哲学研究的一个标志？

答：也许可以这样看。在此之前，一些理论思考主要穿插在历史的考察之中，《伦理与存在》则是明确以理论探讨为中心。——顺便提及，我也注意到你以前所提出的书写方式问题，比如没有引文的哲学书写是否可能。我想这个问题可以从两个方面来考虑，一个是实质性的方面，一个是形式性的方面。形式性的方面也许与时下所谓关注学术规范相关。至于实质性的方面，则如我一再提到的，哲学的思考恐怕很难离开哲学史，思与史无法完全脱离。对哲学问题的讨论，我比较注意历史的根据。与经验科学的问题不同，哲学问题往往古老而常新。在不同的语言表述背后，还是可以看到相通的对象或关切之点，这可能跟人类本身的存在处境具有相关性：人的存在过程既有在不同历史阶段的独特面向，又具有人之为人（而不同于动物）的普遍性维度。与之相联系，哲学所涉及的一些根本性的问题，如何物存在、怎样存在、世界意味着什么、如何成就世界（使世界合乎人的理想和合理需要）、如何成就人自身，等等，往往构成了人在不同历史时期的共同关切；对人的存在作自觉反思的哲学家，其思考同样无法回避这些植根于人的存在处境的问题，对历史上以往各种思考的"再思考"和理论回应，是每一时代哲学研究所不应回避也无法回避的。在哲学的书写中，以上回应往往便表现为对以往思考的批判性反思。

问：史与思的统一是否也是具体形上学的一个基本方法论？

答："基本方法论"可能谈不上，但它确实构成了我的哲学思考的一种进路。这种历史考察与理论阐发相统一的研究方法，首先上承冯契先生，其特点在于以元理论的沉思为基础回顾哲学的历史，又以历史的反思为前提进行哲学理论的建构。当然，追溯得更早，则黑格尔早已提出过如下论点：哲学是哲学史的总结,哲学史是哲学的展开。尽管在当代哲学中,黑格尔似乎已渐渐被人遗忘,但我认为他的以上观念并未过时。作为理论的诠释,对已往哲学的考察显然不能仅仅满足于就史而论史,它既要对研究对象作出合理的历史定位,更应注重揭示其具有恒久生命力的观念及普遍的理论意蕴,并使之成为回应时代问题及重建当代哲学的思想资源。这也正是我在哲学史研究中试图体现的基本之点。哲学史的研究,总是很难离开哲学之思。从现实的形态看,哲学史是在历史过程中展开的哲学,离开了从古希腊到现代西方的诸种哲学体系,也就没有西方哲学;同样,在先秦以来的百家众说之外,也不存在另一种中国哲学。撇开哲学的历史,便无法解决哲学究竟是什么的问题。就哲学思考与研究而言,一方面,哲学不能凭空构造,任何新的哲学建构都要以以往哲学提出的问题或积累的思维成果为出发点;另一方面,对哲学史的梳理阐释也总是以研究者的哲学观为"先见",并渗入了研究者的哲学见解。在此意义上,可以说,哲学史的研究同时也就是哲学的研究,历史的分疏与理论的阐发难以彼此相分。

问:"统一"这个词在您的著述中出现频率很高。能不能说,"统一"(二元辩证)是具体形上学最为基本的元哲学思维范式之一? 这里是否带有很强的黑格尔辩证法的色彩?

答:我一直主张,不仅要回到康德,而且要回到黑格尔。从德国哲学关于知性与理性的区分,尤其是黑格尔所理解的知性和理性的区分来看,康德在哲学上更多表现出知性的趋向。知性视域的表现形式之一是注重划界。相对而言,黑格尔更多地表现为跨越界限、扬弃对峙,其中展示的是不同于知性的理性视域。知性对世界、对人自身的理解,侧重的是分界、区别,这当然是一个必要的环节,但停留于此,往往容易流于抽象的视域。在这方面,我们应对黑格尔给予高度重视。黑格尔的一个重要特点,就是对具体性的关注,他一再强调的具体性观念,我是给予认同的。但另一个方面,从总的哲学构架来看,黑格尔还是表现为以心观之,从精神的层面理解这一世界:他的整个系统终始于精神,即从精神出发,经过自然,最后回归到精神。从这一意义上看,其体系总体上表现出封闭性的特征,尽管他有具体的意识或理性的观念,但总体上还是不免带有封闭的、非过程的观念。在这方面,我很难接受和赞同黑格尔的观念。至于我所提出的"具体形上学",它本身表现为开放的系统,其中并不存在所谓"最为基本的元哲学思维范式"。

问:我们感到困惑的是:辩证综合的论述句式,是不是既有它的重要贡献,又有它的限度?具体说来,辩证综合的论述句式,它的重要贡献在于,避免一旦有见于 A 便迷执于 A 而漠视其余思维的自然倾向,从而将 A 与 A 之外的另一个或另一些向度同时保持在视野之中(或许出于思维的简捷原则,我们能够同时加以考量的向度一般不超过两个)。不过,辩证综合的论述句式似乎也带有某种限度:忽视对关系两方冲突向度的考察,已经达到的"统一"识度反而阻碍了我们进一步潜入深渊,探测盘根错节的事质关系。关系本有关联与系缚两个同时存在的面向。但是,辩证综合的论述句式对于关系的思考,其基本倾向,总是从部分到整体一气贯下,一言以蔽之,曰见于关联而蔽于系缚。它对于关系两方之"和"带有乐观的理想主义,却多少忽视了关系两方冲突的向度。因为见其同而蔽于异,从而缺乏某种必要的紧张感。您如何看待这一点?

答:这里涉及两个方面,一是世界本身的存在形态,一是人把握存在的方式和进路。就前一方面而言,现实的世界本身并不是以相互悖离、彼此分裂的形式存在,这个世界中固然存在不同规定、不同方面、不同过程,但就其现实性而言,这些规定、方面、过程本身又具有相关性,把握世界的真实形态,相应地无法略去这种关联。就后一方面(人把握存在的方式和进路)而言,我们诚然应当关注世界本身的差异、张力,由此把握世界的丰富性、多样性,但同时,又不能仅仅停留于这种差异、张力之上,而应进而把握其间的现实关联。事实上,就理解世界的过程而言,思想的洞见、观念的拓展、新视野的形成,往往是通过揭示、敞开存在之中的内在关联而实现的:科学的发现便常常以发现不同规定之间隐而未现的联系为前提,哲学之思也并不例外。

引申而言,肯定不同方面之间的相关性,并不意味着忽视差异或冲突。从逻辑上说,"统一"不是"同一",肯定相关、统一,是以承认差异或"异质""异向"为前提的:唯有承认差异或"异质"、"异向"的存在,才可能进一步关注其彼此的关联。这里更实质的问题是,在注意到"异质"、"异向"之后,不能仅仅停留于这种差异,而应进而把握其间的现实关联:就其现实性而言,这些不同的规定或向度在真实的世界中并非彼此分离。应当指出的是,对世界本身以及人与世界关系的具体性、统一性的肯定,并不具有封闭性,相反,它更多地呈现为向未来开放的过程:所谓扬弃分离、走向具体的统一,本身是在一定历史过程中实现的,具有动态的性质。当然,从过程的角度看,一定阶段所达到的统一,可以构成进一步分化的出发点,后者又为达到更深刻的统一提供了前提。然而,存在本身是由不同规定构成的统一形态,这一本体论的事实决定了仅仅执着于某一方面或沿着一种偏向走,总是难以达到真实的存在。不断在过程中关注存在的统一形态,是把握真实存在的前提。我在肯定"统一"的同时,又一再强调《易传》既济而未济的观念、突出时间性及历史性,也是基于以上看法。

问：辩证综合的论述句式，又常常用来对哲学史上不同观点进行批判总结。这时，它似乎也表现出一种限度：对哲学史上不同观点的批判，主要在逻辑的层面展开，而对它们的具体、历史面向（包括它们所隐含的特定存在论预设、概念框架、思维范式，等等）似乎没有加以关注与讨论。辩证综合的论述句式有见于不同哲学观点的逻辑连续性与可综合性，但比较容易忽视不同思想的文化差异与历史断裂，以及与此相应的不同综合性。换言之，"辩证综合"可以综合同一逻辑层面的不同角度，但不能综合不同的逻辑平面。您是否认为存在以上问题？

答：可能会有这样的问题。这里首先涉及逻辑与历史的关系问题。我在讨论哲学史研究方法的时候曾经提到过论证与解释的区分。论证侧重于逻辑之维，它会过滤掉很多细节，解释则较多地注意事实的多样性。如果我们注重历史的细节，便会发现哲学家的时代背景、师承关系、生活际遇等都会影响到他的哲学。从历史研究的角度看，这样一些细节是非常重要的。但另一方面，哲学有它自身的特点，需要抓住一些本质性的关键环节。这个时候可能不得不抽象掉一些历史的细节。在某种意义上，这是牺牲了历史的丰富性与丰满性。但对于从哲学的层面理解思想的演进来说，这又是必要的代价。

从我自己的哲学进路来看，史和思之间的互动、历史的考察和理论的思考之间双重的关切可以说是一以贯之之道。就哲学史的研究而言，我关注的是如何在把握对象历史特点的同时，进一步揭示内在隐含的哲学问题，也就是说，不能仅仅满足于用现代汉语把古代思想复述一遍，而应进一步追问其背后隐含的具有普遍意义的理论内涵；就哲学理论问题的思考而言，我则认为应关注哲学史上已有的相关思考成果，我一再强调：思想不能从无开始，真正的哲学工作无法完全离开哲学的历史。即使像维特根斯坦这样一些很有原创性的哲学家,从深层次上看,仍没有离开哲学史。至少,维特根斯坦的工作是在分析哲学兴起这样一个大的背景下展开的,没有这个背景,恐怕也不会有维特根斯坦哲学。

问：关于"抽象的形上学"与"具体的形上学"的分疏、这一分疏在您哲学运思中的发展历程,以及与此相关的史思统一的运思方法,我们有了一定的了解。但是,具体的形上学怎样才能做到"具体"呢?

答：在形而上学论域中,面向具体包含多重向度：它既以形上与形下的沟通为内容,又肯定世界之"在"与人自身存在过程的联系；既以多样性的整合拒斥抽象的同一,又要求将存在的整体性理解为事与理、本与末、体与用的融合；既注重这个世界的统一性,又确认存在的时间性与过程性。相对于存在的思辨构造或超验设定,具体的形而上学更多地指向意义的世界。在这里,达到具体形态的存在理论与回归具体形态的存在本身,具有内在的相关性。

问：就研究对象而言,具体的形上学关注"具体的存在",或者说"存在的具体性"。那么,"存在的具体性"究竟如何理解呢?

答：与离开人之"在"去构造思辨的世界图景不同,我认为对存在的把握无法离开人自身之"在"。人之"在"可以理解为广义的知、行过程,它既表现为个体之"在",又展开为社会历史领域中的"共在",后者并不是海德格尔所理解的"沉沦",而是存在的现实、本真形态。在这方面,我更多地认同马克思。马克思把人置于社会历史的层面加以考察,并要求在变革世界的过程中把握世界,这种把握方式不同于思辨的体悟或诗意的想象,它更深沉、更直接地契入了现实的存在境域。在当代哲学中,循沿马克思的这一思路加以具体发挥的,是冯契先生。冯契先生以广义的认识论为基础,对本体论与认识论、认识世界与认识自己作了沟通,由此扬弃超验的宇宙模式或世界图景,并强调在认识世界及价值创造的历史过程中敞开天道,这种视域不同于思辨的本体论,它构成了我的思考的重要思想背景。

问:海德格尔是否对您的哲学思考产生过重要的影响? 1987年,也就是在您完成博士论文《王学通论》的那一年,《存在与时间》中译本出版,为八十年代学界一大事。1990年,您在发表于《书林》第1期的《人的存在与存在哲学》一文中写道:"相对于关注世界图景或宇宙模式的思辨形而上学,存在主义对人自身的存在予以了更多的关注,而由此展开的,则是一种以人生之'在'为内核的存在哲学。"在1992年完稿的《善的历程》一书中,"存在"话语明显增加,而"人的存在"开始成为比较重要的元哲学语言。2005年,您又出版了重要的理论著作《存在之维》。这些地方是不是都有海德格尔的影响?

答:对于海德格尔的思想我是非常重视的。我的一些表达方式也许还间或带有海德格尔的某种印记。从形而上学的角度看,海德格尔的思想,无论是他的所见还是他的所蔽都值得注意。在我看来,海德格尔作为重要哲学家的贡献,主要与《存在与时间》相联系。他的后期思想时时将人引入语言的迷宫,从而常常带有语言把戏的意味。海德格尔没有离开人的知行、离开人自身的存在过程谈论世界,这一点跟马克思有相通之处。当然,海德格尔主要着眼于个体生存,而马克思则通过社会历史实践这一层面,展示了对人与世界更具体的理解。对一些论者将马克思加以海德格尔化的做法,我难以赞同。事实上,通过将"生存"观念引入马克思的系统来赋予马克思的观念以当代性,可能会掩蔽马克思之为马克思的根本之点:马克思超越海德格尔的地方恰恰在于,他超出个体生存,把类的历史实践引入进来。

顺便提及,2009年华东师范大学出版社把我的著作(包括《存在之维——后形而上学时代的形上学》)汇集成《杨国荣著作集》加以出版,借重版之际,我把《存在之维——后形而上学时代的形上学》一书改名为《道论》,增加了若干附录,总体内容基本上没有改动。以"《道论》"为书名,旨在体现我对相关问题研究的中国哲学背景:中国哲学对形而上学问题的讨论主要通过对道的思考、追问展开,"道论"展示的便是这一视域。

问:您分疏了世界之在与人自身之在,并特别强调无法离开人自身之在把握世界之在。您一再提示,不要遗忘人自身之"在"。这一点对于担保具体形上学的"具体性"是否有着特别的意义?

答:二者无疑具有相关性。广义的存在不仅包括本体论意义上的"有"(being),而且涉及人自身的"在"(existence)。从理论上看,存在的探寻总是与人自身的"在"联系在一起。相对于本体论意义上的"有"(being),人自身的"在"更多地展开于人的知、行过程;它在本质上表现为一种历史实践中的"在"(existence)。离开人自身的"在",存在(being)只具有本然或自在的性质;正是人自身的"在",使存在向人敞开。因此,不能离开人自身的"在"去对存在作思辨的玄想。形而上学本质上是人的视域,抽象的形而上学则总是在人自身的存在过程之外去规定存在。当然,人自身的"在",也并非处于存在之外,它总是同时具有某种本体论的意义。这样,人既在自身的"在"(existence)中切入存在(being),同时又在把握存在的过程中进一步从本体论的层面领悟自身的"在"。

另一方面,从世界之在的角度看,具体形而上学以"有这个世界"为出发点,它既不追问何以有这个世界,也不关切这个世界之前或这个世界之后的存在。所谓"这个世界",就是人生活于其间并为人自身之"在"(广义的知、行过程)所确证的存在。从常识的层面看,"有这个世界"是不断为生活实践所确证的事实;从哲学的层面看,关于世界是什么、世界如何存在等的辨析,总是基于世界本身的存在。

与"有这个世界"相联系的另一个基本事实则是:只有这一个世界。从终极的意义上看,存在的统一性首先也在于只有这一个世界。所谓"只有这一个世界",既意味着不存在超然于或并列于这一个世界的另一种存在,也意味着这一个世界本身并不以二重化或分离的形式存在。形上之道与形下之器并不是两种不同的存在,而是这一个世界的不同呈现方式。

问:"有这个世界",这似乎已经是一个特定的形而上学预设,即基于特定形上学立场并同时表征了此种形上学的特定色彩的预设?是不是可以设想另一种以"无这个世界"、"这个世界幻有"或者"或许有这个世界"等为出发点的形上学,比如佛教缘起性空的形上学?

答:关于"有这个世界",我想至少可以从两个方面加以考察。首先,在逻辑的层面上,可以借用笛卡尔式的论证方式:当我们怀疑"有这个世界"或设定"无"这个世界时,这种质疑和设定本身在逻辑上肯定了这种怀疑者或设定者的存在,而这种存在又以更广意义上的存在为背景:就其现实性而言,怀疑者或设定者本身无法在真空或绝对虚无的境域中存在,他的存在至少以生命所以可能的基本条件已具备为前提。同时,当我们设定"无"时,这种"无"作为特定的被设定物,本身不同于绝对的虚无,而是一种广义上的"有"。在哲学史上,《老子》曾以"无"为世界之源,但这种"无"不是绝对的不存在,而主要是指无任何具体规定,黑格尔已注意到此点。从更实质的层面看,这个世界是指现实的世界,现实的世界与人的知行过程无法分离:它本身生成于广义的知行过程。在同样的意义上,人对这个世界的追问与这个世界的存在(有这个世界),也难以相分:"有"这个世界既是人追问现实世界的前提,也是人质疑现实世界的前提。

问:那么,"只有这个世界"是否意味着"实在的世界只有这一个"?如果这样的话,"只有这个世界"似乎容易引出:这个世界存在,存在的就是合理的,从而造成对"这个世界"的批判维度的缺失。您是如何理解以上问题的?

答:"只有这个世界"主要是针对世界的二重化,反对在此岸世界之外虚构一个彼岸世界。就这个世界而言,它本身又处于生成的过程之中。同时,作为不同于自在之物或本然之在的现实存在,它总是与人"赞天地之化育"的过程相联系,渗入了人的参与,包含着面向未来的各种可能。在此意义上,我并不否定这个世界的可变性、自我完善的可能性,后者进一步构成了对世界作批判考察的前提:批判从根本上说基于不同的价值理想,而这种理想又以世界本身包含走向未来的不同可能为前提。世界既济而未济,"既济"意味着现实性,"未济"则包含了面向未来的多种可能。

问:针对抽象形上学之流弊,具体形上学突出了世界之在不离人之在。但是,另一个本体论事实则是,人之在不离世界之在。强调人之在,是不是容易忽视世界的自在性,容易丧失对世界的敬畏,是否会引向人类中心主义?

答:我一般在现实的层面谈论世界。与自在之物不同,现实世界是以各种方式同人发生关系的世界,它一方面有为人之维,另一方面并不因此丧失自在之维。所谓敬畏的问题,往往指向实体性层面的超验存在,这种超验存在有时候用形而上的语言表达为物自体,有时候用宗教的语言表达为主宰者。对超验存在的讨论,很难摆脱思辨。如果敬畏意味着对超验存在的崇尚,它的意义至少是有待讨论的。

我们应当承认人的有限性,这是人始终保持理性的清醒的必要前提。但是,承认人的有限性,不能等同于预设有一个超验的主宰。在非超验的意义上,对世界的敬畏意味着尊重存在法则,承认人的有限性,认真慎重地展开人与世界、人与人之间的互动(中国哲学中的"敬"本身就有认真慎重、不苟且随意的涵义)。至于人类中心论的问题,我想有必要区分狭义的人类中心论与广义的人类中心论。狭义的人类中心论以一时一地的人的利益为中心考虑问题,把人视为一切存在的超验的主宰者。这是应当抛弃的。另一方面,广义上的人类中心论无论以价值观意义上的"人是目的"为内涵,还是在认识论的意义上以"以人观之"为指向,都是无法超越的。在价值观上,通过超越狭义的人类中心以重建天人的统一、恢复自然的生态,等等,归根到底是为了使人自身的存在臻于更完美之境,现在一些反人类中心主义者在形式上似乎"以自然的名义立言",但从根本上说这仍是"人"为自然立言:正如本然(自在)的存在不发生意义的问题一样,自然本身既没有价值的意识,也不构成价值的主体。同样,以上视域中的"以道观之",实际上是"人"而不是超验的存在"以道观之"。

问:我们还注意到,您一再强调"求其通"。那么,怎样理解"通"?求其通与具体的形上学之间有何内在关联?

答:就本原的层面而言,形而上学以意义的追寻为指向,从意义之维看,求其通可以说是具体形上学的本质要求。所谓"求其通",既指超越知识对存在的分离、分裂,再现存在的统一性、整体性、具体性,也指把握存在的视域、方式之间的统一。形而上学致力于达到存在的统一,又连结了智慧之思的不同向度,从而在双重意义上体现了以求其通为指向的内在特征。在形而上学的层面,所谓"通",并不仅仅在于哲学的体系或学说本身在逻辑上的融贯性或无矛盾性,它的更深刻的意义体现在对存在的统一性、具体性的敞开和澄明。换言之，它总是超出了逻辑的层面，既涉及存在，也涉及把握存在的不同视域、进路之间的关系，从而更多地呈现实质的意义。康德致力于划界，我更致力于再现存在本身的统一，沟通哲学的不同领域或分支。我强调：与求其通相应，形而上学的展开过程，本质上表现为通过澄明存在的本原性，以打通不同向度的哲学视域。哲学领域中求其"通"的深沉涵义，在于展示存在的真实形态：不同视域的相互融贯所折射的，是存在本身的统一性、具体性。

问：这一思路在具体的形上学中是如何展开的？

答：通过澄明存在之维的本原性以及它在真、善、美或认识、价值等诸种哲学问题中的多样体现，具体形而上学既融合了不同的哲学视域，也作为智慧的追求而指向存在的真实形态。在存在与价值的层面，具体形上学追问"人是什么"，通过理解人以及以人的视域理解存在从而引入"意义世界"；在认识论层面，作为存在的人化之维，所知、能知，内在性与外在性形成统一；在方法论层面，从逻辑的法则、想象与直觉，到具有规范意义的概念及作为概念系统的理论，方法在不同的层面内含着本体论的根据，即"现实之道"，同时，实践或行动既作用于对象，又是人自身存在的方式，由此，思维的方式、行动的方式与存在的方式相互交融；在语言层面，语言既是广义的存在形态，又是把握存在的形式；在审美层面，审美过程在表现主体本质力量的同时，也展示了存在的图景，后者亦可看作是审美之域的存在秩序或审美秩序；在道德领域（"善"），作为道德的具体内容，善的理想与善的现实总是指向人自身的存在，并通过制约内在人格、行为方式、道德秩序，等等，具体地参与社会领域中真实世界的建构：道德既以社会领域的存在为根据，又为这种存在（人自身的存在）提供了某种担保,如此等等。总之,一方面,与认识、审美、道德的本体论之维的敞开相应,真、善、美统一获得了形而上的根据,而存在本身的具体性、真实性则不断由此得到确证;另一方面,以真实的存在为指向,哲学的各个领域之间,也不再截然相分:作为把握世界的相关进路与视域,本体论、价值论、认识论、伦理学、方法论等更多地呈现互融、互渗的一面。

问:您提到了"意义世界"。实际上,《具体的形上学》第三种著作《成己与成物》的副标题即是"意义世界的生成"。"意义世界的生成"应该如何理解?

答:从世界范围来看,意义问题是 20 世纪初以来的一个重要的哲学论题。分析哲学讲到底就是辨析意义的问题,现象学的哲学进路虽然不同于分析哲学,但实际上也从另一个角度关注意义问题。如果说,分析哲学主要在逻辑、语言层面讨论意义,那么,现象学——包括后来的存在主义和解释学——对意义的考察则与人的存在相联系:存在主义追问人的存在意义,解释学的"解释对象"则不仅仅限于文本,而且兼及主体(作者与读者),解释学的本体论之维,构成了从现象学衍化出来的解释学的一个重要特点。我的考察与二者都有所不同。我对意义的理解既不限于逻辑、语义的层面,也不囿于个体生存或作者与读者对文本的创作与解释,而是在更广义的历史层面上由意义的考察进而指向意义世界。

从宽泛的视域看,意义的发生基于成己与成物的过程。成己和成物本来是中国哲学上的概念,但是我赋予它以新的意义。以本然对象与人化存在的分化为历史前提,意义不仅呈现为观念的形式,而且也体现于人化的实在。前者(意义的观念形态)既表现为被认知或被理解的存在,又通过评价而被赋予价值的内涵,并展开为不同形式的精神之境;后者则意味着通过人的实践活动化"天之天"为"人之天",并由此使本然之物打上人的印记,体现人的价值理想。意义的不同形态在人与世界的互动中彼此关联,并具体展现为多样的意义世界。作为成己与成物过程的历史产物,意义世界以人对存在(世界之在与人自身的存在)的理解、规定、作用为指向,在宽泛的意义上,可以将其视为进入人的知行之域、打上了人的印记并体现人的价值理想的存在,后者同时表现为观念形态与现实形态的统一。通过成就世界与成就自我的创造性活动,人在追寻意义的同时也不断建构多样形态的意义世界。对意义世界的以上理解,意味着扬弃传统的心性之学、当代存在主义以及分析哲学、科学主义对意义之域的狭隘规定。成己与成物的过程内在地涉及意义世界的生成如何可能的问题。所谓如何可能,也就是这一过程展开的根据和条件,后者既涉及内在的人性能力,也关乎外在的普遍规范,由此展开的分析,同时也渗入了对康德哲学、现代的分析哲学、现象学,以及传统的心性之学和当代新儒学的理论回应。

问:具体的形上学必然指向意义世界吗?

答:前面提到,在形而上学的具体形态中,对世界的把握始终难以与人自身的存在相分离。作为存在的理论,形而上学的真正旨趣并不在于提供关于本然世界或自在之物的存在图式,而是在人自身的知行过程中,澄明存在的意义。存在只有在进入人的认识与实践过程时,才向人敞开,在人的知行过程之外去追问这一类对象,往往导致思辨的虚构。就存在的统一形态而言,本然世界所包含的原始的统一,并不是形而上学所追问的对象;形而上学所关注的,是对象在进入人的知行过程以后所呈现的意义,这种意义既基于实然,也涉及当然。不管是在实然的层面,抑或价值的层面,由此敞开的存在形态都不同于本然的宇宙图式,而在实质上展示为一种意义的世界。

问:具体的形上学致力于沟通人之在与世界之在,与此相关的成己、成物以及意义世界似乎都指向了这一目标。在某种意义上,这样的考虑是否意味着对科学主义的反思与批判?

答:近代以来,科学世界与人文世界如何定位的问题,似乎一再为思想家们所关注。科学的本质体现于人作用于世界的过程,正是在化自在之物为为我之物的过程中,科学展示为人的存在方式。然而,人的存在并非仅仅只有一个向度,人敞开及改变世界的过程也并非仅仅指向科学的认知;科学主义将科学的世界图景视为唯一真实的存在形态,显然是片面的。人化世界作为广义的意义世界,既可以表现为科学的图景,也可以取得人文的形式。从宽泛的意义上看,人化世界无非是进入了人的知行之域的存在,人对世界的把握并不仅仅限于科学认知,意义的追问和探求总有着多重向度。以解释、评价、规定等为形式的人文研究和探索,同样作用于人化世界的构造:正如科学以事实认知等方式融入了化自在之物为为我之物的过程一样,人文的探索以意义的阐释等方式参与了化本然界为人化世界的过程。

问:您将科学视为人的诸种存在方式之一。但是这种"之一"的存在方式似乎很大程度上成为了"唯一"的存在方式。世界之在与人之在由此面临着共同的问题,而科学与人文的对峙是否可以说是这个问题的一个突出表现?

答:作为人的不同存在方式,科学之域与人文之域无疑各有其合法性。我在上个世纪90年代末考察科学主义时,已指出:近代以来科学与人文的相分曾引向了二重知识、二重文化、二重领域的疏离和对峙,这种疏离和对峙不仅导致了文化的冲突,而且也引发了存在的分裂。在经历了漫长的分离和紧张之后,如何重建统一已成为无法回避的时代问题。科学与人文从分离走向统一的过程,既指向广义的文化整合,又意味着扬弃存在的分裂,回复存在的多重相关向度;质言之,回归具体的存在。另一方面,科学与人文的分野,内在地蕴含着不同意义上的理性追求,这里所谓不同意义的理性,首先表现为工具理性与价值理性之分。科学主义突出的主要是工具意义上的理性化,它以有效性为指向,并往往将智慧消解于知识,从而导致智慧的遗忘和人的片面化。超越以上分离和对峙的现实途径,在于返归"这个世界"。如前所述,所谓这个世界可以广义地视为人的实践与认识展开于其间的具体存在。

问:您的具体形上学之思广泛运用了中西方哲学家的思想资源。按照我们的理解,特别重要的除了前面提到的黑格尔、海德格尔、冯契之外,还有马克思、哈贝马斯、王阳明、王夫之等。您是如何看待中国哲学与西方哲学之间的关系的?

答:从广义的视域看,中西之学都在源头处表现为对智慧(道)的追求。但是,从历史的维度来看,却发展成为不同的系统。步入近代以后,对中国哲学来说,西方哲学的存在,已成为一种本体论的事实:无论是对古典哲学的诠释,抑或哲学的重建,都无法绕过这一事实。历史地看,与形式逻辑未受重视相应,中国哲学所展开的主要是实质的体系,而在形式的体系化这方面则显得较为薄弱。对传统哲学的任何阐释,都在不同程度上表现为一个逻辑重建的过程,后者总是涉及形式的体系化,而西方哲学在这方面无疑可以提供某些范式。当然,以西方哲学为研究背景以及运用比较研究的方式,如果处理不当,也可能带来某些问题,如比较导向比附、古人思想被现代化等,这种偏向无疑应当抑制。然而,人类思维固然因东西方的不同历史背景而呈现不同的特点,但它面对的问题往往又有相近之处;或者说,提问的方式及解决问题的理路有所不同,但问题的内涵又常常相通,后者为中西哲学之间深层面的比较与对话等提供了可能。正是在此意义上,我十分赞赏王国维在上世纪初所强调的"学无中西"之说。

问:学无中西是否意味着走向一种世界哲学?您在具体形上学的构建过程中,不时提到"世界哲学"的构想。在您看来,世界哲学何以必要,而达成的可能性又何在?

答:随着西方哲学的东渐及中西哲学的相遇,中国哲学已开始获得世界性的维度。历史地看,中西哲学曾经各自以相对独立的形态发展,然而,在历史已经超越地域的尺度而走向整个世界这一背景下,哲学已无法仅仅限定于地域性的视野。与世界历史的形成相应,我们同样需要一种世界哲学的观念。以世界哲学为视野,中国哲学、西方哲学无疑都是广义哲学之域的共同财富,都应该被理解为延续、发展世界哲学的一种普遍资源。事实上,在走向世界哲学的过程中,哲学已可能在实质的意义上超越单一的理论资源和传统,真正运用人类的多元智慧推进对世界的理解。这种世界哲学的视野是哲学回归真实形态的内在要求,具体形上学也体现了与之一致的进路。

2021 年版后记

　　本书收入了我前些年所发表的若干论文,2014 年由生活·读书·新知三联书店出版,英译本由 Brill 出版社于 2019 年出版。此次收入我的著作集,除增删了若干文稿之外,其他内容未作实质性的改动。

杨国荣

2021 年 2 月 20 日